李小龙

功夫人生与武学之道

关文明　黄德超　刘洪　编著

SPM
南方传媒　｜　岭南美术出版社

中国·广州

U0095154

图书在版编目（CIP）数据

李小龙：功夫人生与武学之道 / 关文明，黄德超，
刘洪编著. —广州：岭南美术出版社，2023.11
ISBN 978-7-5362-7794-6

Ⅰ.①李… Ⅱ.①关…②黄…③刘… Ⅲ.①李小龙
（1940—1973）—人物研究 Ⅳ.①K837.125.78

中国国家版本馆CIP数据核字(2023)第171861号

出 版 人：刘子如
责任编辑：李健军　吴盛楠　刘晓枫
特约编辑：杜梓婷
责任技编：谢　芸
责任校对：司徒红

李小龙：功夫人生与武学之道
LI XIAO LONG：GONGFU RENSHENG YU WUXUE ZHI DAO

出版、总发行：岭南美术出版社（网址：www.lnysw.net）
　　　　　　　（广州市天河区海安路19号14楼 邮编：510627）
经　　　销：全国新华书店
印　　　刷：广州市一龙印刷有限公司
版　　　次：2023年11月第1版
印　　　次：2023年11月第1次印刷
开　　　本：787 mm×1092 mm　1/16
印　　　张：21.75
字　　　数：316.8千字
印　　　数：1—3000册
ISBN 978-7-5362-7794-6
定　　　价：68.00元

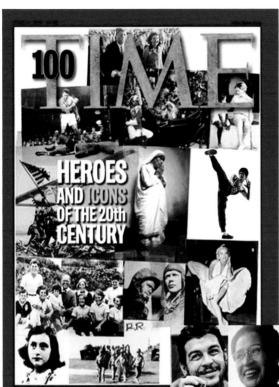

1999 年 6 月出版的美国权威杂志《时代周刊》刊登了最具影响力的 100 位人物的介绍文章，其中在第 118 页详细介绍了李小龙的事迹。

广东省李小龙研究会副会长李炎才的照片和书法

中华武术

民族瑰宝

何振梁

二〇〇七年十一月

中国奥委会原主席、国际奥委会原副主席、国家体委原副主任何振梁为李旺华、关文明、黄德超主编的大型邮册《中国武术》《奥运与武术》题字

武术巨星

选堂题

国学大师饶宗颐（字选堂）为黄德超主编的《武术巨星》邮折题字

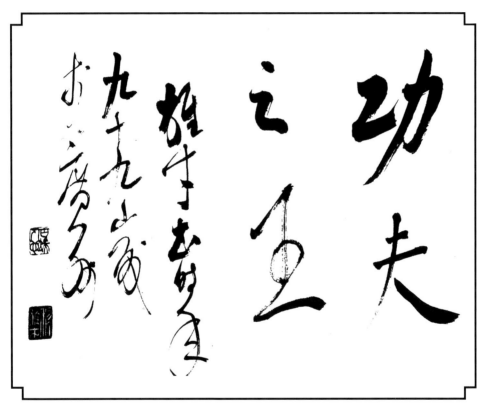

国家体委原副主任、亚洲武联原主席徐才为李小龙纪念馆书写馆名牌匾

时年99岁的岭南画派大师黎雄才为全球最大的李小龙铜像基座书写"功夫之王"四个大字

一九九九年一月美国时代杂志选了二十位世纪英雄偶像，当中唯一的东方人是李小龙。他与德蕾修女戴安娜、玛丽莲·梦露、甘地、毕加索等，其中，但是李小龙是美国出生不过�ず回。香港成长的巨星，始终不忘记他是华裔身份，纪之三千年元月岩子王田■北

著名书法家王田为黄德超、关文明主编的《世纪英雄李小龙》画册题字

以无限为有限，以无法为有法。

李小龙语 张桂光书

中国武术

张桂光题

广东省书法家协会原主席、华南师范大学文学院博士生导师张桂光教授，为李小龙纪念馆题写李小龙语及为李旺华、关文明、黄德超主编的大型邮册《中国武术》题字

中国武术九段、中国武术协会原副主席、中国当代十大武术教练、国家级教练吴彬题词祝贺《李小龙：功夫人生与武学之道》出版

为李小龙逝世五十周年纪念

功夫巨星

贺李小龙之功夫人生与武学之道

出啟 吴彬

集李小龙研究之大成

贺李小龙：功夫人生与武学之道 出版

中国武术九段、全国武术十大名教授、上海体育学院博士生导师邱丕相教授题词祝贺《李小龙：功夫人生与武学之道》出版

序　一

　　华南师范大学关文明教授与黄德超先生、刘洪博士合著的大作《李小龙：功夫人生与武学之道》即将付梓。上个月关教授特地寄来书稿，我有幸先睹为快。关教授在电话中介绍了《李小龙：功夫人生与武学之道》的编写概况和出版计划，并嘱序于我。关教授和黄德超先生、刘洪博士是李小龙文化研究领域的专家，数十年来锲而不舍，致力于李小龙文化的研究和推广，先后撰写多部李小龙研究专著、论文，主编邮册及参与制作影视作品等，在国内外产生了广泛的影响。今次，三人又将40年的研究成果，系统地汇编成这部《李小龙：功夫人生与武学之道》。坦诚地讲，我对李小龙这位享誉国际影坛、武坛的传奇巨星十分敬佩，也看了不少关于他的传记、专著和他所拍的电影，却没有对其进行过专门的研究。因而要为这部分量极重的专著写序言时，我不禁感到畏难和心虚。然而，多年的深厚情谊，使我不能推却关教授的信任和厚意。

　　捧着这部沉甸甸的书稿，我的心中泛起了阵阵涟漪。这部书稿是关教授他们三人40年来孜孜不倦研究的系列成果，倾注了大量的心血。在李小龙逝世50周年推出这部《李小龙：功夫人生与武学之道》，其意义自然不同寻常。回想起44年前（1979年），我有幸与关教授一起参加教育部在武汉体育学院举办的第一期"全国高校武术师资进修班"，在著名的武术教育家温敬铭教授、刘玉华教授的指导下研习各种拳艺和理论。当时"文化大革命"结束不久，高校正处于快速恢复阶段，我们这些来自全国高校的青年教师都如饥似渴地学习。尽管关教授在进修班同学中较为年长，但是和大家一样，在理论、拳械、短兵、散打等项目学习中样样争先，还时常关心和帮助同学。半年的进修学习以及后来的不断交往，使我们结下了深厚的友谊。1988年，我与关教授合作编著了《世界流行技击术》，编写期间他专程来到厦门大学寒舍小住，经常就书稿的讨论通宵达旦，他仍然毫无倦意。2004年，我应关教授的邀请到顺德区参加佛山武术文化节活动，并与阮纪正教授、澳门李文钦师傅、梁洪波博士等一起参观李小龙祖居、李氏宗祠，还与李振辉先生（李小龙胞弟）合影。

多年来，关教授经常应邀到各地讲学，并不时有大作问世，他的勤奋与学识早已闻名学界。如今关教授已逾耄耋，依然退而不休，日复一日，年复一年，在中华武术这块沃土中辛勤耕耘，从不歇息。尤其是他在体育史研究以及对李小龙这位功夫之王的人生历程、事业成就、哲学思想和其引起的文化现象等方面，进行了数十年不间断的深入系统研究，硕果累累，令我感佩至深。

翻开《李小龙：功夫人生与武学之道》书稿，李小龙的各种精彩图片映入眼帘，随着一章一节的翻动阅览，李小龙的英姿笑貌以及影片中的凛然正气和精彩的搏击身影仿佛就在眼前。

李小龙是位享誉世界影坛的功夫巨星，是通过影视作品将中国功夫传遍世界的首位杰出的宣扬者，也是第一位进入好莱坞担任主角的中国人。他为世界电影创造的全新功夫片风靡全球而经久不衰，他在银幕上塑造的正直、善良、勇敢和不畏强暴的中国人形象，改变了西方世界对中国人的偏见，大大提高了中国人在海外的地位。他在世界范围内的影响力，甚至超越了任何一位影视艺术家。

李小龙是世界公认的武术技击家、截拳道创始人和综合格斗（MMA）鼻祖。他创立了对当代世界武坛产生深远影响的截拳道，并几度被权威机构列入"世界七大武术家"和"百年十大最具影响力武术家"，中国武术协会也授予他"武术巨星奖"。世界上众多的格斗高手甚至搏击冠军都由衷地认可他的实力。时至今日，李小龙仍被尊为"武之圣者"。

李小龙是位极富创见的武术哲学家，这在现当代武术家中是极其罕见的。他学贯中西，汲取了古今中外的各种哲学思想精华，用哲学思想来指导武术的实践和创新，例如他创立截拳道，再以武术创新和实践来丰富哲学，形成了一套完整的思想体系。他极高的武术造诣有赖于其在哲学方面的领悟，而在哲学上取得的成就，也是通过他的武术实践来印证的。他的哲学思想，不仅是武术哲学，更是人生哲学，给后人以启迪。

李小龙长久地代表着一个民族的精神和一个时代的亮点，他是中华民族自强不息、不畏强权、英勇善斗的杰出代表。他的出现，使海外华人挺直了腰杆、扬眉吐气。他的努力，扭转了中华民族自近代以来饱受欺辱的形象。著名的文化学者、暨南大学教授马明达说："我相信，今后无论何时何地，只要在有中国功夫传播的地方，就会传颂着李小龙的大名。'李小龙'三个字实际上已经成为中国功夫的代名词。凭此一点，他的名字就足以同我国历史上许多杰出的民族英雄和文化巨子相提并论。"李小龙的贡献是如此巨大和深远，值得永远怀念。

关教授、黄德超先生和刘洪博士所编著的《李小龙：功夫人生与武学之道》，将李小龙非凡一生的轨迹完整地展现出来。该书所研究的内容涉及社会、武术、体育、历史、哲学、文化等领域。从李小龙的故乡及其文化背景、家庭、传承故事、艺友、弟子，到李小龙一生的传奇经历与其武学思想的形成、发展、演变和完善，再到李小龙在世界范围内的影响和贡献，以及名人对李小龙的评价等，都十分精彩，引人入胜。该书第六章特别讲述了李小龙的体能训练与营养饮食，让人们深入地了解这位功夫之王特殊的体能训练以及营养饮食基础。同时，第七章专门从不同的角度论述了李小龙品牌的开发与利用的价值、意义、途径和策略。该书不仅有广度、深度，亦有诸多创意，且收录了 400 多幅珍贵图片资料，图文并茂，展现了当前李小龙研究的最新成果，极具阅读、研究和收藏价值。

李小龙逝世已整整 50 周年，但是他为世人留下了极其丰厚的文化遗产。随着对李小龙文化的深入发掘和研究，将引出更丰硕的成果。在纪念东方功夫巨星李小龙诞辰 83 周年之际，也庆贺关文明教授、黄德超先生和刘洪博士的大作《李小龙：功夫人生与武学之道》隆重出版！相信读者都能够开卷有益，像热爱李小龙一样喜爱此书。

林建华
2023 年 3 月 10 日于厦门大学海滨东区

（本序言作者林建华是中国武术九段，教育部直属综合大学体育协会原理事长，厦门大学国术与健身研究中心主任、教授、硕士生导师。）

序 二

今年，正值李小龙逝世50周年，当提及"中国功夫"这个话题，相信大家不约而同就会想起这位在华人世界早已家喻户晓的功夫之王、世界搏击领域的殿堂级人物——李小龙。他所取得的成就，与他的家庭背景、成长过程、文读武练、学贯中西、勇于创新及奋力拼搏的人生轨迹息息相关，最终书写成可歌可泣且短暂的三十二载人生光辉史册，永留后世。

李小龙自小跟随父亲练武启蒙，年少时曾习练多种门派武艺，后拜叶问为师习练咏春拳，成为他一生倾力钻研武艺的起点。1959年，李小龙赴美国求学，以半工半读的方式在大学求知，并凭一身武艺，开始教授中国功夫及钻研世界格斗，招收学生及出版武学书籍。

1963年，李小龙编写和出版了生平唯一发行的武学著作《基本中国拳法》。从书的编排和内容可以看出，此时期的李小龙正在梳理中国武术各门派中他认为最有效的基础搏击技法，并阐释他对阴阳哲理在功夫中的理解和应用。与此同时，正在修读哲学的李小龙，尽情汲取西方哲学精髓，在中西文化哲理的交织和碰撞下，李小龙对功夫的掌握和理解进一步融会贯通。加上不断从训练实践中磨炼体能和各种搏击技法，抛弃传统的技击套路演练方式，他创造出了全新的技击理念和训练体系。当中，"以无法为有法，以无限为有限"，成为李小龙创立截拳道的核心理念。

遗憾的是，李小龙生前只出版了《基本中国拳法》一书，未能把他的截拳道武学理念和技法更完善地亲自总结写成武学专著。虽然他把练武过程和想法进行了记录，留下了一些相片、视频和笔记，但后来出版的李小龙武学专著，都是由他的妻子、徒弟和朋友根据李小龙留下的资料，以及根据学到的理论技法进行整理和编写。如果李小龙有更多的时间进一步磨炼和完善截拳道，发展他的武学理念和技法，形成更具系统的武学体系，相信截拳道的发展不会出现目前"停滞不前"的现象。

李小龙创立的截拳道至今已发展超过半个世纪，从现今搏击技法和体能训练的角度去审视，特别是搏击技法中运动链的应用、核心肌群力量的训练，以及李小龙的武学理念、技法、功法和体能训练等，都未显得过时，以当时的武学发展程度来看，都处于超前发展的状态。"武技科学化、思想哲学化"，这种"术道融合"正是李小龙武学境界的过人之处。一直以来，国内外有些武术门派的"高手"，强调本门拥有秘技绝学或功力心法，能让你感到高深莫测、扑朔迷离，其实大多是串通的表演而已，回到现实的搏击世界，都是一些不堪一击的演说高手，大多是被自己骗了，相信自己是武林高手。

无论如何，李小龙超凡的武艺和电影中的英雄形象，在世人眼中已不再是过往的"东亚病夫"，他成功塑造出中华民族英雄独特的新形象，体现出见义勇为、刚毅不屈、强而有力的侠士精神，具有与众不同而引人入胜的魅力。传奇的一生和创造的成就所形成的李小龙现象，超过半个世纪仍历久不衰。

李小龙被世人认同和敬仰，成为世纪英雄，原因在于其功夫超凡脱俗，勇于打破旧有的武学思维，还富有创新精神和超前的发展观。他在信件中曾写道"功夫是我生命中的一部分——艺术影响了我性格和思想的形成"，李小龙好像就是为功夫和艺术而生。

接到关教授邀请要为《李小龙：功夫人生与武学之道》一书作序，当时的感觉就是一个"惊"字。惊的是一部分量极重的专著，作为其中的作序人，这个担子绝对不轻，怕担当不起，故稍有犹豫，待回过神来，心中则暗喜。回想起关教授在体育史和李小龙研究上取得的丰硕成果，学术地位崇高；近30年来对本人的教导和帮助；合作研究澳门体育发展；带领参与体育史领域的研究；让我走进永春拳武学世界；2011—2012年更邀请本人参与中国武术研究院课题"李小龙武学思想研究"的研究工作……上述种种经历实时在脑海中浮现，受关教授的邀请为此书作序，是对本人的信任和学术上的认同，故此欣然答允。

认识多年的黄德超先生，是推荐本人追随顺德永春拳何良兴师傅习武的介绍人。他在武学和李小龙研究、品牌开发方面，积累了不少宝贵资料和研究成果，开发了极具发展潜力的李小龙品牌和产品，是目前研究李小龙极深入和成果极丰富的学者之一。

另一位作者刘洪博士，与我有校友之谊，同是上海体育大学的博士。学弟年轻有为，曾习练多种武术门派和散打，取得了不错的成果和战绩，近年更在武学和李小龙研究方面有所建树，成功可期。

关教授传来书稿，先读为快。《李小龙：功夫人生与武学之道》一书中，三位作者从跨学科多维角度，在各自擅长的研究领域做出深度探讨并展示研究成果，对李小龙的一生事迹、武学思想、技法训练和品牌开发等进行全面研究、分析和解读。目前为止，这是本人看到对李小龙较全面和深入的研究专著。正值李小龙诞辰83周年之际出版本书，显得尤为珍贵且极具意义，具有极高的阅读和参考价值。

本人相信，对李小龙的研究不会就此停止，因为他提出的武学理念、技法、功法和体能训练，还有李小龙品牌的开发与利用，都潜藏着极大的发展空间，期待有识之士共同努力进行深入挖掘。

梁洪波

2023 年 3 月 5 日于澳门

（本序言作者是澳门体育暨运动科学学会原理事长，澳门理工学院体育暨运动高等学校原校长、教授、博士后。）

前　言

光阴似箭，转眼间，时间的年轮已转到 2023 年。2023 年 7 月 20 日，是国际武打巨星、功夫之王李小龙逝世 50 周年的纪念日。

在这个特别的日子即将到来之际，我们决定再度联袂，希冀编著出版一本既有一定学术价值又兼具现实指导意义的新书——《李小龙：功夫人生与武学之道》。该书以图文并茂的形式及"寓言出意"的方法，从历史、文化、哲学、武术、体育、教育、新闻与传媒等领域，对李小龙进行跨学科、多视角及全方位的考察和研究，力图给李小龙一个客观评价与合理阐释。谨以此书缅怀我们的偶像李小龙及献礼于广大"龙迷"。

李小龙于 1973 年 7 月 20 日溘然长逝之后，我们被他传奇的一生、伟大的贡献、非凡的人格魅力及自强不息的精神所感动，分别在不同的岗位，先后开始从事对李小龙的人生史、功夫、功夫电影、哲学等领域的挖掘、保护、宣传及弘扬等工作。2000 年 11 月，我们联合广东省内一些志同道合的专家、学者、教授、武林人士一起成立了广东省文化传播学会李小龙研究专业委员会。随后，我们又先后在北京、广州、深圳、佛山（顺德）、香港、澳门等地合作举办了多次大型的纪念活动；一起在顺德筹办了国内第一个李小龙纪念馆；合作编辑出版了《功夫之王》《武术巨星》《中国武术》《奥运与武术》等邮册和《世纪英雄李小龙》《顺德龙情》等书刊。这种情怀与初衷，我们数十年如一日，始终未改。近年，我们对李小龙的研究又有了一些新的发现与体会，这些成果也会在新书《李小龙：功夫人生与武学之道》里呈现。可以说，《李小龙：功夫人生与武学之道》一书，是我们毕生研究李小龙所获成果的一次全面归纳和总结。它的面世，可以对坊间一些不实传闻、存疑进行澄清和诠释，也为世人今后深入研究、全面了解 20 世纪的英雄与偶像——李小龙提供一些直观、可信的资讯和背景。

2020 年 1 月 8 日，国际奥委会执委会会议通过了把武术列为 2026 年在塞内加尔首都达喀尔举行的第四届青年奥运会正式比赛项目的申请。2020 年 6 月，佛山市政府吹响了建设"世界功夫之城"的号角。2021 年，李小龙的家乡——佛山市顺德区均安镇成功申报"国家级功夫小镇"，随后又开始迈出了建设"世界级功夫小镇"的步伐。种种迹象表明：随着中国不断崛起，作为功夫符号与文化现象的李小龙，不仅因其强大文化辐射力与影响力而备受世界各国的关注与热爱，也因其内蕴的文化与体育价值而服务于"文化强国、体育强国"伟大中国梦的实现。

　　李小龙虽然逝世了 50 周年，但至今仍备受不同国家、不同民族、不同信仰、不同阶层、不同性别、不同时代的世人尊崇、学习、模仿、缅怀。我们有理由相信，再过 50 年、100 年甚至更长时间，李小龙仍会在地球上，与星辰同在、与日月同辉，永远活在世人心中！

关文明、黄德超、刘洪

2023 年 2 月

目 录

第一章 李小龙的故里

鹏程万里始于巢，龙飞九天归于根。农耕文明重血缘地缘、讲祖先崇拜，帝王将相、平民百姓皆刻上"寻根问祖"之文化烙印。一代武术宗师、功夫巨星李小龙出生于美国，成长于香港，而其祖籍何处，历来众说纷纭。近年来，顺德市政府办公室干部黄德超经多年史料研究与实地考证，正本清源，确立顺德区均安镇上乡村为李小龙故里。

李小龙虽未生于斯、长于斯，然"代际传承"是中国自有之传统，史料考证李小龙祖父李震彪和父亲李海泉乃顺德人，长期居住于此，受到故里山水人情之浸润、当地民俗武风之熏陶，所以李小龙文化之源与思想基因也根植于故里。大而言之，可统摄其文化底盘是"华为系统"而非"苹果系统"。对李小龙而言，后来的西方思潮与西域武技之融入，犹如华为鸿蒙系统兼容了安卓系统与组装了各种应用软件。

一方山水养一方人。李小龙肉体早已灰飞烟灭，而精神却与世长存，龙之精神既是中国五千年文脉与"自强不息、厚德载物"宏观价值观的折射，也含摄了岭南本土文化与故里人情的规训。基于此，李小龙故里的寻根问祖，旨在有助于窥见世纪英雄之全貌。

第一节　顺德水乡灵性

一、历史沿革

"顺德"一词最早出于《周易》："君子以顺德，积小以高大。"

顺德县在建县前古称咸宁县。春秋战国时，顺德地域属百越支系下的南越部落辖区，秦代起隶属广东南海郡辖下的番禺县（今广州市），隋代起属南海郡。从番禺县置南海郡时，五代南汉时期（917年—971年）刘岩参照唐制立大越国，定都广州，下辖60州、214县，顺德位于广州地区的南海县辖下的咸宁县。因此，咸宁县可以说是顺德的古称，仅存56年（917—973年）。元代及明初仍随宋制，顺德地域分属南海县、新会县。明代正统年间，南海县农民黄萧养率众起义后，朝廷为强化对起义军乡民的管治，于景泰三年四月二十七日（1452年5月16日），划出南海县的东涌、马宁、鼎安、西淋4都37堡及新会县的白藤堡，设置为新县顺德县（取意顺天威德或顺天明德），并以大良（古称"太艮"）为县城。

顺德在明代建县后至清末，均属广州府管辖，民国初隶属粤海道，民国九年（1920年）废道后直属广东省管辖。1950年，顺德县人民政府正式成立，隶属珠江行署；1952年起属粤中行政区；1956年隶属佛山专区（1970年起改称地区）；1958年12月至1959年6月与番禺县合并为番顺县，隶属佛山专区。1959年6月，番顺县撤销，恢复顺德县、番禺县，顺德县仍隶属佛山专区。1968年，顺德县革命委员会成立。1980年，恢复顺德县人民政府，顺德县隶属佛山地区。1983年6月，广东省实行市管县体制后，顺德县隶属佛山市。1992年3月26日，顺德撤县改称顺德市，由广东省直管，佛山市代管。2003年1月8日起，顺德并入佛山市，成为佛山市五个行政辖区之一——顺德区。

二、地理概貌

顺德位于东经113度、北纬23度20分之间，属亚热带海洋性气候，气候温和，雨量充沛，四季如春；地处广东省南部、珠江三角洲平原中部、广佛同城的西南边界、广佛肇经济圈的南部、粤港澳大湾区的中心位置，是佛山市与广州市联系的重要核心区域之一。它东、北面接广州，南接中山、江门两市，西、北面是佛山市的南海、禅城两区，毗邻珠海经济特区与澳门、香港特别行政区；全区面积806平方公里，辖有4个街道、6个镇、205个村（社区）。截至2021年年末，全区常住人口326.9万人，旅居海外乡亲50多万人。境内大部分为冲积平原，地势低矮平缓，平均海拔2米以下，境内最高的顺峰山仅170多米。顺德土地肥沃，物产丰富，珠江水系的西江支流贯穿全境，河涌纵横交错，鱼塘星罗棋布，是珠江三角洲著名的"鱼米之乡""世界美食之都"。

2021年，顺德区全年地区生产总值4604.38亿元，同比增长8.2%，连续十年位居全国综合实力百强区第一位，第十一次入选"中国全面小康十大示范县市"，连续两年名列全国绿色发展百强区第一位，建设人民满意政府指数位居佛山市五区首位。2022年，顺德区成为全国首个万亿元工业强区，GDP突破4000亿元，工业总产值突破1.2万亿元。

三、江尾由来

李小龙的大姐李秋源常听父亲说，他们李家的"乡下"（祖籍）是顺德江尾，却不知江尾是顺德的什么地方。其实江尾只是顺德均安镇下面几个村的旧称，早已取消，现改为"上村"之名。清代咸丰年间的《顺德县志》对江尾之称的由来和地理概貌是这样叙述的："江尾堡，凡六村：曰仓门，曰沙头，曰石步，曰沙路，曰港心，曰碧湾。隶马宁巡检。在县西南，去城西四十有六里。仓门、石步、碧湾在东北；界牛、美二山间为港心；牛山后为沙路、为沙头。自南海九江之水东流入县，福岸、步云、鼎新三堡实障之一。堡南界白藤，西北界云步，西连鼎新，东尽香山之海洲，南北堑以鹅洋、凫洲二海，而海洲一滘（《郭志刊误》：应为香顺界河），腹左右，澄洄流通，如垂带之末，故称江尾，以形势言也。或以山势峭拔，若火号，若鳌峰，皆号秀美。又大小鹤翎诸山蜿蜒而来，发祖顺峰，至仓门之美山而尽，因又称岗美。盖二说皆可通，前设所屯诸村落，环屯而聚，海通海洲，为香山界。通古镇、荷塘、外海，为新会界。旧以为直通崖门、濠镜澳者，则余波外注，推极至尽之言耳。"

李小龙祖居就在顺德均安镇上村，其祖父李震彪和父亲李海泉等两代人曾经在此居住过。李海泉住至七八岁才离开上村到佛山笑尘寰茶楼当学徒，后进入粤剧演艺界。李海泉移居香港后，李小龙祖居由他的同宗兄弟托管。1997年6月，顺德市政府办公室干部黄德超，经过两年多的实地考证，从多方觅得了人证、物证，终于认定李小龙的祖籍和祖居均在顺德江尾（即今顺德区均安镇上村）。

四、文化景观

顺德毗邻史称南海郡、广州府的郡治所在地——番禺（今广州市番禺区一带）。番禺是广府的政治、经济、文化中心。地处广府文化腹地的顺德，长期深受广府文化的熏陶与影响，故吸收、传承了广府文化的精髓，但同时又形成了鲜明而又富有地方特色的本土文化。

顺德自古商品经济发达，商贸繁荣，明清以来被誉为"岭南壮县""南国丝都""广东银行"，基塘农业、缫丝工业、金融商贸业兴旺发达。2006年，国务院公布粤剧为第一批国家级非物质文化遗产。2009年，联合国教科文组织把粤剧列入人类非物质文化遗产代表作名录。

顺德集众多美誉，如"中国厨师之乡""世界美食之都"。自古素有"食在广州，厨出凤城"之说，粤港澳各大食肆酒楼均以拥有"凤城（顺德）厨师"为荣，并以此作为广告招徕食客。顺德是粤菜重要的发源地、中国厨师之乡、中国美食名城，2014年获评"世界美食之都"。顺德"全民皆厨"，不仅名厨多、名菜多，中华名小食也多。

顺德是"中国龙舟之乡"。对"出步登舟"的顺德人来说，不论男女，自小就必须学会同水打交道的本事：学会游泳、划艇，这是最原始、最基本的生存、生活技能。因此，顺德的龙舟自古有名——"压尽群龙"，到了近代更是闻名中外，多次囊括国内、国际龙舟大赛的冠军。顺德的龙舟分"游龙"和"赛龙"两种："游龙"龙舟体积较大，旗鼓装饰、服饰华美，旨在"斗靓（竞美）"；"赛龙"龙舟体积较小，分三人（桡）、五人（桡）至十五人（桡）不等，重在"斗快（竞速）"。每到端午等重大节庆假日，顺德各镇（街）、村都会举行龙舟活动娱乐大众，有"起龙""游龙舟水""扒龙船""食龙船饭""藏龙"等。

顺德也是"水球之乡"。水球作为体育项目落户顺德，始于二十世纪六七十年代。由于顺德有良好的发展土壤和空间，顺德水球队成立之后便向国家队输送了十多名运动员，并多次组队出访世界各地。2006年，国家体育总局授予顺德"全国水球之乡"称号。

俗语说"顺德祠堂南海庙"，这是指顺德祠堂的数量、规模、档次、历史等均居岭南各县之首。顺德人最看重家族的祠堂。顺德兴建祠堂始于明代，盛于清末。民国初，顺德祠堂数量、规模达到顶峰，逾万间，现存仍有近千间。目前，顺德保存得最为完整的祠堂，是乐从沙滘陈氏大宗祠、沙边何氏大宗祠、杏坛右滩黄氏大宗祠及均安仓门梅庄欧阳公祠等。祠堂是族人供奉祖先和进行祭祀、乡试、会试、议事、集会、聚餐、上灯等活动的场所，又是联系亲情、增强族人凝聚力的纽带，更是记录一个家族的辉煌与传统的圣殿，以及衡量一个地方经济发展水平高低、家族繁盛与否的标志性建筑。此外，其他代表广府文化的镬耳屋、广绣、庙会、飘色、龙舟、岭南园林、迎春花市等文化习俗、景观，顺德至今仍然保存、保育且发展势头良好，名冠岭南。

顺德桑基鱼塘

顺德美食

顺德行政区划分

顺德位置图

顺德李小龙祖居

顺德均安李氏宗祠

顺德水乡

顺德永春拳宗师陈华顺弥留之际叮嘱后人将"咏春拳"复名为"永春拳"。2013年11月,国家体育总局授予顺德永春拳为"中国体育非物质文化遗产保护与推广项目"。

顺德永春拳宗师陈华顺
(绰号:找钱华)

第九届陈华顺永春拳文化节

顺德女子醒狮

顺德洪拳蔡景盛师傅(中)

顺德舞龙

第二节　顺德人才辈出

一、民俗武风

顺德自明代景泰三年（1452 年）立县建制，至今不过 570 多年历史，却有着灿烂辉煌的历史文化积淀和优良传统，浓厚的尚武氛围与习武强身的习惯影响着一代又一代的武术爱好者，孕育出一批又一批名扬古今中外的武学大师。如明代崇祯年间广东唯一的武状元朱可贞，清代乾隆年间的武探花胡经伦，近代的永春拳（又称"咏春拳"）一代宗师陈华顺（绰号"找钱华"），名震南粤的"两广棍王"陈汝绵，威震粤港澳的"讲手王"黄淳樑以及"20世纪的英雄与偶像""功夫之王"李小龙等。如今，顺德经济发达，人民生活富足，但民间尚武之风仍不减当年。武术表演以及与武术有着密切联系的醒狮、舞龙、龙舟竞渡，更是顺德群众节假日和庆祝活动中常见的娱乐活动。现在顺德较多人练习的拳种有永春拳、洪拳、蔡李佛拳、白眉拳、侠拳、龙形拳、太极拳、少林拳等，其中尤以永春拳、洪拳、龙形拳最为闻名。现代竞技武术运动不断开展，涌现了梁小葵、张芳、边茂富、吴财宝、梁碧莹等优秀运动员，他们多次在国内、国际武术大赛上夺得金牌。

自明代和清代分别出现了武状元朱可贞和武探花胡经伦之后，更推动了顺德习武风气的普及，据《顺德县志》记载，顺德的武举人多达百人，武进士也有 64 人。大良罗家在元末有习武之人，曾经统领过朱元璋的私人保镖队伍。当然，有许多没有参加武举考试的习武者，在顺德地方治安中也发挥了重要的作用，他们除了领导村民与海盗作战，甚至被广州水师招入部队，出海打击海盗。许多社会基层的顺德习武者以武术谋生，他们利用自己的武艺特长为缙绅和商人保家护院，或者从事押运保镖等工作，经济状况良好又有名气的成为武馆馆主或医馆跌打医生，还有的从事武术表演，后来成为粤剧中的武生，李小龙的祖父李震彪和父亲李海泉就分别是佛山的著名镖师和著名粤剧武生演员。

顺德近代武术家中比较著名的有永春拳宗师陈华顺（1849 年—1913 年），顺德区杏坛镇东马宁村人，是清朝末年咏春拳宗师梁赞的入室弟子，在佛山公开设馆教授咏春拳术。他年轻的时候在佛山的钱庄做账房先生，故人称"找钱华"，后辈尊称"华公"。他 39 岁拜梁赞为师，由师兄李华教授他咏春拳入门功夫，1889年李华去世后又由梁赞亲自教授。他跟随梁赞学武的同时，还学习岐黄跌打之术，梁赞晚年返回鹤山古劳养老后，陈华顺按师嘱咐，接手师父的医馆济生堂，坐堂治病救人。陈华顺一生收徒不多，共16个弟子。除其子陈汝绵外，还有雷汝济、陈锡侯、黎厚培、何汉侣、吴小鲁、吴仲素与封门弟子叶计（继）问（后简称"叶问"）等。陈的后人陈汝绵、陈家廉、陈国基等继承衣钵，先后在佛山、贵县（今贵港市）、杏坛等地设馆授徒及以行医为业。至今，陈华顺的后人还保留前辈授武、行医用过的部分器物、书刊。

顺德是"永春拳之乡"。出于历史原因，永春拳曾改称詠春拳。1913年，陈华顺在顺德杏坛镇东马宁村的家中弥留之际，遵师训要儿子陈汝绵把詠春拳复名为永春拳。从此，他的儿子陈汝绵与孙子陈家燊、陈家齐、陈家廉，以及曾孙陈国基等继承衣钵，先后在顺德、佛山、肇庆、江门、广州、中山、香港及广西的梧州、贵县等地传授永春拳。陈汝绵于20世纪20年代在佛山升平路开设的医（武）馆，就叫"永春拳国术社"。由于战乱、通讯不便等，陈华顺在顺德之外的徒弟如吴仲素、叶问等，一直沿用詠春拳的名字授拳而不改。20世纪50年代中期，汉字简化，"詠"字改为"咏"字，詠春拳改为咏春拳。时至今天，因李小龙的影响，咏春拳已传遍世界，但是，大部分咏春拳的传播者、研习者却对它的历史、拳理、拳法仅是一知半解。他们不接受陈华顺把咏春拳复名为永春拳的史实，视永春拳为异门别类，以为"画蛇添足"，继而以讹传讹。尽管其中不乏知其卓见者，但他们缺乏勇气，不敢违背"师父"的教诲，未遵照"师祖"的意愿，把咏春拳复名为永春拳，只是在咏春拳、永春拳之间徘徊不定，时而把自己所学、所教的东西叫咏春拳，时而又叫永春拳，造成今天咏春拳、永春拳在世界各地并行各自发展的局面。鉴于"顺德永春拳师承有序、脉络清晰、体系完备、功法拳理、拳械套路丰富"，2013年11月，经国家武术研究院的专家评委认定，国家体育总局把顺德永春拳列入第一批"中国体育非物质文化遗产保护与推广项目"。

综上所述，顺德是一个民风淳朴而又盛行尚武之风的武术之乡，其武术文化源远流长，这与李小龙后来成为一代武术大师有着极为密切的关系，对李小龙后来的发展有颇深的影响。

二、文人荟萃

顺德号称"状元之乡"。顺德建县之初，即"竖栅为城，修建县学宫"，开创了顺德尊师重教的先河，故顺德自古尊师重教蔚然成风，人文昌盛，人才辈出。南宋至清末有文武状元4名（文状元：张镇孙、黄士俊、梁耀枢，武状元：朱可贞），文武探花2名（文探花：李文田，武探花：胡经伦）。自隋唐开科取士至清光绪三十年（1904年）甲辰科最后一次科举考试的1300多年间，广东一共才出过14位状元（9文、5武）。顺德一县的状元数名列广东现今144个县／区之首。省会广州的状元坊（原街名"泰通里"）也是因为纪念顺德状元张镇孙（1235年—1278年）得名。此外，顺德还共出文举人2015人、文进士200多人，其中43名文解元、12名武解元。中华人民共和国成立后，顺德共出6位两院院士：刘颂豪、叶叔华、苏国辉、马福邦、曾溢滔、简悦威。这是顺德自古以来重视文化与教育的结果。

顺德文化教育名人有《三字经》作者区适子，岭南三大诗家之一的陈恭尹，爱国学者梁廷枏，清代诗书画三绝的黎简，杰出的"平民画家"苏六朋，画坛怪杰"中国凡·高"苏仁山，书法独辟蹊径、运碑入帖的探花李文田，广东近代中医药教育事业的奠基人卢乃潼，岭南大儒简朝亮，民国时期取各家之长、融成一代的章草名家罗复堪，曾任广东省教育厅厅长、北京大学和清华大学教授的国学大师黄节，以及6位享受副部级、省长级待遇的顺德籍中国科学院、中国工程院两院院士：天文学专家叶叔华（女），光学与激光专家、华南师范大学校长刘颂豪，神经解剖学专家苏国辉，反应堆工程专家马福邦，医学遗传学专家曾溢滔，医学遗传学专家、DNA分析创始人简悦威等。

三、精英云集

顺德位于珠三角广府文化腹地，自古经济发达，商业繁荣，文教鼎盛，英才辈出，是广东历史上出人才最多的几个县份之一。从状元宰相、英雄贤达、文化名人、实业巨子到能工巧匠，都代有名人，数不胜数。如政治军事名人中有广东宋代唯一的状元张镇孙、明末武状元朱可贞、宰辅状元黄士俊、清末文才出众的状元梁耀枢。据历史记载，顺德是广东状元最多的地方。还有广东农民起义领袖黄萧养，官至台阁首辅（相当于宰相）、犯颜直谏的太师梁储，清末支持变法办学的云贵总督邓华熙，中国最早官费留美幼童、中国电讯事业奠基人之一、北洋政府交通总长、交通银行董事长梁敦彦，同盟会元老、国民党政府顾问尤列,世界卫生组织总干事陈冯富珍。有三位曾任顺德县(市)委书记:黎子流后任佛山市委书记、广州市市长,欧广源后任佛山市委书记、广东省委副书记、广东省常务副省长、广东省人大常委会主任,陈用志后任清远市委书记、广东省人大常委会副主任。

顺德曲艺精英云集,有"粤剧之乡"之美誉。粤剧发展到近代,公认影响比较大的粤剧唱腔有五大流派:薛腔(薛觉先)、马腔(马师曾)、白腔(白驹荣)、廖腔(廖侠怀)、桂腔(桂名扬)。其中,薛、马、白、廖腔四大流派的创始人均来自顺德。另外,近代较著名的顺德籍粤剧名伶还有千里驹、李海泉、新马仔、邓碧云、罗家权、罗家树、罗家宝、罗家英、罗艳卿、白雪仙、石燕子、小神鹰、李香琴、麦玉清、李宝莹等。

顺德的娱乐影视名人有梅兰芳最赞赏的粤剧宗师千里驹、粤剧"小生王"白驹荣、"万能泰斗"薛觉先、一代名伶马师曾、享誉国际的武打影视巨星李小龙等;工商实业名人有广东军事机械工业创始人温子绍、"岭南机轴先模"薛广森、民族工商业家梁培基、香港十大富豪李兆基和郑裕彤,以及巨贾罗定邦、伍宜孙、梁銶琚等。

四、均安人杰

"明景泰三年(1452年)开顺德",顺德建县后,管辖4都37堡及新会的白藤堡。从明至清,均安现辖区域均属马宁都,分属于江尾、白藤、云步、鼎新、福岸5堡27村。

李小龙的祖籍在顺德区均安镇上村。均安镇位于顺德的西南部,离广州市约60公里,离县城大良20多公里。均安是一个物丰文厚、人才辈出之地。在文化方面,有清末探花、内阁学士、礼部右侍郎、应元书院第二任院长李文田;李文田的长孙李棪斋,曾任香港大学中文系主任;幼孙李曲斋,广东省书法家协会原主席、广州市文史研究馆原副馆长;清代中叶诗坛"岭南三子"之一的胡亦常等。在体育方面,有被誉为"世纪英雄与偶像""功夫之王"的李小龙;获得多届农民运动会和全国大企业赛女篮冠军的均安女篮等。在音乐方面,均安被中国曲艺家协会授予"中国曲艺之乡",粤剧名伶群星璀璨,有粤剧"四大名丑"之首廖侠怀(1903年—1952年),祖籍顺德区均安镇表里村(该村于20世纪60年代起划归江门市蓬江区荷塘镇)。廖幼随父移居南海西樵,20岁才开始学戏。由于自身的嗓音、形象没有太大优势,他便为自己设计了节奏爽朗、顿挫分明、多采用切分音和后半拍起唱的方法,着重吐字清晰而不追求旋律变化，给人以行腔流畅而又滑稽诙谐的印象，符合丑生行当，又适合自己发挥。他还能以鼻音行腔，特别善于唱中板、滚花、木鱼、板眼等，成为别具一格的"廖腔"。他是粤剧五大流派之一的廖派创始人，人称"千面笑匠""伶圣"，饮誉粤港达20年，1952年病逝于香港。粤剧名伶还有粤剧"四大名丑"之一的李海泉，著名粤剧乐师罗家树、罗家权，著名粤剧文武生、"虾腔"创始人罗家宝，纵横舞台、银幕、荧屏的著名粤剧文武生罗家英等。

曾走出清代大诗人胡亦常的均安鹤峰书院

顺德粤剧

顺德水球

顺德龙舟

宋末状元张镇孙

晚明状元黄士俊

同治状元梁耀枢

台阁首辅（相当于宰相）梁储

北洋政府交通总长梁敦彦

广州市原市长黎子流

广东省人大常委会原主任欧广源

广东省人大常委会原副主任陈用志

世界卫生组织原总干事陈冯富珍

区适子与《三字经》

画坛怪杰苏仁山作品

岭南三大诗家
之一陈恭尹

爱国学者梁廷枏

中医药教育事业奠基人卢乃潼

国学大师黄节手稿

章草名家罗复堪

15

华南师范大学校长刘颂豪院士　　民族工商业家梁培基　　香港十大富豪李兆基

香港十大富豪郑裕彤　　商业巨贾罗定邦

香港十大慈善家梁銶琚　　香港永隆银行有限公司创始人伍宜孙

李文田次孙、广东省书法家协会主席李曲斋

被书法界誉为"石破天惊"之论的清末探花李文田"非兰亭说"题跋手稿

李曲斋书法

粤剧艺术宗师千里驹　　　　粤剧"小生王"白驹荣　　　　粤剧名丑廖侠怀

粤剧名伶马师曾　　　　　"万能泰斗"薛觉先

著名粤剧文武生罗家英剧照

粤剧"虾腔"创始人罗家宝剧照

粤剧名丑李海泉

国际影视巨星李小龙剧照

第三节　李小龙的祖辈

一、李氏家族

（一）陇西李氏家族

依据史籍、志书、族谱、碑记、地理、实地考察等多方面考证，中华李姓血缘始祖是皋陶，为黄帝的五世孙，黄河下游东夷少暤氏族的一位首领。帝尧时曾担任掌管刑狱的大理职务，后来他的子孙在舜时及夏、商两代相继任大理职务。于是，家族就以职业为姓氏，成为理氏（以职业为姓氏，是古代姓氏起源之一）。到商代，商纣王处死了理氏后裔理徵。理徵妻子和幼子利贞为躲避灾祸、追杀四处逃亡，逃至多李树的地方安居，为感恩与隐姓埋名，加上"理"和"李"同音，遂改姓"李"。

陇西堂的根在陇西成纪（今甘肃临洮）。几千年以来，源自陇西的李氏家族名人辈出，不胜枚举，故有"天下李氏出陇西"之说。话虽夸张，但在一定程度上说明陇西李氏的影响力非常强大，在各地繁衍发展的盛况空前。

周安王十八年（前 384 年），秦献公置狄道县，秦昭襄王二十七年（公元前 280 年）设陇西郡，首任郡守为李崇。李崇及其子孙便居住于陇西狄道，并尊李崇为陇西李氏始祖。陇西郡，因地处陇山以西而得名，郡治所在地在狄道。从战国至秦汉的 500 年间，陇西郡管辖着今甘肃中部、宁夏南部的广大区域。李崇之后的子孙先后被册封为狄道侯、大将军、陇西侯、渔阳太守等。汉代中期的"飞将军"李广就是他的后人。

魏晋南北朝时期，陇西李氏的十九世子孙李暠以敦煌为都城，建国号为凉，史称"西凉武昭王"。李暠文武兼备，是陇西李氏历史上的一位重要人物。后来，他的孙子李宝、重孙李冲都是北魏重臣。北魏太和年间，北魏确定"定四海望族"以（陇西李）宝等为冠。李暠这一支成为盛门："一门三公，为四海著族。"

618 年，经过多年征战，李渊建立唐王朝，统一全国。李唐王室整理全国氏族发现，当时全国的李氏郡望有十三个，陇西李氏排第一，而贵为帝室的李唐"赵郡李"却屈居第三。于是李唐王室遂"改为陇西郡望"，"伪托西凉李暠之嫡裔"，"确立凉武昭王为始祖"。可见，当时陇西李氏在全国影响力、名望极大。故天下李姓多说自己是"陇西李"；李姓宗室及赐李姓的功臣将相，都自称"陇西李"；"陇西堂"也就是陇西李氏名扬天下的堂号。天下李氏出陇西，仅唐代陇西李氏帝王就有四五十人，宰相十四人。今天，海内外李氏子孙尤以"陇西"为荣。

（二）广东李氏家族

广东的李氏家族自北宋徽宗统治期间开始入粤，散居五邑、从化、粤东等地域；南宋时入粤的李氏家族多由汴（今河南开封）徙粤后居广州府地区，其中有鹤山桃源李氏家族。据鹤山桃源李氏宗谱记载：祖銮公，字荣昌，北宋徽宗时官居岭南监军御史。銮公生三子，长子源公字凌江，次子禧公字梧江，三子讳桓江。源公生四子，长子乔木（楹楚）公之裔居新宁（台山），次子柱石（硕）公之裔居新会瓦岗，三子师道公之裔居新会河塘（今江门市蓬江区荷塘镇），四子友闻公为禄洞（鹤山桃源镇，即禄洞乡）李氏始世祖。还有新宁（台山）李氏家族。"昙公生二子，曰崇，曰玑"，崇公更名銮，配朱氏，其后有"广初"为陇西都尉，子孙遂称陇西成纪人，初由陇西徙浙江杭州府钱塘县东门外西头村，后因事故世变徙南雄（古称雄州，宋开宝四年改为南雄州）。玑公改名邵，宋仁宗时徙南雄溪塘村（今南雄市黄坑镇）。

（三）均安上村李氏家族

据均安上村《陇西李氏族谱序》记载："……其谱之修乎粤惟吾族自宋以上旧居南雄者沓无微吾弗克纪之详也有宋中自雄迁广为一世者则自宣义翁载为盖翁易为而来也（徙）昔钱唐山人撰定山祖之碑文则曰公先世南雄府人氏曾祖讳绅于宋从高祖入广为（还）属寓广州生其祖曰七上舍讳志甫来居南海龙塘村（今广州市白云区钟落潭镇）大定山之麓焉者为吾族之由所勒在碑文而可致者也但念我祖发迹南雄至龙步先叶不知在何日子也生和其后自不敢妄焉为之矣彻是以来奕业相承祖功宗德难以枚举延五世祖定山处土则厥产其富厥嗣其昌孟子曰玄辅则长房所由始焉仲曰玄庇则次房所始季曰玄广则三房所由始焉传至于令阅世十二子孙绳绳数倍……"

此序为十二世李成阳写于明代嘉靖三十六年（1557年）；清代嘉庆丁丑年（1817年）重修，他们的先世源自陇西一脉，宋时开始迁居南雄，曾祖绅又于宋时跟随高祖从南雄迁入广州，始祖以宣义公为一世祖。有据可查的李文田祖辈有：恺仁（十六世）—本济（十七世）—秀行（十八世）—悦礼（十九世）—文田（畬光）（二十世）—渊硕（二十一世）—棪斋／曲斋（二十二世）等。

有据可查的李小龙祖辈有：飞乔（十六世）—泽昭（十七世）—秀旭（十八世）—震彪（十九世）—值恩／值祖／满船（海泉）／满甜（二十世）—忠琛／镇藩（小龙）／振辉／李发／李发枝（二十一世）—国豪／嘉豪／伟豪（二十二世）—天诺（二十三世）等。

二、上村李氏名人

（一）李文田

李文田（1834年—1895年），字畬光、仲约，号芍农、若农，广东广州府顺德县均安上村（现广东省佛山市顺德区均安镇鹤峰）人。咸丰九年（1859年）己未科甲第三名探花，曾授翰林院编修，江苏、浙江、四川乡试主考官，提督江西、顺天学政，官至礼部右侍郎、工部右侍郎。

李文田公务之余，勤于治学，学问渊博仍嗜学不倦。1874年他乞归故里，主讲广州凤山、应元书院，并任第二任应元书院院长。他在广州筑泰华楼，藏书甚富，有秦《泰山石刻》宋拓本及汉《华岳庙碑断本》宋拓本。1885年回京复职。1894年甲午战争时任京师团防大臣。1895年病逝于京城，谥号文诚。

李文田工书善画，慈禧太后作画，常命探花李文田、状元徐郙和陆润庠、进士陆宝忠为之题字。其著作有《元朝秘史注》《元史地名考》《西游录注》《塞北路程考》《和林金石录》《双溪醉隐集笺》等，是清代著名的蒙古史研究专家和碑学名家，对广东书坛也做出了很大贡献。

（二）李渊硕

李渊硕（1881年—1944年），字孔曼，是李文田唯一存世的儿子。李文田去世后，他被清廷特赏为员外郎分部学习，并曾在新设的农工商部任职。李渊硕承传家学，善作楷书，《顺德本华山碑》后有其题跋手迹，记述他拒绝端方的利诱，保守先人遗泽的志向。辛亥革命后，李渊硕隐居广东罗浮山，与陈伯陶、张学华、温肃等学者相往来。20世纪30年代曾任广州市公安局太极拳教练。抗日战争期间，举家移居顺德大良清晖园，约1944年于大良逝世。

（三）李棪斋

李棪斋（1907年—1996年），李渊硕的长子，本名李棪，字棪斋，号劲庵。

少随苏宝盉习经史词章，后肄业于香港大学中文学院。1932 年，李棪斋北上，先后进入辅仁大学、北京大学，受业于黄节、胡适、洪业等名师，致力于南明史及甲骨文研究。他据家藏明代秘籍撰成《东林党籍考》《清代禁毁书目考注》等书，至今仍有颇高的史料价值。1952 年，李棪斋赴英国，执教于伦敦大学亚非学院及伯明翰大学。1964 年返香港，任香港中文大学中文系主任，直至退休。李棪斋在白云山上为李渊硕所立的李探花第界石题写书法，他善写小字楷书，人誉祖孙相承。1996 年 10 月病逝，享年 89 岁。

（四）李曲斋

李曲斋（1916 年—1996 年），李渊硕的次子，本名李旭，字曲斋。著名书法家，世居西关多宝坊。幼承家学，才思敏捷，诗文书法，用功尤勤，士林咸推其为今之书坛宗匠。李曲斋先生早年植根于隋唐楷书，精研《龙藏寺》《皇甫君》诸碑。行草则取法宋、明，初宗文徵明，复以王铎、张瑞图、陈道复壮其骨气，博采众长，自成一家。先生所作小楷、行草书札如精金美玉，风流偶傥，其题识文字，典雅精妙，或庄或谐，耐人寻味。

曲斋先生热爱祖国，对繁荣传统文化艺术不遗余力。20 世纪 60 年代初，他积极参与筹办广东书法篆刻研究会，历任副会长、代会长。其于园林设计方面的造诣，尤为学林推崇。1977 年间，先生曾先后参加《中国盆景》《南方建设》《红棉》《中国园》大型艺术画集编审及题咏工作，并担任德国慕尼黑国际博览会"中国园"之设计，又受聘为广州文化公园、广州碑林艺术顾问。先生热心公益事业，多次捐赠力作支持筹集希望工程、山区扶贫善款与弱智儿童福利基金等义举。曾任广州市文史研究馆副馆长、广州市政协常务委员、第三届全国书协理事、广东省书法家协会名誉主席等职。1996 年，广东省书法家协会、广州市政协诗书画室、广州市文史研究馆、广州文化公园等单位联合为其出版了《李曲斋行草书札》。

（五）李海泉（详见第五章第一节之"一、粤剧名丑李海泉"）

（六）李小龙（详见第二章《李小龙的生平》）

三、香港何氏家族

香港近代的何氏家族，又叫何东家族。它起源于荷兰裔犹太人何仕文和广东宝安（今深圳市宝安区）的疍家女施娣。

（一）何仕文

何仕文（Charles Henry Maurice Bosman，1839 年—1892 年），荷兰裔犹太人，1839 年 8 月 29 日生于荷兰鹿特丹。1892 年 11 月 10 日卒于英国伦敦布拉姆花园，是香港开埠后首富何东的生父，澳门首富何鸿燊的曾祖父。1842 年开埠之后，何仕文于 1859 年抵达香港直至 1873 年离开香港。据史料记载，何仕文拥有自己的公司——何仕文公司，1868 年香港大酒店开张时他拥有部分香港大酒店的股权，同时他还是黄埔船坞的董事。何仕文的公司在海上保险的生意上与怡和洋行有较好的业务往来。1869 年，何仕文任荷兰领事，其间他有感香港生意难做，故卖掉在香港的资产到英国发展并入籍。他于 1873 年在英国伦敦开了间"东方代理"（Eastern Agency）公司，经营了 12 年后于 1885 年关闭，后又到惠代尔公司工作，直至 1892 年去世。何仕文在 1888 年入籍英国，但何东家族拥有的是荷兰血统（《纽约时报》1908 年报道何东生父是荷兰人）。

（二）施娣

施娣（生卒年不详），一个来自广东宝安的疍家女。疍家是广东人对珠三角一带水上居民的称呼，他们以船为家，以水上运输或捕鱼为业，随水而行，四处漂泊，居无定所，社会地位卑微，到了近代才上岸定居，结束漂泊生活。据传施娣在父亲去世后被卖到香港，1860 年结识了英国籍荷兰裔犹太人何仕文并与其同居。何仕文一定程度上改善了施娣的生活，两人先后生育了 5 个子女：长女何柏颜，4 个儿子何启东（何东）、何启福（何福）、何启满（后被鲍家收养）与何启佳（后赴南非发展）。1869 年苦力贸易被禁止，何仕文的公司宣布破产。生意失败后的何仕文没有了收入来源，又思念家乡，竟于 1873 年左右抛妻弃子离开香港。施娣顿失依靠，只能与 5 个孩子相依为命，之后施娣又嫁给富商郭兴贤做四姨太并生下 4 个孩子：女儿何瑞婷、何柏娟，以及儿子何甘棠、郭茂超。后因姨太间的争斗让施娣无法忍受，她留下最小的儿子郭茂超在郭家，就带着其他孩子离开了。一个女人独自抚养几个儿女，既要挣钱养家糊口，又要照顾孩子们的起居饮食、家庭教育、供书教学，生活的困境可想而知！但施娣咬牙坚持，努力打工，独自把孩子抚养成人，让他们进入当时香港最好的学校接受教育。长期寄人篱下、遭人遗弃和歧视的生活，令孩子们自小便养成勤奋、独立、自律、自尊、自强的习惯与能力。大儿子何东高中毕业后即进入洋行工作，帮补家计，之后更凭自己的才干与努力，建立起一个庞大的商业帝国，成为香港首富，他创立的何东家族成为英属香港时期的香港第一望族。施娣其他的子孙在不同领域也各自取得了骄人的成就。何氏家族成了香港首屈一指的豪门、大家族，也培育出多位名人、超级富豪。

四、香港何氏名人

（一）何东

何东（Robert Ho Tung Bosman，1862年—1956年），又名何启东，字晓生，是何仕文与施娣的长子，在何氏家族中成就最大。生于香港，祖籍广东宝安（随母），香港开埠后的首富，著名企业家、慈善家，香港东华医院、香港大学创办人之一。由于何东的生父是英籍荷兰裔犹太人何仕文，母亲是广东宝安人施娣，所以他和同父的兄弟姐妹都是欧亚混血儿，拥有明显的西方人面孔。何东貌似西方人，加上头脑精明、灵活，于香港中央书院（后改为皇仁书院）高中毕业后，先在广东海关做译员，后到香港怡和洋行做"买办"（经纪），1894年升任怡和洋行华人总经理，很快就开辟出一片属于自己的新天地，后来更发展成为富可敌国的香港首富。他创立的何东家族是英属香港时期的香港第一望族。他于1941年年底香港沦陷前逃离香港至澳门避难，直至1946年重回香港，继续经商。1955年，获英国女皇伊丽莎白二世授予爵士勋衔。1956年4月在香港病逝。

何东和其他兄弟姐妹自幼遭父亲遗弃，由母亲独立抚养，又深受中国传统文化的熏陶，故他从小就懂事发奋。何东虽然长着一副西方人面孔，但他无论从思想上还是在行动上，都一直以一个中国人自居，一生爱国，关心国家与民族的命运，曾大力推动割据的军阀和睦共处，与中国近代史上的多位著名人物如孙中山、蒋介石、张作霖、孙传芳、李济深等人有交往。他乐善好施，热心公益，曾接济、资助戊戌变法失败后逃难至港的康有为、梁启超等人。他支持抗日，不仅出钱出力，而且还把爱子何世礼送上前线战场，一时传为佳话。

（二）何福

何福（Ho Fook，1863年—1926年），又名何启福，何仕文与施娣的次子，何东的弟弟，何鸿燊的祖父。1863年生于香港，10岁时其父亲何仕文离开香港，便与母亲施娣及兄弟姐妹一起生活。1879年毕业于香港中央书院（后改为皇仁书院），随即担任该校助教。1885年，22岁入职律师行做译员。1888年，在妹夫黄金福的引荐下，成为九龙仓买办，此时何福年仅25岁，真是少年得志。1891年，他进入香港最著名的老牌洋行——怡和洋行工作。

何福由于有兄长何东的照顾和帮助，加上他自己的努力，很快就在怡和洋行升职。1900年，何东从怡和洋行辞职，专心经营自己的公司，何福遂接掌怡和洋行买办之位，成为该行华人总经理。何福发迹后也热衷于参加慈善及公益事务，在东华医院、保良局、华人公立医局委员会、孔教协会及香港大学等处皆有担任职务。1891年，被港府任命为太平绅士。1913年，50岁的何福成为定例局议员。只是长兄何东太过耀眼，遮盖了何福的光芒，其实何福也是当时香港商界长袖善舞、富甲一方的顶级人物，是香港当时的华商五巨头之一。

何福之妻罗絮才是香港四大家族之一——罗文锦家族的奠基者罗长肇（怡和洋行买办）之妹、罗文锦的姑母。何福共有13名子女，其中长子世荣（过继长兄何东）、次子世耀、三子世光、四子世亮皆为买办，分别任职于汇丰银行、有利银行、沙宣洋行及怡和洋行，四行皆为香港著名的英资银行。何福家族可谓买办世家、银行世家。1925年，62岁的何福前往欧洲度假，将生意交给最成功的三个儿子世耀、世光和世亮看管。岂料，他们被朋友的"内部消息"所欺骗，大举投资股票，最终造成巨亏，倾家荡产，让何福家族从此衰落：世亮吞枪自杀，世耀精神失常，世光远走越南避债。何福遭此变故，深受打击。1926年8月29日，63岁的何福因患癌症不治去世。临终前，他嘱托兄长何东代为照顾他的家庭及后人。

（三）何甘棠

何甘棠（Ho Kom Tong，1866年—1950年），施娣再嫁富商郭兴贤生下的儿子、何东的同母异父之弟。何甘棠本名何启棠，字棣生。与何甘棠同母同父的姐妹兄弟有何瑞婷、何柏娟及留在郭家的郭茂超。何甘棠早年就读于香港中央书院（后改为皇仁书院）。毕业后，在长兄何东的关照下，先后任职于著名的渣打银行、怡和洋行，从事保险、糖业等生意。1911年，何甘棠积聚了足够的资本、经验、人脉关系之后，毅然辞去洋行的职务，借兄长何东家族的影响力，自立门户单干。他的生意、商号遍及中国内地和澳门以及东南亚，经营金融、糖业、花纱、煤炭、杂货等业务，仅短短十年左右的时间，他已成为香港富甲一方的著名华商及社会活动家。1921年，年仅55岁的何甘棠就将各地自己名下的商号或转让，或结束，专注于社会公益事业。

何甘棠曾多次出资襄助香港的学校和医院建设。1904年，香港疫症流行，何甘棠与冯华川、刘铸伯等创办公立医局，免费开诊；1906年，出任东华医院理事会主席，创立广华医院；1908年，任职洁净局时，极力为华人争取自治自理权；1915年，创办圣约翰救伤队香港分会，故英皇佐治五世曾分别在1924年、1925年向其颁授"圣约翰官佐勋衔"及"圣约翰爵士勋衔"，表扬其对香港圣约翰救伤队的创立及发展的贡献。此外，何甘棠历任太平局绅、保良局绅、团防局绅等职。1927年，何甘棠与港督金文泰爵士协商，为华人争取香港赛马会会员参赛资格。1928年，英国政府授予何甘棠OBE勋章；另外，何甘棠曾四次获得国民政府授予的嘉禾勋章。

何甘棠发迹后喜欢纳妾，是何氏家族中妻妾数量最多的人，多达十二个，还不计与他"无名有实"（无妻妾名分，但诞下儿女）的情妇，孩子自然就多了。他曾与上海一个英籍女人相处，诞下一女儿叫何爱榆（1907年—1996年），与另一个情人张琼仙（1866年—1960年）诞下一女儿叫何爱榕（生卒年不详）。何爱榕的儿子叫黄宝源，居住于安徽省合肥市。何爱榆自小随张琼仙在上海生活、读书，直至十五六岁才回到香港何甘棠的身边。她后来成为粤剧名丑李海泉的妻子，20世纪70年代名扬天下的"功夫之王"、国际武打巨星李小龙的母亲。

从何氏家谱上看，赌王何鸿燊的父亲何世光与李小龙的母亲何爱榆是表兄妹关系，那么，何鸿燊与李小龙则属于姑舅表兄弟的关系，何鸿燊是李小龙的表哥。

据传，何甘棠与"国父"孙中山（1866年—1925年）同年出生，何甘棠和他的兄长何东与孙中山都有交往，他们曾资助孙中山从事革命活动。1883年，孙中山自檀香山前往香港读书。孙中山在香港西医学院（后并入香港大学）学医5年，1892年毕业。1895年2月，孙中山在香港联合爱国知识分子的组织辅仁文社建立香港兴中会。1896年10月，孙中山在英国伦敦被清公使馆诱捕，经英国友人康德黎等营救脱险……

正因为有这样的渊源及关系，2004年，香港特区政府以港币5300万元向教会收购甘棠第，并耗资 9100 万元修葺，设立孙中山纪念馆，介绍孙中山的生平事迹、革命活动及其与香港的关系。纪念馆于 2006 年年底时值孙中山 140 周年诞辰开馆。

甘棠第原为何甘棠的住宅，始建于 1914 年，位于香港中环半山卫城道 7 号。何甘棠去世后，其后人于 1960 年将之售予郑氏家族，其后郑氏又将其转让给耶稣基督后期圣徒教会。2002 年，该教会于原址建立一座宗教暨教育中心。2010 年 11 月 12 日被香港特区政府列为法定古迹。

（四）何世礼

何世礼（Robbie Ho，1906 年—1998 年），何东第三子。为巩固和壮大家族声望，他自 18 岁就被父亲安排到军事院校读书，他先后入读南京陆军军官学校、上海保定军校、英国皇家军事学院、法国炮兵学校，学成回国后随张学良从军，历任炮兵连连长、营长、团长；后又到美国堪萨斯州参谋大学深造。他一直以中国人自居，拒绝父命加入英籍，一心想成为中国一流的军事人才，为祖国效力，鞠躬尽瘁，死而后已。抗日战争爆发，他毅然辞去广东盐务管理局副局长一职，请缨上阵杀敌，历任国民党三战区炮兵指挥官、四战区兵站总监、驻港办事处主任；1944 为联勤中将副司令；内战爆发后为范汉杰兵团副司令兼葫芦岛港口司令部司令、联勤司令部广州指挥所主任；1949 年任联勤代总司令，后去台湾，任东南补给区司令、"国防部"次长、驻联合国军事代表团团长等职，1959 年晋升为陆军二级上将。1962 年退役回港接管家族产业，受聘为"总统府"国策顾问。曾任港台贸易公司及台湾民生物产公司和《工商日报》的董事长。1981 年起，先后担任中国国民党第十二至第十四届中央评议委员。1998 年 6 月东北大学成立 75 周年，何世礼捐资 50 万美元建"世礼楼"。1998 年 7 月 26 日于香港病逝，享年 92 岁。

（五）何鸿燊

何鸿燊（Ho Hung San，1921 年—2020 年）出生于香港，何东爵士弟弟何福之孙，何世光之子，在兄弟姐妹中排行第九。中国港澳著名企业家，港澳地区知名爱国工商界人士，澳门旅游娱乐有限公司、信德集团有限公司、澳门博彩股份有限公司创始人，在澳门博彩业独占鳌头，有"赌王"之称。1988 年，被中国委任为澳门特别行政区基本法起草委员会副主任；任澳门特别行政区筹委会副主任。何鸿燊一生对祖国怀有拳拳赤子之心，历任第九届至第十一届全国政协常委，曾参与见证中英、中葡谈判及香港、澳门回归祖国，为内地与港澳间的沟通发展建言献策。他生前积极参与中国内地的经济建设、文化慈善等事业，为澳门的发展做出了突出贡献，同时拥有港澳两地的至高荣誉"大莲花荣誉勋章"和"大紫荆勋章"，成为同时获得港澳最高荣誉勋章第一人。

自何氏家族先祖荷兰籍犹太人何仕文来香港淘金算起，何家经过上三代的苦心经营，在港澳地区形成了数千人规模的庞大家族集团，人才辈出，而且掌控了惊人的社会财富，对港澳地区的政治、经济、文化形成了巨大的影响力。至何鸿燊时，虽因父辈炒股导致家道中落，但俗话说"烂船也有三分钉"，何鸿燊无非是不能过富二代的生活而已。何福临终前，曾托长兄何东照顾家人，虽然何福一家人十多口，但对何东来说，他们的供书教学、家庭生活是完全没问题的。何鸿燊的崛起同样离不开何氏家族的加持：

第一，何鸿燊生于1921年，他父亲因炒股破产，他当时不过四五岁，尽管兄弟姐妹十三人之多，但何鸿燊依然能够毕业于香港的贵族学校——皇仁书院（有很多何氏家族子弟毕业于此校），后又进入香港大学读书。

第二，何鸿燊的第一桶金来自何氏家族的人脉关系。自1941年日本占港时期开始，何氏家族就转移到澳门发展，直到1946年才回师香港。何鸿燊在1942年进入澳门联昌贸易公司工作，就得益于叔公即李小龙外公何甘棠等家族势力的提携与帮助，再加上何鸿燊英语流利，善于交际，很快成了这家公司的得力干将，并利用分得的100万元红利在1943年独立创办了澳门火水（煤油）公司。

第三，何鸿燊1961年与霍英东合作竞投澳门的赌场时，他的胞妹"十姑娘"何婉琪曾助力出资200万港元，而这笔巨款就来自他的堂弟，也就是他妹的情夫、何东的长孙何鸿章的支持。霍英东与何鸿燊的合作原因，一半是看中他的人格魅力与能力，另一半则是看中他背后庞大的何氏家族背景及关系。当时，何氏家族的创始人何东虽已辞世，但何氏家族经过两三代人的努力经营，加上有姻亲的罗氏等家族，已建立起一个庞大的商业帝国，何氏家族成员除在工商企业界长袖善舞外，更遍及港澳政府各个重要部门。

（六）何鸿章

何鸿章（Sir Eric Edward Hotung，1926 年—2017 年）出生于香港，毕业于美国乔治敦大学。何东长孙、何世俭长子，香港富商、慈善家。作为何东爵士的长孙，其家族地位甚至高于叱咤港澳的"赌王"何鸿燊。何鸿章早年随父在上海生活，曾就读于上海圣芳济中学。抗战爆发时，回港至东华医院工作，日军占港时返上海。1947 年，前往美国乔治敦大学就读。1951年毕业后，先后供职于纽约证券交易所及通用汽车公司。1956 年，祖父何东逝世；次年，父亲亦去世，遂返港管理家族产业。何鸿章先后成立了香港发展有限公司、四海地产证券有限公司，在全球拥有逾两百间物业。1965 年，创建"何鸿章信托基金会"，旨在为香港学生创造出洋留学的机会。20 世纪 80 年代，何鸿章兼任华盛顿战略研究中心中国事务财务顾问及基辛格国际理事会中国事务顾问。为促进中美两国互相之间的了解，他创立何东国际关系问题学会，几度筹办中美会谈。1982 年，何鸿章促成由中国驻波兰大使王炳南率领中国代表团访问华盛顿的活动，并签署日内瓦协定。1986 年，联同中国银行与中国人民银行在纽约筹办金融商业专题研讨会。1990 年，何东国际问题学会与美国贸易理事会召开了"重新评估美中关系：经济政策和商务作用"的会议，讨论议题包括香港作为中转港的风险、继续给予中国最惠国待遇等。1999 年，东帝汶爆发了流血冲突事件，25 万名难民逃离家园，何鸿章购置一艘海洋探测船"香港精神号"，持续三年疏散 12 万名难民返乡。此外，他设立何鸿章东帝汶福利机构，捐助眼科诊所，成立东帝汶何东学院，继续为重建提供援助。2000 年，何鸿章得知广西龙胜地区自然条件恶劣，婴儿死亡率高，乃捐资设立何东母婴基金，次年又捐资成立流动诊所。2000 年 4 月，国际移民组织颁发感谢状，褒扬何鸿章运送东帝汶难民之义行。2001 年，朝鲜何鸿章基金设立，救助处于困境中的朝鲜儿童。2017 年 9 月20 日去世，享年 91 岁。

（七）何鸿銮

何鸿銮（Ho Hung Luen，1927 年—　　），香港富商何福（何启福）之孙、何世奇之子，澳门赌王何鸿燊堂弟，出生于香港。先后就读于圣约瑟书院、香港大学（文学学士），后赴英国税务局受训三年。1954 年进入港英部门工作，历任税务局评税官、助理华民政务司、助理布政司、助理财政、渔农处助理处长、副工商署署长。1968 年为首长级丙级政务官。1973 年转任民政署署长。1976 年任副社会事务司。1977 年至 1983 年任社会事务司。1978 年为首长级甲级政务官。1979 年升为布政司署司级政务官。1983 年 2 月任工商司。1987 年任公务员叙用委员会主席。曾任行政及立法两局议员。1981 年获颁"CBE"（英国司令勋章）勋衔。1985 年为中英联合联络小组英方成员。1987 年退休。

清末探花书法家李文田

顺德均安的文田巷

李文田书法手稿

李渊硕（李文田之子）与温肃（右二）、陈伯陶（右一）

李文田的长孙李棪斋

李文田的幼孙、书法家李曲斋（左）

何东父亲何仕文

何东母亲施娣

香港何氏家族何东等兄弟合照：何东（中坐）、何福（左站）、何甘棠（右坐）

何东与夫人麦秀英合照

何东平妻张莲觉和女儿

何东与儿子何世礼（右站）合照

何东与儿子何世俭
（右站）合照

何东长孙何鸿章

何东弟弟何福

何福之孙、何世光的儿子何鸿燊

何东弟弟何甘棠

黄宝源在外公何甘棠墓前留影

何爱榆的名片

何爱榆与儿子李小龙

第四节　顺德风土人情对李小龙的影响

一、顺德传统文化的影响

（一）顺德的创新精神

顺德位于广府文化的中心，从顺德的传统文化看，顺德既有广府文化大背景下的共性，又明显存在与同属广府文化圈的邻近市区不同的、鲜明独特的个性。同属珠江三角洲冲积平原、同饮珠江水、同为水乡地域、同为鱼米之乡，但顺德人发挥敢想、敢干、敢闯、敢为天下先的精神，不唯书、不唯上，在长期的生产和生活过程中，独辟蹊径，逐步形成了团结、拼搏、求实、开拓、创新的品格。这种个性特质，融入顺德人的血液，变成遗传基因，形成传统文化，互相影响，潜移默化，代代相传。顺德变水害为水利，创造了环保、循环的耕作模式"果基鱼塘""桑基鱼塘"，被联合国教科文组织列为模式推广；发明了"香云纱"（国家非遗项目）；成为"世界美食之都""中国厨师之乡""中国龙舟之乡""水球之乡""永春拳之乡""粤剧之乡""曲艺之乡""家电之都"……

（二）顺德的尚武氛围

"顺德"之名，因邑人黄萧养起义造反被朝廷镇压后设立。朝廷设立顺德县之后，对顺德人的管治虽然加强了，但顺德人先天尚武、好强、好打抱不平的血性、狼性依然存在。顺德有着浓厚的尚武氛围以及深厚的历史文化积淀，影响着一代代的武术爱好者，孕育出永春拳一代宗师陈华顺、名震南粤的"两广棍王"陈汝绵以及威震粤港澳的"讲手王"黄淳樑等一批又一批名闻中外的武学大师。顺德自古以来就是武术之乡，盛行尚武之风，曾出现了武状元朱可贞、武探花胡经伦，武进士、武举人多达一百多人。顺德浓厚的尚武氛围，造就了李小龙这位武术大师。

（三）顺德的粤剧

顺德粤剧艺术水平高，名伶、名编剧众多。千里驹创造了特色鲜明的"驹派"表演艺术，薛觉先、马师曾、白驹荣、廖侠怀四人分别创下了"薛派""马派""白派""廖派"表演艺术，是近现代粤剧主要流派。此外，有"中板王"靓少凤、"生纣王"罗家权、"慈善伶王"新马师曾、白雪仙、麦玉清等著名粤剧伶人，亦有"打锣树"罗家树、徐若呆、望江南、陈冠卿等著名的粤剧音乐家、剧作家。近代粤剧五大流派中四大流派的创始人均为顺德人。之所以出现这种繁荣现象，与顺德人那种同声同气、互相扶持、互相提携、追求良性竞争、各具特色、错位发展、抱团发展的心态是分不开的。李小龙的父亲李海泉是著名的"四大名丑"之一，不少亲属也是粤剧演员，粤剧艺术长期的耳濡目染对李小龙演艺发展的影响是不言而喻的。

（四）顺德的水乡文化

顺德自古以水为源，水系遍布，而水乡画、咸水歌、龙舟等水乡独有文化在顺德城乡处处有迹可循，水乡文化是顺德的一张亮丽"文化名片"。顺德人喜欢划龙舟、看龙舟。顺德人善驭水，李小龙也主张他的弟子要"如水一样，学会适应各种对手"，才能立于不败之地。龙舟代表团结、拼搏、同舟共济、奋勇争先的精神，代表顺德人杰地灵、物阜民丰、承前启后、继往开来的水乡文化特色。

（五）顺德的饮食文化

顺德自古以来就是鱼米之乡，嗜鱼并擅长烹制各种菜式，"清鲜爽嫩淡"是其特色，而且不断创新各种中西美食。因此，广府地区有句俗话——"吃在广州，厨出凤城"，这句俗语中的凤城指的就是顺德。顺德是中国厨师之乡，粤菜发源地之一，2014年还被联合国教科文组织授予"世界美食之都"的称号。李小龙从小就在香港生活，家中的饮食以顺德菜为主，到了美国留学、工作后，日常饮食仍以中餐为主，一直保持顺德传统饮食习惯。

二、家族影响及自我修炼

（一）家族影响

李小龙的父亲李海泉的祖先源自陇西望族，母亲何爱榆有二分之一英国血统，李小龙则有四分之一英国血统。何爱榆为香港开埠以来第一大家族——何氏家族成员，她尽管不是名正言顺的"正室"所生，只算"旁属"，但是在外人看来，她是高不可攀而又尊贵的香港富商何甘棠的千金、名媛，加上混血的美貌，可谓万般宠爱集于一身，而李小龙则是富商何甘棠眼中小有成就的"童星"外孙。父亲李海泉演戏或参加电影拍摄时，李小龙即随母亲去"捧场""探班"，后来甚至直接参与客串了多部电影的拍摄。堂哥、堂姐都学粤剧。粤剧电影中的故事、人物形象，尤其是戏中那些英雄人物的正能量、小人物的悲惨遭遇及其坎坷的命运，无不对李小龙幼小的心灵和世界观、人生观、价值观产生着积极的、难以磨灭的影响。而一众粤剧及电影前辈，尤其曾与李小龙合作拍电影的演员们，他们凝练精湛、亦庄亦谐、妙趣横生的语言对白与台词、唱腔、眼神、表情、动作、武功等文学艺术修养、舞台演出经验，也被李小龙不断学习、模仿、吸收，最后融会贯通变为自己的东西。

（二）自我修炼

李小龙身材并不健硕，也非虎背熊腰、高大威猛，个子不高，近视。他的健身登记表上记录他鼎盛时期的身高有 173 厘米，体重 127 斤左右。在华人眼中，李小龙只属于"偏瘦""斯文书生"类型；在普遍人高马大的西方人眼中，他更像一个未完全发育成熟的"靓仔（少男）"。但李小龙虽先天"劣势"，却敢于面对一切挑战，通过后天努力与自我规训，培养出武者应有的"一胆、二力、三功夫"的卓越胆识。另外，李小龙特别重视自我潜能的开发与本能的调动，在习武过程中通过自我暗示、假想与控制的训练，力求劲力的婴儿状态之复归及心性的发现。他常常告诫截拳道学员，切勿被对手的表象迷惑而影响自己的思路、判断，尤其是面临搏击打斗前，不应随便妄自揣测胜负结果，而是要把注意力集中在随机应变、见招拆招、如水随形、如何忠实表现自己、如何取胜的招式之上。正是这种长期的既注重招式、体能训练，又重视自我意识的主体修炼，让李小龙练就了"疾、劲"的身手、"持久"的体之所能、睿智的头脑及惊人的意志力等"身、心、脑"的有机统一，以此呈现出完美的功夫形象。

顺德的传统文化，尤其粤剧、武术对李小龙产生了很大的影响。

第二章　李小龙的生平

第一节　童星生涯

一、小龙出生

粤剧"四大名丑"之一的李海泉，在20世纪30年代成名之后，便由成名之地广东迁往香港。他知道，香港虽然是英国的殖民地，但市民多数是中国人，其中广东人又占了绝大多数，他们对家乡的戏剧——粤剧有浓厚的兴趣。当时，香港出名的剧团和演员又不多，因此，到这里发展将大有前途。李海泉抓住这个难得的机会，施展浑身解数，推出了不少拿手好戏，博得了香港市民的青睐，很快就成为粤剧界的"大老倌"。在他事业成功之际，爱神之箭射中了他，他与一个欧亚混血的姑娘相爱并结了婚。这个姑娘名叫何爱榆，出身于当时的香港豪门——何氏家族。婚后，两人相敬如宾，先后收养大女儿李秋源，生下二女儿李秋凤和长子李忠琛。但好景不长，日寇发动的侵华战争，使中国人民陷入水深火热之中，苦难深重。1940年，战争的硝烟弥漫到香港，致使生灵涂炭、民不聊生，剧坛也一片肃杀之气。李海泉不甘心就此收山退出舞台，无可选择之际，他狠下心，带着剧团和家人横渡太平洋，来到美国，希望在洋人的世界里闯出一条生路来。他们在旧金山（旧名三藩市）、华盛顿、洛杉矶、纽约等都市的唐人街内不断进行巡回演出。尽管当时华人地位很低，卖艺谋生也并非易事，但李海泉凭着精湛的演技和不懈的努力，逐渐在当地产生了一定的影响力，生活也有了着落。

然而，颠沛流离、背井离乡之苦，常常令李海泉暗自神伤。演出之余，他想念遥遥万里之外的故乡，想念家乡的父老乡亲，更多的时候，他想念同自己一道漂洋过海来到美国的家人。他的家人住在三藩市唐人街的一套公寓里，而他自己由于工作的需要，时常要随剧团四处演出，一家人很难亲亲热热地团聚在一起。他想到身体单薄的妻子要独自挑起一家的重担，就总感到内疚。眼下，妻子又快要分娩了，快要做第四个孩子的父亲的李海泉，却还在几千里之外的纽约演出，怎不叫他牵肠挂肚呢？他等候着家人的电话，期待着她们母子平安的消息。

1940年（龙年）11月27日7时（龙时），何爱榆在旧金山杰克逊街东华医院产下了李家的第二个儿子，这便是日后名震武林和扬威国际影坛的"功夫之王"李小龙。当日，李海泉接到家人报喜的电话后非常高兴，因为在龙年龙时出生，十分难得。他连夜赶回旧金山，探望自己的妻子和刚出世的龙子。

"海泉，给孩子起个名字吧！"何爱榆深情地望着丈夫说。

"镇藩，就叫他李镇藩，意思是希望他日后名震三藩市！"李海泉满心欢喜地说。

二、初涉影坛

1941年3月底，李海泉在美国巡回演出的合约结束后，便毅然携同妻子和儿子李忠琛、李镇藩，乘搭航程长达六周的远洋轮船返回香港。就在李家离开旧金山之前，关文清导演正在当地拍摄一部粤语片《金门女》，片中需要一个初生婴儿，李海泉便把尚未满月的李镇藩送上了镜头。这位未来的国际影坛超级巨星从一出世便与电影结下了不解之缘。

李海泉返港后发现，他所从事的粤剧艺术受到了电影艺术的冲击。电影作为一种新兴的表演艺术，比粤剧更具有表现力、更接近生活，因此更受观众欢迎。于是许多粤剧艺人纷纷"改旗易帜"，投身于电影艺术之中。为了寻求更好的发展前景，李海泉也只好像大家一样，改行拍电影。

有一天，李海泉准备参加电影《细路祥》的拍摄工作，顺便把李镇藩也带到了片场。这部取材于报纸连载的漫画故事的影片，说的是主人公细路祥（细路，粤语"小孩"的意思）年仅9岁，做小官吏的父母因沉迷牌桌，无暇顾及他。由于放任自流，一天细路祥离家出走，跑到山上的一处寺庙，被寺里的老和尚责备了一番，只好转回家中。后来，父母回心转意了，开始好好照顾他，不料他却被汽车轧死了。

凑巧《细路祥》的剧作者袁步云和导演冯峰（著名香港演员冯宝宝之父）正为找不到合适的细路祥人选而发愁。他们专门物色过十几个小孩，却没有一个令人满意的，而此时正在与道具制作人员吵闹的李镇藩引起了他们的注意。原来李镇藩不小心弄坏了他们精心制作的道具，却不肯赔礼道歉。说话时满脸顽皮机灵相的李镇藩让冯峰顿感这正是他要找的细路祥，这真是"踏破铁鞋无觅处，得来全不费工夫"。惊喜不已的冯峰立刻游说李海泉让其二公子参演，颇费一番口舌之后，李海泉终于同意了。

正如圈中人所预料的那样，1950年5月底公映的这部影片十分卖座。而片中聪明伶俐的主人公细路祥也十分惹人喜爱，给观众留下了深刻的印象。李镇藩精彩逼真的表演，初步显露出他的表演天赋。

但在《细路祥》的拍摄过程中，李镇藩却挨过导演冯峰的一巴掌。当时李镇藩十分好动、贪玩，不能认真听讲，冯峰说了他很多遍也无济于事。剧中有几组戏只有几句简单的对白，但需要配合一定的表情，李镇藩拍了六七次，还不能达到剧情的要求。冯峰急不可耐，顿时一巴掌打在了他的后脑勺上。自此之后，李镇藩在拍摄的后期非常用心，再没有惹事。

三、艺名来由

既然儿子当了演员，就要为他起个好的艺名，李镇藩这个名字不太适用于电影圈。友人建议用"小海泉"或"新海泉"以表示他是李海泉之子，但考虑到会影响他今后的发挥，李海泉便一直没有定下来。

究竟起个什么样的艺名才合适呢？有"鬼才"之称的漫画家、剧作家袁步云也为之煞费心思，绞尽了脑汁。这天，他散步到九龙油麻地的戏院街，远远听到戏院门口小贩的叫喊声："快看，快看，大龙生小龙！看一看，大开眼界，看过之后，行运一条龙！"

龙，是中国人的一种传统崇拜物，它所蕴含的象征意义使之最易被人们接受。"对，李海泉是'大龙'，他儿子就是'小龙'！"突如其来的灵感使他兴奋不已。袁步云立即兴冲冲地把这个想法告诉了李海泉和众人，大家都说这艺名"够响亮""好意头"。就这样，一条中国武术界和影艺界的"龙"问世了。然而他将如何腾空跃起，成为游走于天地之间的一条真正的龙？等待他的是一次又一次的挑战。

《细路祥》一片拍摄完后，李小龙又接到另一部电影制作人的邀请，但李海泉不再答应让儿子继续拍片了，因为，李小龙上学的问题实在让他伤透了脑筋。"李小龙在哪间学校念书？"是李海泉的亲友们经常问他的一句话。李小龙太调皮捣蛋了，他对上学毫无兴趣，学校的纪律对他更是一种难耐的束缚，他总是惹是生非，打架成性，还得了个"街头小霸王"的"美称"。这样一个"问题学生"，自然令学校和老师们头痛不已。因此，转学对于李小龙来说，就好像换衣服一样频繁。后来，当他进了喇沙书院之后，转学的事情才不再发生，他在这所学校读了整整四年书。这是他少年时期待得最久的一所学校。好滋事生非的李小龙却对电影表现出了浓厚的兴趣，而且极富敬业精神。转入圣芳济书院那年，即1958年，他与吴楚帆、白燕等人合演了新潮电影公司的力作——香港第一部彩色故事片《人海孤鸿》。17岁那年（1957年），李小龙在根据曹禺同名话剧改编的香港故事片《雷雨》中饰演周冲，与著名演员白燕、卢敦、张瑛、梅绮等一起演出，获得了观众的一致好评。谁也想不到，银幕上这位极具表演天赋的英俊少年，是一个学业不良、时常打架滋事的"问题学生"。

四、从师叶问

李小龙童年时身体比较瘦弱。父亲李海泉为强壮其体魄，从 7 岁起，就手把手地教他练习太极拳，同时经常告诫他："术以健身，不以攻人。"

父亲虽是李小龙的启蒙老师，但李小龙真正在武术上学有所成，则归功于叶问。1954 年夏天，李小龙由好友张卓庆引荐，正式拜来自佛山的咏春拳宗师叶问为师，学习咏春功夫。叶问平日授徒，虽多由大弟子黄淳樑代师授艺，但关键技术与拳理诀要仍由其亲自指点教化。这使得李小龙在武术上进步神速。

叶问生平授徒甚严，要求前来投师者素质须好，以便日后能成大器。叶问虽对李小龙的顽皮早有所闻，却特别喜欢李小龙的聪明与机智，知道如果善加调教，必能使之成为咏春拳高手。而李小龙初次见到叶问时，就被他的气宇轩昂所折服，他果然不同于一般的武师。尤其是在观摩了叶问的高超身手后，心服口服的李小龙遂暗下决心，要以武术作为自己未来人生之路的目标。

在叶问拳馆学艺期间的宝贵经历，李小龙曾在大学时期的哲学课上谈到过，并提起当初曾因急于求成而遭师父劝谕进行静修。当时李小龙是这样说的："一般的老师，均对我起不了任何的启蒙作用，因为他们本身都处在形式的束缚当中而不能自拔，他们的观念与技术都是僵化的，他们又怎能教出开明的弟子？倘若他们的弟子并未获得成功，他们也会说是弟子们修习不够或其自身的努力程度不够，而不去发掘属于自身的问题或那些属于教学方法上的问题，这样就使中国武术的发展形成了一个恶性循环。直至碰上了叶问师父，我才知道了什么叫'老师'，因为他首先是一位精明的学者，他很了解我的个性，知道我真正需要什么。他甚至在我踢打得浑身没劲时才让我学习一些新的动作，以磨炼我的耐性。由于这时我已没有了体力，故练习起来便不会心焦意燥。他的这种教学方法对于一些武师来讲可能会感到难以理解，但我却练得很开心，并且绝对不迟到，相反还会早到。我已完全沉醉在这个独特的咏春拳世界里了。"

此外，李小龙还跟香港精武体育会的邵汉生学习北派的节拳，为以后他自创截拳道打下了坚实的技术基础。

　　李小龙一生中最早获得的两个冠军是"全港中学校际拳击赛"冠军和"全港恰恰舞大赛"冠军。1958年，他代表圣芳济书院参加"全港中学校际拳击赛"，凭借师兄黄淳樑的悉心指导和个人实力，在决赛中击败前三届冠军嘉里·埃尔姆斯夺冠。同年，他与当时年仅10岁的弟弟李振辉成为舞伴，获得"全港恰恰舞大赛"冠军。

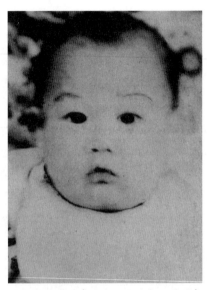

襁褓中的李小龙，他的本名为"李镇藩"，乳名"细凤"。

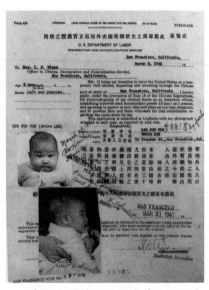

李小龙的美国公民出埠回国证书申请书（1941年3月）

仅三个月大的李小龙被父亲抱上银幕，在粤语电影《金门女》中扮演成一名"伯父"（老头）。

李小龙在旧金山杰克逊街东华医院出生

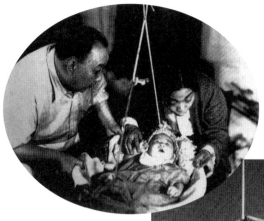

《金门女》剧照，小孩扮演者就是李小龙。

三藩市大明星戏院，《金门女》曾在此拍摄。

李小龙（左）从小喜欢整蛊作怪，与他的堂兄李发枝（中）、长兄李忠琛（右）拍照时也不例外。

1950年，年仅10岁的李镇藩主演了由袁步云的漫画改编的成名作——《细路祥》，并开始用艺名李小龙。

李小龙少年时期的电影扮相

李小龙（左二）和红线女（右二）等艺人的合照

童年时的李小龙

李小龙(左)曾经与马师曾(右)合拍多部电影，获益良多。

46

李小龙从 7 岁开始跟随父亲学习太极拳

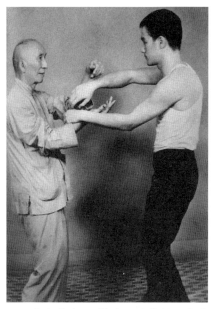

李小龙在 16 岁时，正式拜一代咏春拳宗师叶问为师，开始练习咏春拳，为日后自创截拳道打下基础。

1958 年，李小龙（左）荣获"全港中学校际拳击赛"冠军。

1958 年，李小龙（左）与弟弟李振辉搭档夺得"全港恰恰舞大赛"冠军，展现了他的艺术天赋。

第二节　初到美国

一、离港赴美

1959 年 4 月 29 日，停靠在香港九龙码头，由香港开往美国旧金山的"威尔逊总统号"客轮启航的汽笛"呜呜"地拉响了，船徐徐驶离港口。轮船护栏旁有一位英俊的青年不停地挥手向岸上的亲人告别，他就是被父亲李海泉送回美国留学的李小龙。

每个人都有自己的人生经历，人生的航程该从哪里挂起风帆去搏击风浪各不相同，重要的是把握机遇，在人生的转折时刻确立明确的目标，为达到理想的彼岸而不惜付出毕生的精力。李小龙这次重返遥远陌生的出生地美国，远离亲人，远离家庭，独自一人闯天下，这对他是一个极严峻的人生考验。事实上，他这次远行求学，是他人生重要的转折，并使他最终找到了自己的信念和理想。"威尔逊总统号"客轮载着这位未来的超级巨星劈波斩浪航行在碧波万顷的太平洋上。

清晨，他站在甲板上，迎着喷薄而出的朝阳，呼吸着带有咸腥味的海风，内心有说不出的兴奋和激动，各种美妙的憧憬不断浮现在脑海中。但他很快地冷静下来。"我有什么本事做一番事业？"他问自己。这些天来，他闷在船舱里，想着自己的心事，盘算着日后的生活。现在，他开始学会思考问题，人也显得持重老成多了。对他来说，没有什么可炫耀的，值得骄傲的唯有从父亲和叶问等师父那里学到的一些功夫，比起口袋里那一百美元，它更是一笔无法估量的财富。

赴美之前，李小龙已在香港参加过十多部电影的拍摄，可谓小有成就，但这并非其父母之意。作为一名粤剧名伶与演员，李海泉深知只身在海外读书和谋生是多么艰辛，但为了儿子的前途，他不得不这样做了。他当初并不指望儿子有什么大作为，只是期望李小龙在完全相异于乡土国情的环境里能够好好磨炼自己，收敛一下桀骜不驯的个性，改掉那种让他担惊受怕的打架滋事陋习。而对于李小龙来说，这次漂洋过海的迁徙，对他后来创立截拳道和截拳道的技击哲学观念起到了决定性的作用，为他成为武坛骄子找到了理想的土壤。可以说，没有这次美国之行，便没有李小龙以后的成就。

"威尔逊总统号"客轮在海上航行了 19 日，途经日本神户、横滨等地，最后于 1959 年 5 月 17 日停泊在美国的旧金山。李小龙重回他的出生之地，开始了新的生活。

二、就读技校

抵达美国后的李小龙开始尝到了生活的艰难。哥哥李忠琛在他之后于7月份也到了美国，然而，两兄弟在异邦互相照应的愿望却落空了。因为李忠琛已被位于明尼苏达州的一所著名大学录取，且有奖学金；而李小龙却无法在该地觅得合适的学校入读，在旧金山也找不到合适的学校。后来，与父亲的一位西雅图旧友杨九福（粤剧名伶、"武状元"陈锦棠之徒，咏春拳造诣极深，常向李小龙传授习武心得）取得联系后，他唯有只身转赴以山清水秀、湿润多雨见称的西雅图，入读有名的基础性学校——爱迪生技术学校，以尽快提高自己的英语水平，为下一步读大学做准备。

入学短短两个月，李小龙已成为爱迪生技术学校的活跃分子，一是因为他的舞技超人，二是口才很好的他英语会话能力提高得很快。虽然这位曾被当地报纸专栏介绍过的前香港电影明星未被获准在课余时间开班教授交谊舞，但他却成为创校庆典中的一名表演者，在庆祝大会上表演自己的拿手好戏——咏春拳法。这是李小龙赴美后首次以武术为主题的公开表演，他对此投入了很大的精力。因此，他的精彩表演得到了全场观众的喝彩。武术表演的成功使他一下子改变了武术在美国会受到冷遇的看法。

日子一久，李小龙便开始意识到跳舞只是一种消闲娱乐，而继续读书深造却是他的目标。1960年5月中旬，李小龙给师兄张学健的信中就谈道："自从木人桩运到和装妥后，练习起来亦方便得多。现时我正在爱迪生技术学校就读，并会在今夏毕业。虽计划于明年（1961年）进入大学，但目前尚未决定修读何科，待肯定后再写信告诉你吧。赴美之后，我发觉到那些诸如恰恰舞等玩意，皆属毫无意义的消闲玩乐；相对起来，还是读书实际得多，因为个人的将来完全取决于学识。自从踏足此间，我再没有向父亲要求过任何接济，而为生计，课余唯有在餐馆里兼职。坦白说，日子确是很艰苦……"

三、考上大学

李小龙在西雅图的生活相当艰苦，除了去学校上课外，每天清晨他都要骑自行车送报纸，并在周露比餐馆兼职做侍应。尽管每天的工作很繁重，他仍抓紧点滴时间补习英语和练习功夫。或许是在生活条件的逼迫下，李小龙的自控能力明显提高了。三年后的1961年3月，他从爱迪生技术学校毕业，考入西雅图的华盛顿大学心理系，攻读哲学专业。

他之所以要选西方文化的中坚——哲学，与他的抱负有关。到美国后，一种要当一名受人尊敬的武术家的欲望与日俱增。他明白要实现这理想，必须运用一种理论来指导自己，并在实践中逐渐形成自己的体系。他认为，只有这样，才能做一个真正的武术家。于是他刻苦钻研西方哲学，并运用来对中国武术的整体进行分离式选择，对他所热衷的技击技术进行深入的分析和比较，从而逐渐形成了自己独特的技击观。

在华盛顿大学学习期间，李小龙选修的科目范围相当广泛，包括心理学、绘画、体操、西洋剑术及西洋摔跤等，其中以哲学为主要课程。李小龙后来接受采访时曾这样说过："我当时之所以主攻哲学，与童年的好勇斗狠有关。我常问自己，胜了又怎么样？人们总会把荣誉看得那么重要，然而什么样的'战胜'才是光荣的？于是，以我的发问精神，导师认为主修哲学最适合我。他曾对我说，哲学会告诉你为什么活着。"于是，李小龙便沉浸在哲学的海洋之中了。他崇拜的东西方哲学家有中国的老子、庄子，德国的尼采，法国的萨特等。其中萨特曾提出要重新认识人的价值，要认识自我的存在，而不湮没于社会的群体之中；要追求自由，不为理性所束缚。李小龙正是这样做的，他我行我素，好表现自己，总是不断地选择更高的目标，无限度地实现自己的人生价值。正是哲学的世界观和方法论帮助他完成了自己武功系统的构成，哲学的思维方式与表现形式深刻地体现于李小龙武功系统中的各个组成部分，并推动着它的发展和完善。

四、创截拳道

进入大学以后，经过艰苦生活磨练的李小龙，不再像以前那样任性妄为、结伙滋事了。除了学习，他把精力都放在钻研武术上，经常在教室或体育馆练习武功或进行身体素质训练。在同学们的强烈要求下，他在学校里组织了一支"中国功夫队"，经常在校园里进行训练和表演，博得了师生们的好评。

有个叫山本的留学生，是日本空手道三段，一向以高手自居，对李小龙的武功和中国功夫队说三道四，出言不逊。队员们听了十分气愤，都按捺不住地想要教训他一顿，而李小龙却沉住气地对队员们说："中国功夫的宗旨是强体防身，非万不得已不动手。况且，大家都是同学，和为贵。"

有一天，中国功夫队练完功后回宿舍途中，山本迎面而来，指着队员们讥讽地说："花架子！"李小龙当即提出警告："不要目中无人，狂妄自大！"

山本不但不听劝告，反而傲慢地说："你们的中国功夫就是花架子，我的空手道才是真功夫，不信比比看！"李小龙忍无可忍，只好接受他的挑战。

为避免宣扬和不受学校干涉，比武地点设在校园一个偏僻的地方。在这场龙虎斗中，山本自恃身高体壮，一开始便进马破中门，主攻势。李小龙未知虚实，连忙卸马，左挡右架，暂取守势。三四个回合后，李小龙看出山本的弱点在中路，突然变守为攻，一顿重拳，打得山本左右躲避，李小龙趁机闪身转体，猛发鞭拳，又打得山本眼花缭乱，茫然倒地。不甘心称臣的山本爬起来，企图反扑。李小龙虚晃两招，一个侧身戳腿直取他的腰部，山本猝不及防，被重重地踢翻在地。山本自知不是对手，只好拱手认输。从此，李小龙的功夫更受同学们的欢迎了。

李小龙回顾自己习武后多次与武林高手的较量，无一不是综合运用了各种拳术，并在实战中加以灵活运用，在瞬息万变的情况下，制敌取胜。于是，他以中国武术作为基础，广泛吸取西洋拳、空手道、跆拳道、泰拳等技击术的优点和长处，并融合自己通过对这些拳术的理解而提出的改良意见，将这些拳法加以融会贯通，自创了一种新的、科学的武术技击法——截拳道。

他之所以要创立截拳道，不仅是为了标新立异，更重要的是为了获得心灵上的宁谧，不使永恒的生命失去生机。换言之，就是为了不使中华武术落入拳套形式的桎梏中。

在十多年授武生涯当中，李小龙先后任命了三位杰出的爱徒：木村武之、严镜海和伊诺山度担任自己的助教。其中木村武之是李小龙的首位入室弟子与首位助教，几十年如一日，他对李小龙所起的辅助作用最大。

李小龙大学时代的照片

李小龙入读的华盛顿大学

ST. FRANCIS XAVIER'S COLLEGE   No.

Name ....   Name in Chinese 李鎮藩

Address ....   Tel ....

Date of Birth ....   Identity Card No. ....

Schools attended ....

Date of admission ....   Date of leaving school   18 JUL 1959

General Appreciation ....

Religion ....

Place and Date of Baptism ....

Place and Date of 1st Communion ....

Place and Date of Confirmation ....

Remarks ....

李小龙在香港圣芳济书院读高中时的学生记录卡（1956—1959年度）。当时他使用的中文名字仍为"李镇藩"。

李小龙很有表演天赋，图为他正在念台词。

1959年，李小龙初到美国留学，在西雅图市爱迪生技术学校读高中。图为读书时期，他在打工的周露比餐馆门口留影。

《基本中国拳法》是李小龙首部也是生前唯——部武术著作，于1963年在美国出版，内容包括武术基本功、拳理、练法及自卫术示范图例。

英文版《基本中国拳法》

李小龙与弟子木村武之（首位助教）演示"鹤嘴"招式的用法

李小龙在美国时，以华盛顿大学附近的停车场作为授拳的场地。

李小龙的授拳生涯是从教授咏春拳开始的

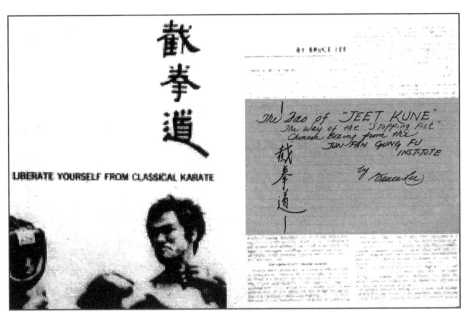

1971 年 9 月号的美国《黑带》杂志刊登了介绍李小龙截拳道的文章

李小龙（左）用截拳道与空手道运动员比试

第三节 艰辛之路

一、初遇琳达

西雅图"振藩国术馆"挂牌后不久，李小龙应邀到华盛顿大学体育馆表演武术。在看台上，一位身材苗条、富有魅力的金发姑娘，生平第一次看到出神入化的中国武术，禁不住起劲地为表演者鼓掌喝彩。在表演者当中，英俊潇洒、体魄如钢的李小龙更是一下子吸引了她的目光，一种莫名的感情暗流渐渐在她心底涌动起来。不由自主地，她萌生出了去看一看那间振藩国术馆的念头。同来的朋友似乎觉察出了她的心思，鼓动她说："你去看看吧，你会喜欢他的。"

一天，这位金发姑娘果真来到了振藩国术馆前。她站在武馆门前，注视着那悬挂在门口上用汉字写的"振藩国术馆"字样的牌匾，耳边不时传来武馆内李小龙和学生们阵阵粗犷雄浑、充满男子汉阳刚之气的练拳呼喊声，她不由得一阵激动，当即迈进了振藩国术馆。谁料到，她这充满勇气的一步竟牵成了一段美好姻缘。她的出现，为李小龙在异国他乡走上成功之路带来了福音。

这位长着一副典型的美国面孔，可爱而又聪慧的白人姑娘名叫琳达·艾米莉，是华盛顿大学医学系的学生。琳达出现在振藩国术馆，并未打算学中国功夫，而李小龙也从众多拜师学艺的女孩子中，发现了这位沉静而端庄的姑娘。每当她来到武馆，李小龙总要多看上几眼，借故与之说上几句话，琳达总是落落大方地回答他的话。琳达从不高声说话，只是安静地注视着武馆里发生的事情，她对每个习武人都彬彬有礼。久而久之，她成了围绕在李小龙身边的那群人中的一员，而且是李小龙最感兴趣的一个。他们练习完后，琳达总是喜欢与大伙儿一起到街上吃饭、看电影。

1964年8月12日，李小龙和琳达身着华丽的结婚礼服在朋友和亲人的簇拥下，来到西雅图的罗尔教堂举行结婚典礼，开始了他们美满婚姻的旅程。关于他们的结合，琳达这样说过："小龙和我结婚，不是一加一等于二，而是一半加一半等于一的融合。""我们之间的爱情，起初是激烈的、热情的，随着岁月的消失，变成慢慢燃烧的热煤，虽然不再旺盛，却是永不熄灭的深情。"

二、辍学创业

婚姻的成功使李小龙能够全身心地投入对事业的追求中去。互补的性格与甘于自我牺牲的精神使琳达成了李小龙得力的"贤内助"，是他顽强奋斗的精神依托和动力，伴随着他在崎岖的人生道路上奋力前行。婚后，为了集中精力经营好武馆，李小龙决定辍学，并取消了蜜月旅行，这一切得到了琳达的理解和支持。为了支持丈夫的事业，她也放下了书本，跟着李小龙走南闯北。为此，李小龙时常感到内疚，总觉得有愧于妻子，但琳达对此只是一笑置之，没有丝毫的后悔。

李小龙夫妇把全部精力投入武术事业中，婚后 9 年中，曾先后搬过 11 次家。由此可见，他们的生活是极不安定的。第一次搬迁是听从好友李峻九的建议，前往三藩市和金门湾对岸的城市奥克兰，开设第二间振藩国术馆。这段时间李小龙夫妇惨淡经营，来馆学技艺的人并不多，他们的经济比较拮据，以致琳达摔坏了眼镜也无钱重换新的。但生活越艰难越能磨炼人的意志。对事业矢志不渝的李小龙没有退缩，他利用教课之余，不断看书学习，广泛收集和研究了各种拳道及流派。他还对中外哲学产生了浓厚的兴趣，从中悟出了不少道理，并把其中的精粹融入他所创立的截拳道中去。他开始断断续续地写一些有关武术方面的论文，虽然没有发表，但他已经有了整理属于自己钻研得出的武术理论体系的愿望。李小龙在世时怕出书造成学艺者盲从，他去世后不久，截拳道的理论由他的弟子汇编成书，从而广泛流传开来，截拳道成为风行世界的新的武术流派。李小龙读书很用功，通常都把书带在身边。有时，他一边活动四肢，伸臂屈腿，一边读书，纵然周围人来人往、人声嘈杂，他也能聚精会神，仿佛置身于无人之境。

正因为李小龙在最艰难的时期得到了琳达的配合和支持，与他共渡难关，所以他才说："在我一生中，最大的收获，我认为并不是在武道上或电影表演上，而是娶得了一位好妻子。她为人很贤惠并能处处迁就我，重要的是在我困难的时候她鼓励我并给予我信心。是她使我不平凡。"

三、长堤表演

想要招来学员，使自己的事业发展壮大，增加经济收入，武馆就需要在社会上有一定的名气。李小龙想，光坐在家里等不是办法，天下之大，谁晓得我这里有威猛无比的截拳道呢？应该找机会打出去，参加社会上的武术比赛，向世人展示截拳道。只有投身战斗，才能打开局面。"战斗"一词成了李小龙以后的口头禅。于是，李小龙雄心勃勃，几乎美国西部各地的武术比赛他都应邀参加，以自己精湛而娴熟的武功征服武术界，征服千万观众。其中最有影响力的一次是李小龙受埃德·帕克的邀请，出席1964年8月2日在加利福尼亚州长堤市长滩举行的"长堤国际空手道锦标赛"。李小龙是作为该项赛事的一名表演嘉宾去参加的。同场表演的嘉宾还有"美国跆拳道之父"李峻九及举办者埃德·帕克的助教丹尼·伊诺山度等。

在这次比赛的开幕式上，李小龙表演了他的截拳道及部分咏春拳技术，令所有选手及观众都叹为观止。由于李小龙的动作太快，令人目不暇接，还没看过瘾就结束了，所以应选手及广大观众的要求，李小龙在比赛的闭幕式那天，又将截拳道化解为单项进行了表演。其中以"单手二指俯卧撑""蔽日黐手""寸劲拳"最令人叫绝。尤其是他表演的《脚踢木板》节目，更令全场观众无不喝彩。只见李小龙飞起一脚，两英寸厚的木板应声而断，他连续一口气踢了六七次，足见其腿上功夫的厉害。比赛发起人埃德·帕克用摄像机拍下了李小龙的表演，他对李小龙那有别于空手道、柔道的武术技艺感到十分惊讶，一改对中国功夫的偏见，对李小龙的武功佩服之至。他虽然是一位已负盛名的空手道高级教练，但他却给予了李小龙最高的赞誉："他可以把天空打碎。"

李小龙的表演常常令观众如痴如醉，使得不少人仰慕于他。其中有个叫谢·薛汀的发型师，对李小龙的武功佩服得五体投地，逢人便说："李小龙的功夫，厉害！"这个发型师在洛杉矶开了一间理发店，经常有好莱坞的电影明星和导演光顾。有一次，电视连续剧《青蜂侠》的制片人威廉·多兹尔来理发，谢·薛汀在与之闲聊中了解到该剧正物色武打指导，便立即向多兹尔推荐他的武打偶像李小龙。观看了"长堤表演"的纪录片后，多兹尔也十分欣赏李小龙，于是决定聘请李小龙担任福斯电影公司的武术指导。

四、悲喜交集

造化弄人，正当李小龙沉浸在初为人父的巨大喜悦之中时，却接到了父亲突然病故的噩耗，他被这意外的痛苦攫住了，不能自己。这期间，不过短短数日之隔，生命与死亡接踵而至。

1965年2月1日，是农历的除夕，兴奋不已的李小龙赶紧给远在香港的父母发了一封电报，告知这天琳达为他生下了第一个孩子。喜上眉梢的李小龙为婴儿取的中文名字是李国豪，意思是"为作为中国人而自豪"，英文名字是布拉顿·李。李国豪是在奥克兰的加利福尼亚医院出生的，出生时体重为 3.63 公斤。据琳达说，李国豪刚出生的时候，长着一头东方人特有的黑发，后来却慢慢变成了金黄色，十分可爱。

正当李小龙沉浸在当父亲的幸福之中，一封加急电报送到了他的手中，他日夜思念的父亲李海泉于 2 月 8 日不幸病逝。这消息犹如五雷轰顶，使他痛楚万分，眼泪禁不住夺眶而出。在儿子出生前，他就与琳达商量过，待孩子生下来后，他们就带着他到香港探望父母亲，让老父亲好好看一看、亲一亲他可爱的小孙子。谁料父亲还没能看上孙子一眼，就离开人世了。乐极生悲，悲更悲。李小龙少年时期虽然顽皮，但对父亲始终十分尊敬，父子之间的感情也十分深厚。父亲对他一生的影响很大，既是他踏入影坛的引路人，也是他武术上的启蒙老师。如今却"子欲养而亲不在"了，这怎么不令人悲痛欲绝啊！悲切之中，父亲昔日的音容笑貌、舞台上惟妙惟肖的表演，以及多年来对他的教诲与期望一幕幕浮现在他的眼前。迷糊之中，他耳边仿佛响起了父亲的声音："小龙，你身在异国，做人要争气。人生在世，出路和前途全靠自己，希望你有朝一日能有所作为，为父在九泉之下也安心了。"

李小龙回港拜祭亡父时，琳达也带着初生的国豪启程回到了西雅图，这是琳达婚后第一次回去探望母亲。母亲虽然对琳达与李小龙的异国姻缘抱有极深的成见，但看着沉浸在婚后的幸福与得子喜悦当中的女儿，骨肉亲情使她种种的不满与顾虑涣然冰释了。

李小龙与琳达的合照

李小龙夫妇与女儿李香凝的合照

李小龙武馆的招牌，当时的"功夫"叫 Gung Fu。

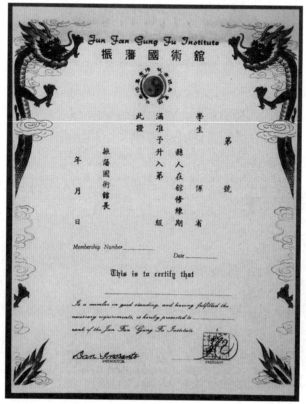

李小龙的振藩国术馆证书

李小龙与截拳道大弟子及助教伊诺山度在演练

李小龙在振藩国术馆与弟子们的合影

　　1964 年 8 月 2 日，李小龙在美国加州长堤市举行的"长堤国际空手道锦标赛"中表演了寸劲拳。

第四节 重返影坛

一、试镜成功

初为人父的李小龙，能有机会重拾已放手长达 7 年的电影表演，甚为兴奋，便在儿子出生后的第三天，也就是 1965 年 2 月 4 日，专程由奥克兰启程来到了位于洛杉矶的著名影城好莱坞，准备参加电视剧《陈查礼之子》的试镜工作。据负责审定的威廉·多兹尔忆述："在试镜初期，穿上不太合身的西装的李小龙，看起来有些拘束，但一谈到武术，却马上像换了个人似的。他的出拳快如闪电，却能在达到目标前及时停止，看来埃德·帕克的推荐并未夸大其词。"

这次试镜中，李小龙向大家讲解了武术的作用，还根据主考人员的要求，表演了中国传统戏剧中的丑角及旦角，充分显示出了他深厚的专业功底。李小龙出身于粤剧世家，做起这些动作来自然得心应手。李小龙告诉他们自己在香港已拍过十几部电影，但主考人员还是让李小龙做了一些基本功，就好像初次给李小龙上表演课一样。最终，李小龙不卑不亢、娴熟自然的表演，获得了主考人员的一致认可，他们认为眼前的这个东方人就是他们所寻觅的人才。

刚刚返回奥克兰，福斯电影公司的试镜结果便随即传至。尽管《陈查礼之子》试镜失败，但电视监制人威廉·多兹尔显然认可了发型师谢·薛汀的推荐，特向李小龙提供了为期一年的演出合约，将这位言行举止皆独成一格、与众不同的年轻东方人留为己用。合约签订，李小龙收下了可解"燃眉之急"的 1800 美元预支片酬。

由于馆务进展缓慢，试镜和奔丧等事情占去了不少时间，李小龙便决定去好莱坞开辟新天地。奥克兰离好莱坞所在地洛杉矶较远，李小龙不顾严镜海等几位亲传弟子的反对，决定关闭奥克兰振藩国术馆，让坚持留下来的学员转到严镜海的车库中继续练习。

李小龙在好莱坞苦候了多月仍未能获得福斯电影公司的工作安排。虽然威廉·多兹尔答应让他在筹拍的电视剧《青蜂侠》中担任第二男主角，但这部片子什么时候开拍还是未知数。李小龙便决定先回香港探亲，于是他们一家三口在 1965 年 5 月中旬回到了香港，一住就是四个多月。

二、 回归香港

李小龙一家回到香港后仍住在九龙李家旧居，即弥敦道218号一楼（现已改建成恒丰酒店）。亲朋好友听说李小龙已经签约出演好莱坞电视连续剧《青蜂侠》的主角，都羡慕不已。琳达还是第一次到香港，这里闷热的炎夏与局促的生活环境让她感到十分不适，但她却没有丝毫的抱怨。因此，李小龙的母亲何爱榆对琳达连连称赞，说她是能够为丈夫承受任何艰辛的贤内助。

旅居香港的四个多月中，李小龙除了在家练功外，就是去书店或旧书摊买书、思考或撰写一些武学笔记。《青蜂侠》所预支的片酬用作购买往返机票后已所剩无几，一些不必要的应酬李小龙尽量谢绝。在港期间，他仅去拜会过吴楚帆、黄曼梨、叶问、邵汉生等圈内的几位前辈。他想，将来要拍电影，也是以功夫片为主，好的身手仍是将来拍好电影的基础。因此，在香港探亲休养的生活倒为他苦练武功提供了有利的条件。

为了突破武学领域的困境，李小龙对起居作息做了严格的规定，风雨无阻的艰苦锻炼与不断思索使他的武学思想更加成熟起来。他在与香港前警务总督察郭振强及建筑师陈国光等新弟子谈及武术时，首次提出了"以无法为有法，以无限为有限"这一武道哲学理念，这也最终成为其武学体系的核心理论。

所谓"以无法为有法，以无限为有限"，实际上是李小龙对老子哲学的一种理解与发挥。两千多年前老子就在自己的《道德经》中提出了"无为而无不为"这一理念，其中"无为"是自然之道，如果能够达到"无为"境界，就可以"无所不为"地去应对所有事物。就武术来说，"无法为有法"的境界便是得道的境界，是武术的"巅峰"。李小龙并非天生就有"无为""无法""无限"的境界，他是在经过了一系列的"有为""有法""有限"的修炼过程后才达到这一高深境界的。尤其在练功方面，他的刻苦与努力远比普通人多出很多倍。

李小龙离港前，香港的这些新弟子合资请人写了一幅中堂挂轴送给师父留念。挂轴上所写的内容便是"以无法为有法，以无限为有限"。李小龙非常珍惜这幅挂轴，把它挂在美国家中的客厅。

三、重返影坛

在爱徒伊诺山度的邀请和好友李峻九的建议下，李小龙决定再次迁居洛杉矶，这是出于影视表演的需要。在整个美国，武术风气最浓的地方是洛杉矶，而世界著名影城好莱坞也在洛杉矶。由于经济拮据，他们一家三口只能在洛杉矶城西租下一套较小的房屋暂居。

1966 年 4 月 30 日，推延近一年时间的《青蜂侠》终于筹备开拍了。《青蜂侠》是一部 30 集的电视连续剧，每集 30 分钟，李小龙在其中饰演第二男主角，即第一男主角的助手兼司机加藤。

然而，令李小龙意想不到的是，加藤竟是一个戴面具的角色，根本无戏可演，非但如此，电影公司还专门配给他一个演技"替身"。原来，电影公司只看好他的功夫，完全不相信他的演技。李小龙虽然对这种安排感到十分气愤，但也无可奈何，唯有把注意力全部集中在打斗场面上。他预先构思出多场干净利落又可表现出东方武术风格的对打安排，务求令看惯了"牛仔片式"拳来拳往的美国观众耳目一新，同时也想借此一鸣惊人，为打入好莱坞闯出一条路来。

《青蜂侠》电视连续剧终于在当年 6 月正式开拍了，李小龙虽然已从拍摄会议中获悉自己没有太多的表现机会，却想不到情况比预料的还要差得多。为了将加藤的角色由奴仆升格至青蜂侠的助手，李小龙在拍过试影版后，即写了一封长信向制片人多兹尔陈述己见。说服了多兹尔后，还要与导演谢利·汤玛士"磨牙"。谢利·汤玛士迷恋于胡闹打斗模式所带来的收视佳绩，故而对李小龙各种贴近实战搏击的打斗安排，皆以观众无法接受而横加否决。李小龙据理力争，最后只得由威廉·多兹尔出面调停，采取了一种折中的办法继续进行拍摄：李小龙愿意在对打时减慢动作速度，并添加一些如高踢、飞踢和跃起肘撞等夸张悦目的动作；而汤玛士也同意加入一些富于东方色彩的近乎实战的打斗场面，并调整了拍摄进度，以让李小龙的搏击技巧有更多的发挥。

四、一鸣惊人

经过三个月的紧张拍摄，《青蜂侠》终于赶在 1966 年 9 月 9 日于全美广播电视频道（ABC—Ⅳ）的黄金时间首播。令人意想不到的是，第一男主角青蜂侠的表演虽卖力却并不叫好，即使是用那些由好莱坞著名道具设计师甸·积费斯精心设计的各种威猛的超时代武器来加以包装，也未能博得观众的多大好感。相反，在剧中戏份比秘书嘉斯小姐还少的第二男主角加藤，却变成了最引人注目的焦点。他那尽管有意减慢了速度却仍叫人眼花缭乱的闪电般的拳脚，比那部投资数万美元的会发射火箭弹的"青蜂车"更具吸引力；而这名不起眼的司机手中的飞镖和双节棍，显然比第一主角青蜂侠手中的那支会发出超声波和迷魂烟的"青蜂针"可观得多。类似的器具制作，在好莱坞早已司空见惯，而李小龙敏捷潇洒的身手则是前所未见。所以，当该剧播映仅数周，李小龙就已收到了全美各地影迷的许多来信，连绝少报道武术消息的报纸和杂志也纷纷采访"加藤"和他的中国功夫，李小龙靠着自身的努力与奋斗终于获得了成功，而非依赖于电影公司的包装。

虽然李小龙在《青蜂侠》中一鸣惊人，但由于他是有色人种，在当时美国种族主义的影响下，从 1966 年 6 月出演第一部电视剧《青蜂侠》，直至 1971 年 6 月出演最后一部电视剧《盲人追凶》，在好莱坞从影的 5 年时间里，他一直未能担当主角，也难以充分展示自己的功夫与才华。

在一些名人弟子的推荐下，李小龙于 1968 年 8 月在好莱坞电影《马洛》（又名《丑闻喋血》）中争取了一个较为重要的角色——扮演一个身怀绝技的华人黑社会杀手。这是李小龙在好莱坞徘徊几年中上镜最多的一部电影。以前他虽也参与过几部电影的演出，并在詹姆斯·科本的《闪电大进击》、提马金·夏伦堤得的《破坏部队》中担任武术指导，但他在电影中的角色远不及他在电视中那么显著，也没有什么出色的功夫表演。

1970 年，李小龙与自己的两位名人弟子、好莱坞著名编剧家斯特林·西利芬和好莱坞电影明星詹姆斯·科本筹拍功夫电影《无音箫》失败后，他的情绪低落到了极点。正当李小龙对好莱坞绝望之际，美国派拉蒙电影公司正在筹拍《盲人追凶》，西利芬专门为他量身创作了一集叫《截拳道》的专集，用来阐述与表现他的武道思想。该集播出后，效果出奇地好，媒介对他的好评盖过了当年演出《青蜂侠》所产生的效应。李小龙特有的演技在该片中得到了发挥。

李小龙（左）在沙滩上与弟子训练

充满自信的李小龙

李小龙表演"单手二指俯卧撑"

李小龙（右）与弟子李恺练习

李小龙夫妇与儿子李国豪的合影（1965 年）

　　李小龙于 1965 年 5 月再次回到香港，住了四个多月，一直坚持在家练功，为以后拍功夫片打下坚实的身体基础。

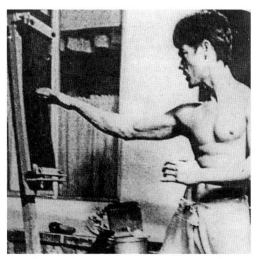

　　李小龙在家中也不忘练拳，凭他搏命刻苦的训练，最终能短距离打出三百多磅的重拳。

李小龙在美国电视剧《青蜂侠》中的加藤剧照（1966 年）

美国出版的电视指南上，李小龙首
次登上美国本土杂志封面。

第五节　投身嘉禾

一、投身嘉禾

李小龙离开了香港，但是幸运之神正在香港向他招手。在李小龙抵港之时，邵氏电影公司宣传部总监邹文怀与总裁邵逸夫产生不和，几经唇枪舌剑之后，矛盾激发到不可收拾的地步，于是邹文怀与邵氏电影公司分道扬镳，自己网罗了一帮人员，筹组嘉禾电影公司。那天夜里，偶然间在电视屏幕上，邹文怀发现了身手不凡、演技出众的李小龙，一阵惊喜掠过心头。他猛然间想到，自己的新公司正筹拍的功夫片《唐山大兄》还未物色到合适的主角，而这个生龙活虎的李小龙不正是天赐的最佳人选吗？邹文怀正为嘉禾电影公司的《鬼怒川》《天龙八将》《独臂刀斗盲侠》等创业电影成绩不佳而发愁，为物色寄予厚望的重点影片《唐山大兄》的主要演员而四处寻找。今天荧屏上的李小龙让他看到了希望。他预感到，这个李小龙将会以自己的技艺征服香港影坛，以其熠熠生辉的光芒，使众多的武术明星黯然失色。李小龙是个难得的人才，而不仅仅是棵摇钱树。

嘉禾电影公司虽小，但人员却很精干，有与邹文怀一起脱离邵氏电影公司的大导演罗维、演员出身的罗维太太刘亮华以及出任经理的何冠昌。他们常常泡在办公室里，共同商讨嘉禾电影公司今后如何发展。你一言我一语，往往争得不亦乐乎。取得一致共识的是，在遭到邵氏电影公司围堵夹攻的情况下，嘉禾电影公司要挽回颓势，继续生存，就必须在即将开拍的影片《唐山大兄》中打个彻底的翻身仗。在人选方面，为了保险起见，他们准备聘请因在《大醉侠》一片中饰演主角而轰动影坛的"武侠影后"郑佩佩为该片的第一号人选。而郑佩佩婚后侨居美国，于是公司决定由刘亮华出面代表公司与郑佩佩商谈。而邹文怀又提议，如果与郑佩佩交涉不成的话，即请刚被邵氏电影公司拒绝的李小龙。结果，刘亮华未能请来郑佩佩，而李小龙则以每部片酬 7500 美元的价格与之成交。按公司的要求，李小龙必须在四个月内回港替嘉禾电影公司主演《唐山大兄》及《精武门》两部功夫片。就这样，李小龙开始了以艺扬武的短暂而辉煌的演艺生涯。

二、《唐山大兄》

1971 年 7 月，早已按捺不住的李小龙接到了开拍的长途电话，他简单安排了妻子儿女们的生活，就急匆匆地只身由洛杉矶直飞外景地曼谷。一下飞机，李小龙便急不可待地换乘出租车直奔集合地。面对曼谷无数旖旎的热带风光，他也无心欣赏。《唐山大兄》的外景地设在离曼谷几十公里外的一个僻静的小村庄里，这里浓荫如盖，清风送爽。经过长途跋涉，加上时差和炎热天气的影响，李小龙感到十分疲惫，但他却抖擞精神，立刻开始了工作。他一边熟悉剧本提纲，一边考虑人物形象的设计，很快就进入了扮演的角色之中。他十分清楚《唐山大兄》能不能打响，主要看他的表演，而且这也是他当主角的第一部片子，这对他来说是多么重要啊！他只有全力以赴了。

第二天，随着开拍祭祀仪式的结束，李小龙回香港打天下的第一部影片《唐山大兄》正式开机拍摄了。《唐山大兄》是一部以中国武术为题材的电影，片中描写了东南亚华侨在异国他乡奋斗的故事。李小龙在影片中扮演一名血气方刚且具有正义感的年轻华侨郑潮安。这个青年从香港来到曼谷谋生，在一家制冰厂当工人。工厂老板以制冰为幌子，将毒品藏在冰里销售，然后将知道这个秘密的工人一个个杀掉。郑潮安目睹恶势力如此嚣张，义愤填膺，于是挺身而出，用他的铁拳，锄强扶弱，打击恶党，为民除害。该片的高潮，也是最扣人心弦之处，就是郑潮安只身迎战十多个手持棍棒刀剑的歹徒的打斗场面。在被歹徒团团围住的情况下，郑潮安面不改色，奋起迎敌，一双铁拳如双龙出海，一双铁腿如秋风扫落叶，斗胆迎战的歹徒不死则伤，剩下捡回性命的逃之夭夭。片中的郑潮安不但大获全胜，而且赢得很有大将风度，真可谓艺高人胆大。片中李小龙从容不迫的精彩表演，使导演和制片人大感意外，大家异口同声地说，李小龙出演的《唐山大兄》，才是货真价实的功夫猛片。

三、又演精武

《唐山大兄》于1971年10月正式在香港公映。片中李小龙的凌厉拳脚和火爆动作令观众耳目一新，无不如痴如醉，喝彩声与掌声接连不断。这部大受欢迎的影片创下了香港开埠以来电影的最高票房纪录，高达319.74万港元。李小龙的名声也从香港传遍了东南亚各地，只要一提到《唐山大兄》，人们都竖起大拇指赞道：李小龙的功夫堪称一流！

《唐山大兄》公映后不久，李小龙又马不停蹄地参加《精武门》的拍摄，而且这也成为他的又一代表作，并使他一下子成为中国人心目中的英雄。李小龙在该片中扮演1908年回上海参加恩师霍元甲葬礼的热血青年陈真。影片中，陈真得知师父死于日本武师的毒药之后，只身闯入日本武馆，打碎了"东亚病夫"和"华人与狗不得入内"的牌匾，随之又以无所畏惧的英雄气概，分别打败了日本空手道拳师和俄国大力士。血战之后，为保存精武武馆，陈真不惜以身怀绝技之躯与日本暴徒拼搏到流尽最后一滴血。

李小龙主演的《精武门》又一次轰动了香港。他在片中展现的凛凛英姿、视死如归的大无畏精神和惊人的打斗技巧，都表明了他所扮演的角色达到了一个新的高度。也就是说，他把中华民族那种爱憎分明、英勇不屈的民族精神塑造得淋漓尽致。而他高超的武功更令所有观众叹为观止，特别是他表演的"李三腿"和"双节棍"神勇无比、精彩绝伦，令人不能忘怀。由于李小龙的完美表演，《精武门》的公映盛况空前，再创下443万港元的票房新纪录。据当时的《技击明星》杂志报道："在新加坡，每张2元的《精武门》电影票，在黑市上竟卖到45元。首映式的当晚，成千上万的电影观众涌向电影院，造成严重的交通阻塞，致使上映不得不暂停一个星期，直到当局设法解决了这个问题才重新公映。在新加坡的历史上，由一部电影引起交通阻塞，这还是第一次。"

四、另立炉灶

李小龙主演的《唐山大兄》及《精武门》两部影片，均是由香港著名导演罗维执导的。然而早在拍摄《唐山大兄》之时，就有传闻说李小龙与罗维不和。当《精武门》获得了空前的成功后，尤其是新闻媒体推波助澜地披露他们两人不和的言语，这种矛盾就日益公开、日益激化了。

到了筹拍《冷面虎》之时，互不相让的李罗二人终告决裂。影片《冷面虎》仍由罗维和李小龙分别担任导演和主演，李小龙看过剧本之后不甚满意，他拿着剧本提纲找到邹文怀说："这算什么剧本？连三岁小孩也能写出来！"罗维当然不会就此罢休，他在安排剧组到日本拍外景时，突然宣布李小龙的角色改由王羽担任。得知这个消息后，李小龙马上去找邹文怀理论，但邹文怀说，尊重罗维导演的意见，已跟王羽签了约。这时，李小龙已意识到这是罗维利用职权有意排挤他。从此两人的关系更趋恶化，在公司见了面也形同路人一般。

"嘉禾公司有他无我！""要是公司不答应，我就另立炉灶。"李小龙表示与罗维势不两立。

　　李小龙的强硬态度使嘉禾电影公司上上下下大为震动，刚刚撑起的牌子眼看着就要被李小龙和罗维的内讧给砸了，公司危机四伏。总裁邹文怀也急得像热锅上的蚂蚁般团团转，但他毕竟是个经过风浪见过世面的人，在这事关嘉禾电影公司前途的时刻，他认真冷静地掂量了一下他手中的李小龙和罗维这两张王牌，谁的分量更重呢？如果他们能够继续合作，自然再好不过了。但性格耿直、放任不羁、只想一条路走到底的李小龙，是一匹难驯的烈马，不容易被人驾驭。然而现在正是李小龙走红之际，若一朝不慎，逼得他"跳槽"，或者被别人挖走，那岂不是人财两空？

　　"稳住李小龙才是上策"，邹文怀为留住李小龙绞尽了脑汁。这天，他坐在宽大的写字台前，望着博古架上那只高高跃起前腿的陶瓷奔马，出神地想着他的心事。这马虽有奔腾不羁的能力与欲望，但无奈已套上马辔头，缰绳紧握在骑士手里，任它奔驰万里，终究还是骑士胯下之驹。想到这里，邹文怀情不自禁地笑了起来，他习惯性地扶了扶滑到鼻梁上的眼镜，随后嘴角浮现出一丝不易让人觉察的微笑，一条两全其美的计策便形成了。他答应让李小龙自组隶属于嘉禾电影公司的协和电影公司。李小龙作为该公司的投资者，可以凭借股份分红。邹文怀凭着他的老谋深算，牢牢地控制着手上的两张王牌，使嘉禾电影公司顺利地渡过了危机。

香港嘉禾电影公司董事长邹文怀邀请李小龙主演《唐山大兄》和《精武门》两部功夫片　　　　　1973 年 6 月号《嘉禾电影》杂志以李小龙做封面人物

李小龙在《唐山大兄》中的剧照

《唐山大兄》剧组主要人员的合影（左起：韩英杰、衣依、罗维、李小龙、田俊）

李小龙在《精武门》中的剧照

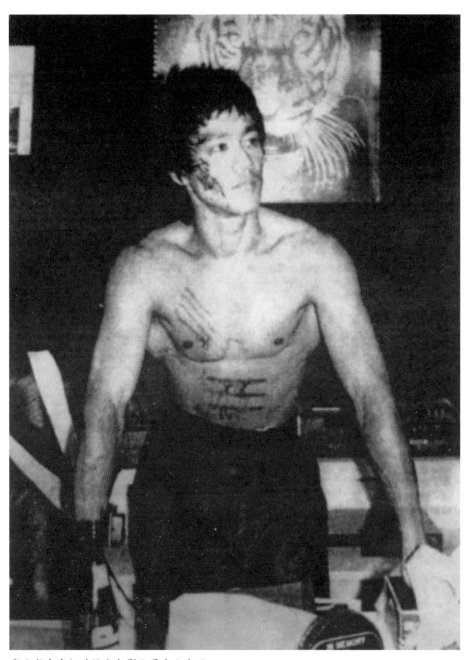

李小龙在自组的协和电影公司办公室里

第六节　协和创业

一、《猛龙过江》

李小龙独立而好强的个性，决定了他不会甘心做一个受雇于他人的明星，而是要在影坛自立门户。经过一番力争，由李小龙一手搞起来的协和电影有限公司终于在 1971 年 12 月 29 日宣布成立。踌躇满志的李小龙激动地对琳达说："我偏不信邪，离开罗维这个老家伙，我的协和公司定能名扬天下。"作为公司合股人的李小龙，拒绝与罗维再度合作。他从一开始就不满罗维那套编导方法，打算自己搞一个电影剧本，自编、自导、自演，并试图在影片中增加故事情节，尤其注意融合西方电影中常常运用的表演方法。为吸引香港观众，他还考虑着力增加喜剧色彩，使影片内容不但有宏大壮观的武打场面，而且具有相当的可观性。

《猛龙过江》就是李小龙构思已久的一部影片。该片的故事梗概是，在罗马经营中国餐馆的陈清华，被当地的黑社会暴力集团恫吓，要她交出餐馆。危急之际，她召来了从香港到罗马打工的青年唐龙，在身怀绝技且富有正义感的唐龙的帮助下，餐馆的侍者齐心协力，将前来捣乱的一伙小喽啰一一击退，又把暴力集团请来的两名职业杀手打败。最后，唐龙在罗马圆形竞技场内与暴力集团从美国请来的空手道高手进行惊心动魄的决斗。"不是猛龙不过江"的主题在影片中得到了充分体现。

李小龙一开始就对这部影片倾注了极大的热情。在组织人马方面，他除了聘请一些西方演员担任重要角色外，还尽量邀请那些曾与他愉快合作过的演员。然而，当李小龙将演员名单交给嘉禾总裁邹文怀请他帮助解决时，邹文怀却感到十分为难，"这不大好吧，他们现在都有戏啊"。也难怪邹文怀会觉得为难，这李小龙分明是给他出难题，因为名单中的这些演员现在都正在参加罗维导演的片子《冷面虎》的拍摄。要从罗维手中抢走他的剧组人员，岂不是火上浇油，局面更难收拾？其中，苗可秀（在《唐山大兄》中扮演女主角）还是罗维的义女，是罗维一手培养的明星，素有"嘉禾玉女"之称。又如植耀昌，他是罗维手下的副导演。怎么办？邹文怀又一次陷入了两难之境。经过一番反复的权衡，他咬咬牙，只得向李小龙再一次作出让步。

二、《死亡游戏》

在《猛龙过江》再创佳绩后，李小龙又计划着协和电影有限公司推出另一部新作《死亡游戏》，而且新招迭出。

这部片子讲述香港和澳门的恶势力头子兰特，为了扩张势力，把手伸进了影视界，强迫电影明星罗比利和他的恋人安摩莉丝签订终身契约。罗比利不服，结果在摄影棚中遭到高手追杀，身负重伤，他将计就计，伪装死亡，并举行了隆重的葬礼，趁此机会疗养，以图复仇，也就是以"死亡游戏"来与恶势力周旋。后来，罗比利乔装成老人，出现在空手道比武的竞技会场，他向兰特的手下米拉打听到兰特的巢穴，便单枪匹马前往。他使尽浑身解数，打败了兰特设在高塔每一层的武术高手，硬闯入了兰特的老巢。眼看大势已去而急欲逃跑的兰特脚下一滑，从高塔坠落身亡。

当时，看过这本剧本的人，都被剧本精妙而富有戏剧性的艺术构思所感染，称它"不愧为天皇巨星的又一新作"。李小龙当时的思路是，想让全世界伟大的武术家和运动家们荟萃一堂，同时出现于一部影片之中，那将是多么辉煌且不可思议的情景！将是人类电影史上的一大壮举！李小龙为了这本剧本的出台可谓绞尽脑汁，费尽心血。他除了继续自编、自导、自演外，还特意请来了在美国授徒时的多位学生和好友参与片中的角色。其中，有身高2.20米的美国职业篮球选手阿布杜尔·贾巴尔，有菲律宾籍的棍术好手丹尼·伊诺山度，有韩国合气道九段宗师池汉戴，还有香港咏春拳派"讲手王"黄淳樑等武术家。这些人中，以贾巴尔最为出众，贾巴尔是美国职业篮球球坛辉煌的球星，有"篮坛五星上将"之称。他是洛杉矶湖人篮球队的主力队员，十分繁忙，况且篮球在美国是热门的体育竞技项目之一，贾巴尔的名气远远盖过李小龙，而李小龙一个电报便把他招来，可见交情非同一般。原先贾巴尔在洛杉矶振藩国术馆单独跟李小龙学艺时，对李小龙那不拘任何形式并能充分发挥个性技能的打斗功夫十分敬佩。现在李小龙在片中与他演对手戏的目的，就是展示他的截拳道是如何抵御和制服比他身材高大的武坛高手。

《死亡游戏》拍完了最具刺激性的打斗高潮部分后，时值隆冬，原定前往韩国拍外景，但因李小龙操劳过度，身体不适而暂时停拍。谁料到不久后李小龙猝死，停拍的《死亡游戏》竟成了他未完成的遗作。后来，为了纪念李小龙，邹文怀另组班子补拍了这部电影。

三、《龙争虎斗》

就在李小龙暂时停拍《死亡游戏》的同时，他同好莱坞华纳兄弟影业公司于 1972 年 11 月 23 日签订了《龙争虎斗》这部在全世界发行的武打片的合作协议。在好莱坞的电影中担当主角是李小龙多年的愿望，终于在这部《龙争虎斗》中实现了。《龙争虎斗》后来获得了巨大成功，这使得李小龙从一名香港级的明星一跃而晋升为世界级的国际影星。

《龙争虎斗》的拍摄并不顺利。来港的好莱坞演职人员适应不了香港的气候与环境，更适应不了李小龙玩命似的工作作风和暴躁的脾气。李小龙是个追求完美的人，他要求自己的首部好莱坞影片一炮打响，开拓出一个新天地。他对自己的每一个动作都苦思冥想、斟酌再三，同时又把对自己的严格要求强加到所有人头上，使得其他人虽不敢马虎却也难以接受。李小龙要做的事情实在太多，而又总是只相信自己，不放心别人。他除了主演兼武术指导外，还要去管那些制片、摄影、灯光、道具等方面的事情，不免让人觉得他在吹毛求疵。他追求尽善尽美，给人的感觉却是反复无常，今天讲的东西明天可能就会被推翻，所以《龙争虎斗》本来打算在四周内封镜，实际上却拍了十周。

当然，这其中除了李小龙自身方面的原因外，中方与美方人员的不和也是一个重要的原因。尽管是同样的工作，双方的待遇却很悬殊，美方人员参照的是好莱坞的标准，中方人员却是香港的标准。而在美国，拍片制度是一周五个工作日，但现在与中国演职员一道，他们连星期日也没有了。

拍片的过程中也遇到了不少麻烦。例如，戏中的打斗场面很壮观，要一次聘请 200 名临时演员，这些人都是暂时组织起来的，根本不知道演戏是怎么回事。如何指挥这些人按剧中的要求去表演，着实令李小龙头痛了一番。在拍摄接近尾声时，有一幕是李小龙遭受眼镜蛇袭击的戏，李小龙居然真被蛇咬了一口，幸好这条蛇事先已被摘掉了毒腺，却仍使他心悸了好几天。该片拍到最重要的环节时，李小龙偏偏又被玻璃划伤了手，他不得不停了几天。

但不管怎么说，《龙争虎斗》是一部一鸣惊人的巨片。该片在世界闻名的好莱坞中国戏院上映时，就成为轰动一时的一大新闻。

四、死亡边缘

从 1972 年 5 月至 1973 年 5 月的一年间，李小龙身兼《猛龙过江》《死亡游戏》《龙争虎斗》三个片子的编剧、导演和主演，工作强度十分之大，而他又是个工作非常拼命的人，长时间过度的紧张和操劳，使他无论在身体上还是在精神上都透支得太多。1972 年 7 月，他刚拍完《猛龙过江》一片后，没有进行休息和调整，就迁入新居"栖鹤小筑"。这座住宅从装修到搬迁，李小龙都事必躬亲。紧接着，他又马不停蹄地投入下一部片子的拍摄之中，其疲惫的程度就可想而知了。原先他在西雅图养成的坚持每天慢跑的习惯不得不放弃了，健康状况比以前差多了。

到了 1973 年，他的健康与精神状况更是与日俱下。这年 5 月 10 日，李小龙在嘉禾电影公司片场为《龙争虎斗》的国语版本配音时突然昏迷，他的生命亮起了红灯。他被送往医院抢救时，已经完全休克，对外界的刺激没有任何反应，已经到了死亡的边缘。医生们花了近两个半小时的时间抢救才使他苏醒过来，他醒来的第一句话便是："我感到非常接近死亡。"然而，医生未能查出导致他昏迷的原因。事实上，这时的李小龙已经病入膏肓了，他表面看上去还神采奕奕，却终究掩饰不住浮在脸上的疲惫与病痛。他那一脸好久没剃的大胡子，也恰好说明他的精神开始踏上了崩溃的边缘。病魔逐渐在他貌似强健的体内肆虐开来，他变得越来越暴躁和失常了。

就在 1973 年嘉禾电影公司的春节团拜会上，李小龙还与手持大雪茄的罗维谈笑风生，可 4 个月后，即 1973 年 7 月 5 日下午，他们在嘉禾片场的试映室内爆发了激烈的冲突。莫名恼怒的李小龙突然从裤兜里抽出一把小刀直指罗维的心窝，幸好被眼明手快的邹文怀、何冠昌等人死死抱住，并强拉出试映室，这才避免了一场恶性冲突。此时，罗维乘机报了警。而在警察进门之前，邹文怀已做了应急安排，故而在没有证据的情况下，警察进行调解之后离去。此外，在事发当晚的电视节目《欢乐今宵》中，李小龙竟当众施展"贴身摆肩"动作，撞倒身体健壮的节目主持人何守信，以影射对付肥笨的罗维根本无须动用武器。这一自损形象的行为，一时间受到社会舆论的指责，给李小龙增加了巨大的压力。类似的古怪行为不断发生，李小龙频频惹祸，惹怒了不少人，他在公众面前的形象也黯淡了许多。更有甚者，他主演的《唐山大兄》《精武门》在美国、英国等地并不卖座。一连串的打击，使李小龙的情绪与精神坏到了极点。

在 1973 年 7 月 20 日那天，李小龙永远闭上了他那双炯炯有神的眼睛。他犹如一颗划破夜空的流星，光芒照亮了整个天际，然而只燃烧了一瞬间便熄灭了，留下了无穷无尽的遗憾。

李小龙在《猛龙过江》中的剧照

李小龙与美国空手道冠军查克·诺里斯在《猛龙过江》中的经典打斗场面

李小龙在《死亡游戏》中的剧照

李小龙在《死亡游戏》中与巨人决斗的场面

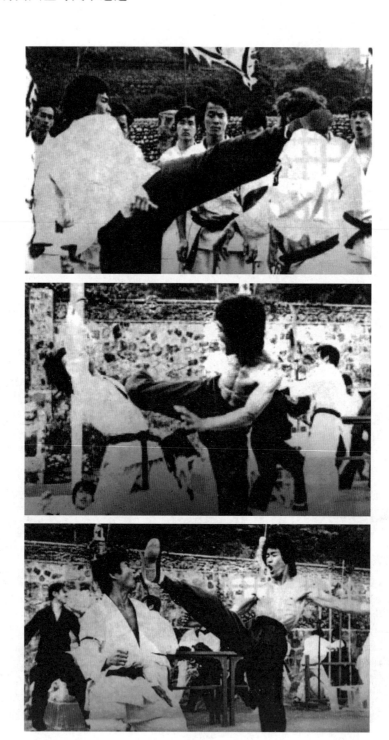

李小龙在《龙争虎斗》中使出凌厉的"李三脚"脚法

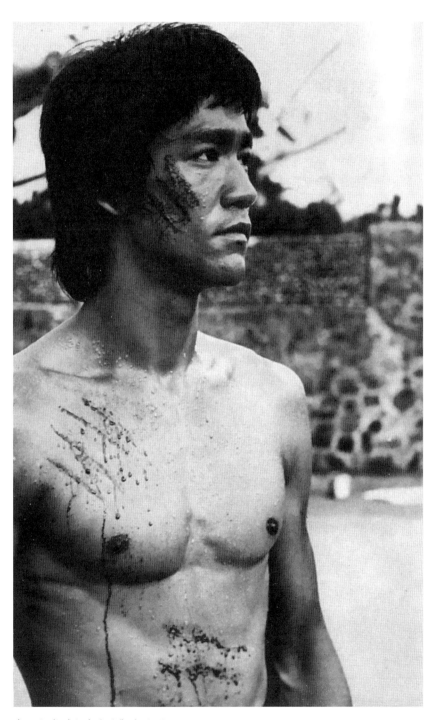

李小龙在《龙争虎斗》中的剧照

第七节　巨星陨落

一、突然暴毙

1973 年 7 月 20 日，香港天色阴沉沉，灰色的云层像一口巨大的黑锅扣在这座号称"东方之珠"的城市上空，狂风卷着白茫茫的暴雨"哗哗"地倾泻下来，好像要把一幢幢直插云天的摩天大楼吹倒冲垮。电光与雷声搅得人们心神不定。从那些散乱纷飞的燕雀哀鸣声中，一种可怕的不祥预兆掠过人们的心头。

什么预兆？这天香港的的确确发生了一宗震动全球的不幸事件——一代巨星李小龙于晚上 11 时 30 分在伊利沙伯医院突然逝世！

7 月 21 日早晨，被台风困扰了几天的香港市民，刚从睡梦中醒来就被新闻媒体的一条条赫然醒目的报道震慑住了。

"李小龙突然暴毙！"

"一代巨星与世长辞！"

香港的报纸差不多都以头版头条报道这条新闻，电视台和电台也都播出了同样的消息，同时电视台还播放了由李小龙主演的影片的片段，以示对这位功夫片明星的哀悼和纪念。

被誉为"功夫之王"的李小龙的死讯快如闪电，一下子传遍了中国香港与东南亚、美国，成了香港街知巷闻的特大新闻，人们议论纷纷，莫衷一是。

"李小龙怎能死？他是不会死的！"在香港和东南亚各地的李小龙崇拜者和影迷对他的死感到无比震惊和悲伤。他们指望报纸的报道全是记者的杜撰，只不过是替李小龙正在拍摄的功夫片《死亡游戏》制造宣传噱头。的确，李小龙以他的武功、演技、魅力赢得了千万观众的心。他主演的《唐山大兄》《精武门》《猛龙过江》等影片一再刷新香港、东南亚票房纪录，在完成与美国好莱坞华纳兄弟影业公司合作的《龙争虎斗》之后，他头上已戴上一顶顶"一代武星""武之圣者"之类的桂冠，成为扬威海内外的功夫片巨星。然而，人们无论如何也意料不到的是，就在他踌躇满志，事业与人生都处于巅峰之际，他一夜间竟把自己的一切全都抛开，甚至连一句话也来不及说，就突然离开了人世，仅仅度过了极其短暂的三十二个春秋。在银幕上塑造了一系列铁打钢铸般的英雄好汉形象的他，竟猝然长逝了，人们无法接受这个残酷的事实。

二、痛失英才

李小龙猝死引起了各方面的关注、痛惜。香港的《快报》率先在 7 月 21 日头版上刊登了以《哀悼李小龙！》为题的短评：

"昨晚深夜传来消息，著名武侠明星李小龙死了！这是一个多么令人震惊惋惜的讯息！ 17 年前，那是李小龙的童年时代，他以出演小说家欧阳天原著改编的《人海孤鸿》一举成名。之后，他即赴美留学，渐而名重武林，十余年来，我们眼看他成名了，接着，眼看他人去了，世事无常，人生朝露，实在使人欲哭无泪！"

"李小龙的猝然暴毙，不只是证明'人生无常'，而且使人发出'强者殁'的惊叹！"

"李小龙在银幕上的表现，撇开票房价值不说，亦有其一定的成功，他英雄的形象、精湛的武功，使我们在心理上洗尽'东亚病夫'的自卑感。"

"李小龙的功夫，并非暴力的显现，而是'我武维扬'的结晶。作为无数年轻人的偶像，这个损失是难以弥补的。"

"我们不只因李小龙的死而哀伤，更因李小龙的死而造成广大观众心灵上的空虚而楚痛！"

在香港影响颇大的《明报》，也在 7 月 22 日特别发表了由其社长、著名作家查良镛（金庸）亲自撰写的社论《一个明星的死亡》，表达了几百万香港市民的痛惜之情：

"李小龙突然暴毙的消息传出时，任何人都会难以相信。如果在昨天，要人们推举全世界中国人中最不易死亡的人，预料李小龙极有可能得到最多的选票。偏偏这个最不易死亡的人，却突然在睡眠中一瞑不视。他的真正死因要等解剖后才知道，据熟悉他的人推测，可能是脑子中的血管生了个小瘤，本来这是动一下手术就可治愈的，但他没有及时治疗。到底真相如何，还有待公布。"

"对于他的突然逝世，人们在惊骇之余自然也感到惋惜，以他矫捷的身手，原可再多拍几部动人的电影，为香港电影界增加一些光彩。是不是真的应了中国的一句老话：'自古美人如名将，不许人间见白头？'一颗光芒四射的彗星，原不能在天空停留太久。"

三、死因分析

一个人的死，造成如此大的轰动，这在香港开埠以来，实属空前绝后，这一方面说明李小龙名气之大，另一方面却说明他死因之奇。

要知道，李小龙在银幕上塑造的形象永远是英姿勃发、矫健勇猛且智勇双全的，是个威风凛凛的打不死的英雄好汉，然而正是这样一个功夫卓著的明星，在没有受到任何打击的情况下，却突然离开影坛、离开观众、离开亲人，作古尘土之下了。他的死，给人留下种种疑问和猜测。

由于李小龙刚去世后的两三天尚处于调查阶段，因此，法医和警方均拒绝透露任何消息，而香港各大报纸仍把李小龙的死亡当作"头条新闻"。那些形形色色的所谓内幕新闻、秘闻轶事也开始充斥于报刊的各个版面内。当时，报刊界对李小龙死因的推测大概有下列五类：

一是李小龙借助电子器材练功，以致走火入魔；

二是生前曾患脑病，是否旧病复发不得而知；

三是少年患间歇性癫痫，突然发作；

四是 1972 年夏天做了汗腺手术后，脾气变得非常暴躁；

五是被人谋杀，身中剧毒。

李小龙的真正死因是什么，事情的经过又是怎样的，人们再也不相信那些无根据的谣传，急切地想了解事情的真相。

那时香港的报纸，虽然连篇累牍地报道了李小龙暴毙的花边新闻，但死亡前的情况则大致循着嘉禾电影公司董事长邹文怀最初对记者的说法：他原约定李小龙于昨日（7 月 20 日）下午 5 时半，与到港的澳大利亚演员佐治•拉辛比一起在尖沙咀金田中餐馆吃晚饭，但等候多时仍未见李至，于是致电李家，李接电话，谓感身体不适，须稍睡。但久久未见李至，邹文怀与佐治•拉辛比在金田中餐馆共进晚餐后，于下午 6 时独自驱车抵达李小龙寓所，其妻谓李不大妥，叫之不醒，于是通知医生。稍后私家医生亦至，经诊治后，认为病情严重，于晚上 7 时许，首先在九龙塘浸信会医院订下了一间病房，准备送李小龙入院，但经该私家医生详细检查后，认为情况非常严重，于晚上11 时径送往伊利沙伯医院救治……但延至晚上 11 时半，李已证实不治。至于其死因，他亦莫名，有待解剖。

四、死亡真相

后来根据邹文怀、丁珮和琳达分别接受法官盘问时的叙述，李小龙死亡过程的事实真相大致是这样的：

1973 年 7 月 20 日下午 1 时左右，琳达准备上街购物，临行前李小龙告诉她下午他要和邹文怀讨论新片《死亡游戏》的剧本问题，晚上有个约会，很可能不回来吃晚饭。

下午 3 时左右，邹文怀来找李小龙，两人讨论剧本大约两个小时，其后一同驱车前往笔架山道丁珮的寓所，约 5 时左右抵达。三人进行了近两个半小时关于新片的洽谈。在这段时间里，李小龙略感头痛，于是，丁珮给他吃了一片止痛药。这药是丁珮的私人医生给她开的。

后来，李小龙觉得很不舒服，就在丁珮的卧室里休息。邹文怀再待了一会儿就离开了。直到晚上 9 时 45 分左右，邹文怀见李小龙没去金田中餐馆与澳大利亚影星佐治·拉辛比会面，又重新返回丁珮的寓所。他见到李小龙仍在沉睡，于是试图叫醒他。邹文怀摇晃他，拍他的脸，但李小龙毫无反应。丁珮这时才意识到事情有些不妙，只好打电话给自己的私人医生林医生，但电话不通，找另一位亦不果，最后与正在浸信会医院值勤的朱博怀医生取得联络。朱医生大约晚上 10 时左右到达，替李小龙检查，由于始终无法令他苏醒，便电召救护车前来，并与邹文怀陪同李小龙到伊利沙伯医院。救护车离开时间是晚上 10 时半以后，抵达医院的时间是晚上 11 时。在等候救护车到来期间，邹文怀打电话叫来了琳达，精明的他叫来琳达是想掩人耳目。李小龙被送入紧急病房抢救时，邹文怀一直陪伴着琳达。直到晚上 11 时 30 分，院方才正式宣告李小龙不治身亡。

为了避免一些麻烦和纠葛，也考虑到丁珮的名声，邹文怀征得琳达的同意，向新闻界提供了李小龙昏迷在家中的说法，邹文怀此举，可以理解为一番好意。试想，被世人称为"一代猛龙"的功夫巨星，死在尚未婚配的性感女星家里，肯定要闹得满城风雨。于是邹文怀煞费苦心编织谎言，以求李小龙平安入土，丁珮不为流言所围。谁知画虎不成，终究还是闹得风风雨雨，平添了一段离奇的传闻，给李小龙之死蒙上了神秘的色彩。早知如此，还不如当初直截了当地说明实情呢！

根据参加李小龙死亡原因调查委员会的法医界的权威、伦敦大学教授朗劳·迪雅的分析，李小龙的死因可能是阿司匹林成分与其他药物成分混合后形成的一种十分罕见的"过敏症"，此种过敏继而引发致命的脑水肿。因此，迪雅教授认为，李小龙的猝死是一次"意外事故"。

当日放在灵堂中的李小龙遗像

香港市民前往灵堂悼念李小龙，万人空巷。

1973 年 7 月 25 日，李小龙出殡，大批市民围观。

1974 年 7 月 20 日，超过 2 万名日本影迷在东京举行李小龙逝世一周年的悼念仪式。

在美国上映李小龙主演的电影《死亡游戏》时的盛况

全世界人民永远怀念李小龙

第三章　李小龙武学思想

第一节　思想表现

李小龙，代表着一个民族的精神和一个时代的亮点，他是中华民族以及第三世界不畏强权、不屈不挠的代表。李小龙对中国以至全世界的影响可谓弥足深远。中国国际在线网、《时代人物周报》联合推举"十大中国名片和代言人"时，李小龙继孔子、毛泽东、宋庆龄之后排名第四位。推举方评论认为："他一个人的努力扭转了一个民族的形象，他的出现，增补了一大半西方人对东方的认识，而且是好的一半。"在美国具有世界影响力的权威杂志《时代周刊》评选"20世纪最具影响力的100位名人"的活动中，李小龙作为唯一武术家、唯一亚洲人和华人，荣登"20世纪英雄与偶像"组别名人榜（仅20人），成为全球瞩目的"20世纪英雄与偶像"。

作为一代英杰的李小龙，他区别于一般的武术拳师和武打明星最根本的地方，是他有着内涵十分丰富而又深刻的武学理念，提出了自己的一整套武术哲学。在李小龙研究的一系列课题中，武学思想是最重要的。然而，以目前世人研究其武学的状况看，却又是最薄弱的方面。李小龙是武术哲人、功夫明星，其所创立的截拳道融中外思想、集中西武技于一体，是中西武术融合的典范，其武学思想值得研究，应当引起我们的高度重视。全面了解和认识被西方认为是"一个走向世界的中国文化符号、功夫名片"——李小龙，并从中找到促进中国武术走向世界和推动文化产业发展的一些重大启示，具有一定的现实意义，也为广大龙迷、武术爱好者的功夫实践提供方法论层面的指导与参考，还对今时今日之中国传统武术的技击功能弱化的反思及实战能力的提升有所裨益、有所借鉴。

思想是人们思考客观事物的成果。李小龙的武学思想是指李小龙对武术运动（主要是对其自创的截拳道）的认识和理解，以及升华而成的理论。在武学演变过程中，李小龙逐渐形成了以下几方面的武学思想。

一、以无法为有法，以无限为有限

"以无法为有法，以无限为有限"，这是李小龙武学思想核心的高度概括，也是截拳道的中心思想。武林泰斗蔡龙云在《功夫之道：李小龙中国武术之道研究》一书中作序时指出："截拳道'以无法为有法，以无限为有限'的武学总纲，就是典型的中国传统道家和禅宗哲学的武学应用。"若追溯老子的"无为而无不为"思想以及他对"有""无"的洞见，即在老子眼里，"有""无"是道的两种不同状态，其显者为有，隐者为无。老子说"有之以为利，无之以为用"，即世界万事万物所能见之的现象为"有"，背后不能见之且对"有"起决定作用或派生作用的为"无"。当我们处于有无之间，便能执中应道。老子称其为"玄"或"一"，庄子称其为"道枢"。枢始得于环中，以应无穷，人只有置身于"环中"，方能超越二元对立，从而以中、以静应无穷。"无为"就是在这个环中、处静之点。由于它能"应无穷"，故它能"无不为"。李小龙的"无法"就是这个"无为"题中之义，它超越一切有为的拳法，亦能应一切拳法；它本身即无限，故能应付一切有限，可以"在圆而法圆、在方而法方"，故称"以无法为有法，以无限为有限"。

李小龙早期所学的武艺虽多而杂，但无论哪一门，都是正宗的中国传统武术。李小龙的授业师兄黄淳樑认为"以无法为有法，以无限为有限"是咏春拳拳理中"以无招胜有招"的另一种演绎，所不同的是李小龙加入了道家哲学的思想。质言之，李小龙是要以追求突破招式的限制为最终目标，甚至在广义上包括所有技法、形式及门派的限制。他反对任何形式的套路练习，认为这只会局限个人对武术的发挥。李小龙认为："截拳道是无任何形式的，只要达到战胜对手的目的，任何门派的技法或各种手段均可使用。其无法之法反映了截拳道自用发挥的特征，在实战中随机应变，挥洒自如；无限则表明截拳道是一个开放的体系，艺无止境，精益求精。"截拳道"以无法为有法，以无限为有限"的理论，寓含着深刻的辩证思想，是对武术的认识层次的超越，其意义不只局限于武术技法本身，而是提升到武术哲学、人生哲学的高度，并为后人树立了一种敢于怀疑、敢于突破传统的创新精神。

二、实事求是，简单实用

李小龙说："练技击最重要的是'体'和'用'两方面。'体'是基础，有良好的基础，才可以在'用'的方面得心应手。因此，身体的锻炼比形式更重要。所以'疾'和'劲'的身手，以及气力的持久，才是练武的真谛。截拳道放弃所有形式的束缚，强调反应，用反应去防止对方的攻击和向对方进行攻击，重要的是争取时间，制敌为先。"他认为："截拳道是一个没有门派之分的国术，是反对让武术流于形式化的国术，是从传统中解放出来的国术。"他之所以把他所创的武术称之为"截拳道"，其寓意是强调实战时应当机立断，制敌为先。"功夫"本有之义就是人所具备之因时制宜、与时偕行的能力。《拳义述真》曰："因时而进之，可以能胜他人也。"在搏斗中的打时间差、距离差，本质上都是对"时"的高超把握，后发先至、以静制动、以奇破正、以柔化刚、高擎低取、声东击西皆是灵活、应变的卓越体现，刚柔之所以能够相济、虚实之所以可以相生、屈伸之所以有度，无不是身体对"时中"之道的精确把握。

确实，截拳道没有什么固定的招式，它遵循的原则只有一条，那就是：敌不动，我不动；敌欲动，我先动。只求目的，不论架势，只求身体四肢对力的发挥与运用，不拘泥于死板的拳法。多次的亲身实战使他认识到，由初学到实战中能随心所欲地战胜对手，就像从一点走向另一点，两点间的距离以直线为最短，这也是众所周知的数学定理。因此，李小龙以实战为出发点，通过长期的探索与实践，终于彻底明白了武学技击的真义：简单就是效率，简单就是实用。

三、犹如水性，道法自然

独特的人生经历，使李小龙思想深受中西哲学的熏陶和影响。他在香港度过了童年和少年时代，深受中国传统文化，特别是中国古典哲学的影响；他在美国度过了青少年时代，在华盛顿大学主修哲学，其武学思想深受当时20世纪60年代西方流行的"存在主义"思潮所影响。李小龙曾多次强调武术最高境界应如水一般有适应性，无孔不入——当水被倒进杯中，水便变成杯的形状；当水被倒进瓶里，水便变成瓶的样子。《道德经》云："上善若水。水利万物而不争，故几于道""天下莫柔弱于水，而攻坚强者，莫之能胜"。李小龙的功夫原理，就是从这个"水的哲学"开始，踏入合于"道"的武术最高体现。截拳道的精神，便是要像水一样能适应任何打斗形式，不囿于传统理论或规条，所有防守和攻击皆无须预定方案，全凭临场发挥。李小龙更时刻鼓励学员多动脑筋，自创招式。截拳道是一种启发性的武术，而并非一般僵硬而定型的拳术，是发现自我、表现自我和完善自我的一种武术。李小龙深知每个人都是独一无二的个体，种族有异、身高体重有别、个人经历不同和体能强弱不同等客观因素，使得他不强加自己的东西给他人，他主张多做无限制的自由搏击，在练习中获取经验，这点和传统武术只演练对拆或只做半接触搏击（点到即止）有明显的差异。这是李小龙受到西方哲学中的"存在主义"影响的结果。

有人曾问李小龙，如果遭到袭击，应如何招架。他回答："要视当时情况而定，因为他的还击是包含对手攻击的总和，这才是打斗的'全部'。简而言之，就是以'实'击'虚'，以'专'击'分'，以自己的'强'攻对方的'弱'，以自己的'弱'避对方的'强'。"

四、注重精神训练，调动人体潜能

李小龙认为实战胜负的关键在于训练有素的思维及情绪状态。他说："武术是一种特殊技能，一个好的习武者不但要有好的身体素质，而且要使思想与技能相辅相成，这是一项相当微妙的艺术。其原理的核心是'道'——宇宙的自发行为。"而习武者应遵循的道，即："道体现在阴阳两种共存的相辅相成的力，它们一直存在并隐藏于所有现象之后，阴阳的原理也称太极，是武术的基本架构。仅具备了技巧算不上真正的大师，他应该深入探索其内部的规律，只有掌握了这一点，他的思维才能与他自身的本能相和谐，只有这样他才具备了一定的道行，即'无为'。'无为'包括审慎的思考和不断更新自己的观念。我想只要拥有强烈的渴望，每个人都会为之奋斗到底。"

李小龙通过无数次的实战，深深地体会到在武学中精神因素以及精神训练的重要性。因此，他对传统武功和西方心理学进行了大量的研究，博采众长，在此基础上自创了一套开发意念力和呼吸力的截拳道生物修炼法。通过此法的练习，可以帮助习武者克服临阵惊恐的现象，使习武者树立坚决果断、无所畏惧的战斗意志和精神状态，调动人体的潜能，以"常人的体能发挥最大效果"，从而达到提高搏击攻防威力的目的。

李小龙通常采用以下两种方法进行精神训练。

一是默想放松练习。

李小龙回忆咏春拳一代宗师叶问在指导他进行训练时说："小龙，放松、镇定，忘掉你自己，跟上对方的动作。让你的思维不受任何干扰，最重要的是学会排遣与超然的艺术。"的确，人的身体放松了，才能反应快，拳脚灵活，爆发力增强。李小龙把心理学中的自我催眠法加以修改后，作为自己的放松训练技术。他认为："对放松的锻炼依靠心智的冷静和情绪上的自我控制。""你的精神力量会使你创造出奇迹来。"

二是自我精神修炼。

这是锻炼胆量和培养大无畏精神力量的修炼。无法控制自我感情的人，会因为情绪的不稳定而在刹那失去攻击的机会。自我精神修炼，主要通过想象、自我暗示、集中注意力等方法进行。例如，打沙袋和木人桩时把沙袋、木人桩当成假想敌，能有实战的感觉。再想象自己力大无穷，是如何把敌人击飞的；实战时调整心理，暗示自己如猛虎下山，视对手为小羊羔。咏春拳强调"无师无对手，镜与桩中求"。李小龙之所以能"制敌常胜"，其强大的心理是关键因素之一。

李小龙手迹：以无法为有法，以无限为有限。

演员陈炳炽（左）是李小龙的挚友、健身教练，陪李小龙练腿法。陈炳炽曾于20世纪50年代初，与中国第一个打破世界举重纪录的陈镜开一起在广州谭文彪的谭氏健身所学习举重。

李小龙简单实用的腿法

Using No Way As Way
Having No Limitation As Limitation

振藩国术馆馆徽

李小龙亲自设计的截拳道标志牌匾（局部）

李小龙所绘的中国道士肖像

李小龙的亲笔手稿——《武道释义》

第二节　形成原因

一、中西结合的家庭背景

李小龙祖籍广东顺德，于 1940 年 11 月 27 日出生于美国三藩市，其父李海泉是 20 世纪 40—50 年代广东粤剧著名丑生，其母何爱榆则是欧亚混血儿，所以李小龙其实有四分之一的欧洲人血统。再加上他在 23 岁时跟英裔的华盛顿大学同学琳达结婚，在他从事中西文化结合事业的过程中，生活上先完成了中西结合。这样的家庭背景与生活环境使他的生活方式与思维观念等方面融合了中西文化，这是他很独特的优势。

二、接受中西文化教育

李小龙在美国出生后第 4 个月便随父母举家返回香港，并在那里度过了童年和少年时代。当时香港虽然属于英国管制，但文化思想却深受中国传统文化的影响，在社会习俗和伦理道德等方面尤其如此。他 7 岁时跟父亲学太极拳，16 岁时跟名师叶问学习咏春拳，还练过洪拳、蔡李佛拳、白鹤拳、戳脚、少林拳、节拳等中国传统武术。因此，少年的李小龙接受的主要是中国传统文化教育。但那时香港是英国的殖民地，是中西文化的交汇点，就读的又是英国教会学校。因此，他也开始接受西方文化教育的影响。18 岁时，李小龙到美国华盛顿大学求学，开始接受西方那种讲求功利性、利用技术去表现自我的现实观念。这种美国的文化观念和李小龙的个性一拍即合。难得的是他没有失掉原有的根，他是带着中华民族文化观念去碰撞、去融合，并从西方的实用主义观念中得到了启发：实效和实用是真理的标准，武术也不外乎是这样。要想在讲求实效的西方推广中国武术并使之强大，唯有最大限度地体现武术的本质——实战搏击。从而他意识到，必须建立一套属于自己的技击观念，技术本身才能够获得解放，而要想达到这个目的，没有哲学的指导是无法付诸实现的。为此，他考进了华盛顿大学哲学系。对哲学方法论的学习与研究，使李小龙对中西方文化的体验从碰撞到融合，同时，也帮助了他完成武学思想的构想和发展。

三、融会贯通中外拳术

李小龙深谙中外拳术，在香港和美国读书之余，就加以专心研习。他当年就通过"神拳大龙"与上海体育学院教授蔡龙云（1928 年—2015 年）的专著《武术运动基本训练》《华拳》等书，系统地自学了北派功夫的腰脚基本功和腿法技巧，且卓有成就。1963 年，李小龙在美国出版了他第一本武术专著《中国基本拳法》，其中武术基本功一章便是译自蔡龙云的《武术运动基本训练》的内容。而李小龙在一举成名的美国"长堤国际空手道锦标赛"上，以及后来在首部打入世界影坛的好莱坞功夫片《龙争虎斗》中，都表演了根据华拳改编的"击步三不落地旋风脚"。李小龙在西雅图、洛杉矶、奥克兰开设武馆期间，很多美国技击家、各国拳师来到武馆要与他交流或比试。无数次的搏击实战，使李小龙积累了丰富的实战经验。同时，他深入细致地学习了许多拳种的技法和理论，又以中国武术为基础，吸收西方拳术和东南亚一些国家技击术的优点，融会贯通，有机结合，逐渐形成了自己独特的技击理论与技术体系。

四、用中西哲学指导截拳道

一般功夫大师都很难以武明道，彻悟武道之真谛。武道是武术与哲学的神妙会合。而一般的武师，只停留在武术招数的层面上。李小龙的功夫，已进入"道"的境界，堪称哲学的艺术——功夫哲学。其在《截拳道之道》一书中，表露其思想主要源自中国传统禅宗、道家哲学以及印度著名心灵导师克里希那穆提的个人学说。

李小龙酷爱中国古典哲学，尤其是道家、佛家。道家与佛家都推崇一个"悟"字，李小龙曾在大学时写过一篇《悟》的论文，其中写道："功夫是一种特殊的技巧，是一种精妙的艺术，而不是一种体力活动。"李小龙十分强调：功夫应顺其自然，人犹如水性，这就是老子的"道法自然"思想的阐发。

李小龙在美国华盛顿大学学哲学，自然也受到了西方哲学的影响。他创立的截拳道就是以黑格尔的辩证法为基本思想。此外，费尔巴哈体系中的批判精神和怀疑论中的怀疑原则也都成为截拳道的直接思想源泉。萨特追求自由、推荐认识人的价值的存在主义思想，也是李小龙成就个性的思想源泉之一。尼采的"强力意志""超人哲学"对李小龙事业的奋进也注入了精神动力。李小龙根据这些学说，用历史的眼光考察了传统武术套路千百年来大体上固定不变的基本状况，并进行了尖锐的批判。他认为固定的套路作为传统武术的主要表现形式，在实战中所起的效果恰恰只是束缚，而不是起促进作用。至此，"以无法为有法，以无限为有限"的李小龙武学思想已经基本形成。

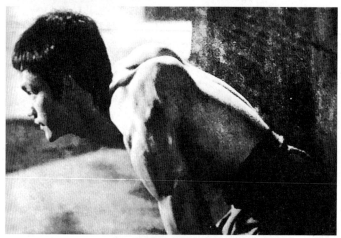

李小龙的练功照片

　　1952—1958 年，李小龙在香港教会学校书院初中部和圣芳济书院高中部学习，接受了西方文化教育。图为读初中时全班合照（第三排左八为李小龙）。

读高中时全班合照（第二排左三戴眼镜者为李小龙）

李小龙以中国武术为基础，吸收西方拳术和东南亚一些国家技击术的优点，融会贯通，形成了自己独特的技击理论与技击体系。图为李小龙的搏击示范。

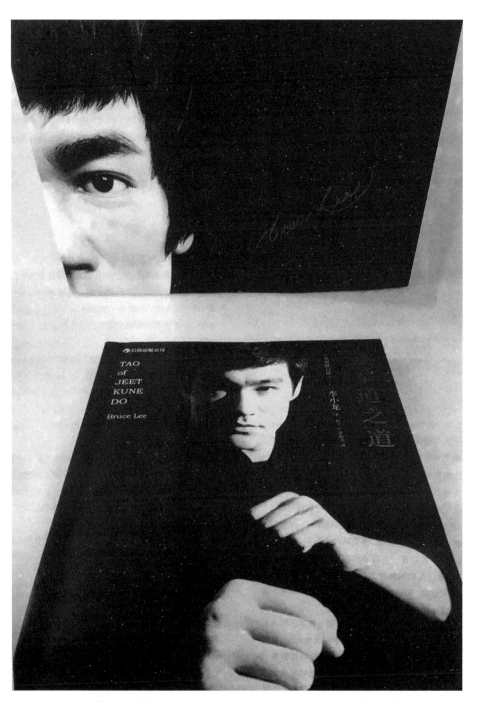

　　此书为《截拳道之道》英文版，由琳达和武术理论作家吉尔伯特·约翰逊根据李小龙亲笔手稿整理而成。此书详尽阐述了如何运用中西哲学来指导截拳道的形成和发展。

第三节　发展历程

一、李小龙武学思想不断演变发展

李小龙的武学思想处于动态发展的过程。多数研究者是根据李小龙的居住地来划分其发展阶段，他们认为李小龙最初练的是咏春拳，然后在西雅图将其改进为振藩功夫，并在奥克兰进一步发展成为振藩拳道，直到后来在洛杉矶创立截拳道。有些人则通过一些武术派别对李小龙的影响来研究其发展变化，这些武术的种类有中国的咏春拳、洪拳、蔡李佛拳等传统武术，以及西方的拳击和击剑等。然而这些发展阶段并不能够被清楚地划分，而且单独拿出任何一个阶段都不足以代表李小龙的全部武学内容。因为李小龙武道体系中的特定发展是逐渐发生的，而且不同阶段在很大程度上也是相互重叠且不断演变的，从最初的咏春拳至后期的截拳道，他做出了大量的努力和创新。在广泛地吸收与整合中西方武技的同时，他抛弃了一些技法与方法，最终使自己处于体系之外。在这个过程中，咏春拳的地位也从最初的主导地位，演变到后期已不再是截拳道的主要组成部分。李小龙在截拳道的后期，抛弃了咏春拳以及其他所有武术门派的形式，认为这些变得越来越不重要了。对他来说，任何体系都没有边界和限制，他能够真正毫无偏见地来审视格斗。

二、李小龙武学思想发展的四个阶段

1. 咏春拳时期（1940 年—1958 年）

李小龙 1940 年 11 月 27 日出生在美国三藩市。1941 年 2 月，其父李海泉就带领 4 个月大的李小龙和戏班返回香港，从此，他便生活在香港，直到 1959 年 4 月 29 日乘船前往美国留学。留学期间是他学习咏春拳以及其他传统武术的阶段。

13 岁的时候，李小龙因不小心踩了一个强壮好斗的同学的脚而打了起来，李小龙用跟父亲学的太极拳技法还击，一直处于下风。为此，1956 年夏，在好友张卓庆（叶问弟子）的介绍下，李小龙到九龙咏春拳拳馆正式拜咏春拳名师叶问为师，系统学习咏春拳。入门授业者是师兄黄淳樑，待打下基础后，叶问才开始教授他。李小龙在日后提起当初曾因急于求成而遭叶问师父劝谕进行静修，收获颇大。

为提高自己的功夫水平、寻找值得学习的东西，李小龙不断地街头斗殴外，还不断地找人"讲手"，不断地汲取别人的长处。为此，他还向谭师父学习洪拳，向陈师父学习蔡李佛拳，向日本人学习柔道，向梁子鹏学习内家拳，跟少林僧人学习罗汉心意拳，向精武体育会师父邵汉生学习北派各门拳法和器械。这些均对李小龙开阔眼界、提升对传统武术的认识，起了很大的作用。

1957年12月20日，台湾举行"台港澳国术大赛"，赛前李小龙文武全才的师兄黄淳樑呼声较高，但外围赛就败在台湾拳师吴明哲的脚下，此事促使李小龙开始分析咏春拳的优缺点，他最后得出了咏春拳优于近身搏击而短于远距离的结论，这是中国武术自身存在的缺陷。为此，他开始向他的哥哥李忠琛学习击剑，向他的中学体育老师爱德华学习拳击，并改写了洋人"一统天下"的历史，成为"全港中学校际拳击赛"冠军。除练拳之外，李小龙还精通恰恰舞，获得"全港恰恰舞大赛"冠军。击剑、拳击和跳舞都要求动作协调、手脚配合，对于他日后自创截拳道有很大的帮助。

2. 振藩功夫时期（1959年—1963年）

1959年4月29日，李小龙离港赴美，先抵达出生地三藩市，后转赴西雅图，就读爱迪生技术学校，从而开始了边学习边打工、兼教武术的求学闯荡生涯，并由此进入振藩功夫时期。

在此期间，他认识了一生中重要的武术合作者木村武之。李小龙练拳、教拳主要以在香港学的咏春拳为主，也穿插一些他所学的其他武术流派。在教学过程中，他常常能推陈出新，不断融会到自己的武学体系中。这时振藩功夫的主体还是咏春拳。

1961年3月27日，李小龙进入西雅图华盛顿大学心理学系哲学科，开始学习中西哲学，研究老子、庄子、尼采和萨特的思想。至于为何选择主攻哲学，李小龙认为"武术和哲学看起来是两个互不相干的概念，但是我认为国术中的每一个动作，都似乎有它的道理。而国术的内涵部分，现在已经日渐晦暗。我想，国术应有一套完整的道理才对，我希望把哲学精神融进国术里去。所以，我坚持读哲学"。另外，李小龙还认为自己读哲学与自己童年的好勇斗狠有关，"我常问自己，胜了又怎么样？人们总会把荣誉看得那么重要，然而什么样的'战胜'才是光荣的？于是，以我的发问精神，导师认为主修哲学最适合我。他曾对我说，哲学会告诉你为什么活着"。

1962年4月，在木村武之的帮助下，李小龙的振藩国术馆在西雅图唐人街的一间地下室挂牌成立。自此，李小龙结束了打工生涯，专心致力于中国武术的普及工作。"现在随着我的武学境界的加深与提高，我亦开始感觉到外国人也可以接受中国武术，只是中国武术不肯接受外国人罢了。打破传统体制与观念束缚的任务可能将落在我的肩上，所以目前我首先会把这家振藩国术馆办好，然后再使其开枝散叶在美国设分馆。当然这可能要用 10 年或 20 年的时间去实现自己的理想，并需付出很大的代价，但现在武术已是我生命中一个最重要的组成部分，只要能达到日的，我也就在所不惜了。"他的武馆发展极快，声名鹊起，以至于把奥克兰的华裔武术家严镜海都吸引过来，成为李小龙的弟子，严镜海无私地把他的健身方法传给李小龙，并对李小龙在美国的发展起到了举足轻重的作用。

1963 年年初，在严镜海的帮助下，李小龙开始了武术表演的旅程，名声进一步提升。不久，李小龙接到美国政府的征兵通知书（开赴越南）。于是他回香港探亲，进一步练拳，增长见识，并用相机摄下恩师叶问的练功照，以便回美练习、研究之用。8 月，李小龙赶回美国，参加征兵体检，因不合格而未能入伍。同年，他撰写完成《基本中国拳法》，对自己所掌握的中国武术进行了系统的归纳和整理，为日后的发展打下了坚实的基础。

3. 振藩拳道时期（1964 年—1966 年）

1964 年 7 月 19 日，李小龙离开西雅图到加利福尼亚州奥克兰筹备开办第二间振藩国术馆。8 月 2 日，李小龙以嘉宾的身份参加了在加利福尼亚州长堤举办的"长堤国际空手道锦标大赛"，并表演了单手二指俯卧撑、闭目黐手、寸劲拳等振藩功夫，使人耳目一新，获得极大的成功，结交了"美国跆拳道之父"李峻九、"菲律宾魔杖大师"伊诺山度、李恺等，与他们的交流、学习大大开阔了李小龙的眼界。次日，位于奥克兰的振藩国术馆正式开班授课。

李小龙教授外国人中国武术的做法，引起了在美华人武师的不满。1964 年 12 月底，李小龙在奥克兰振藩国术馆内迎战向自己挑战的三藩市功夫教头黄泽文（又名黄泽民）。这次比武打了 3 分钟，李小龙才取胜。对方在不接招的情况下，不停地兜圈子，迫使李小龙消耗不少气力去追打他。由此引发李小龙对传统武术的彻底反思，开始下决心突破咏春拳的框架而寻求自我的武术。自此，李小龙的武术进入振藩拳道阶段。

1965 年 5 月，由于电视剧《陈查礼之子》和《青蜂侠》的拍摄工作迟迟没有动静，李小龙一家三口回到香港。在香港的四个月，李小龙除练功外，就是看书、买书、思考和撰写武学笔记，并在老子哲学的基础上提出了"以无法为有法，以无限为有限"的武道哲学理念。四个月的休整、锻炼与思考，使李小龙的武学思想进一步成熟，李小龙咏春拳的成分越来越少，"不要管套路""抛弃传统""武术的最高境界是无形""东方武术九成九都是花巧不适用的"成为李小龙的口头禅，他不断地宣扬自己的武学主张："配合自己的特点加以改进，乃施用简单技术的窍门。"

李小龙对以往自己所学的繁杂东西进行了清理、简化与改革，他曾对严镜海说："在雕刻塑像的时候，你不能在雕塑上添加东西，而是在一开始的时候就把一些非本质的东西凿掉，直到创作的真实性毫无障碍地呈现出来。因此，和其他风格的功夫相比，掌握与练习我的格斗术系统并不意味着增加更多的非本质的东西，而是不断去减少那些非本质的东西，或者说在达到一定程度后，就要再进行消化与吸收。功夫就是这样一个生生不息循环往复的过程。""李小龙在早期振藩功夫的基础上，逐渐构建起了一种以改良的咏春拳、西洋拳击及西洋剑术原理、原则和经典技艺为中心，以交叉训练和全接触实战训练为基本特征，踢、打、摔、拿技艺全面，立站、地站整体融合的全新格斗体系——振藩拳道"，"同时还形成了他独特的腿击术和在此基础上形成的全接触搏击的踢拳体系"，"堪称今日世界 MMA（Mixed Martial Arts）无限制综合搏击的先驱性成功实践和革命性启蒙"。（引自杨祥全《李小龙武学思想的发展与完善——新中国武术史之九》）

1966 年，李小龙正式启用"振藩拳道"来命名自己的功夫体系。同时，李小龙给包括李鸿新在内的多位弟子颁发了振藩拳道证书。1967 年 1 月 31 日，李小龙在给李鸿新的信中便请其帮忙制作出武道三阶段的标志图，由此可见李小龙的武术思想已日趋成熟。此时的"振藩拳道"可谓是由最初的"振藩功夫"向日后的"截拳道"体系的一个过渡。

4. 截拳道时期（1967 年—1973 年）

1967 年 2 月 5 日，李小龙的第五间武馆，也是最后一间武馆——洛杉矶振藩国术馆成立，副馆长兼助教为伊诺山度。在这段时间，机遇开始向李小龙倾斜。1966 年 6 月，李小龙获得机会拍摄自己进入美国影视界的处女作——26 集的电视连续剧《青蜂侠》。在这部电视剧中，李小龙扮演男主角"青蜂侠"的助手兼司机加藤。该片自 1966 年 9 月 9 日在美国播出直至 1967 年 7

月 14 日停播。由于李小龙出色的表现加之耳目一新的真功夫，求学者纷沓而至。顺应这种潮流，《黑带》杂志派人在洛杉矶振藩国术馆采访了李小龙，并于 1967 年 10 月号、11 月号分两期长篇连载专访文章《"加藤"的功夫》。面对记者的采访，李小龙第一次较为系统地阐述了他的武学思想，在 11 月号《黑带》连载文章中，李小龙更是首次在媒体上公开了自己独创的武学体系，正式公布其名称为"JEET KUNG DO"（截拳道），同时阐释其为"The Way of Intercepting Fist"（截击拳法之道）。走向个性之路的截拳道强调"武术因人而异"，讲究"简单、直接、非传统"，认为截拳道的修习就如同雕刻一尊雕像，不是不断地增加，而是不断地减少、不断地抛弃不必要的东西，所有这些都标志着李小龙武学思想的成熟。此时，李小龙已经登上了实用武学的巅峰。

实际上，李小龙武学思想的形成有一个渐进的过程。早在 1964 年奥克兰比武事件后，李小龙就开始寻求自己的路，创立截拳道，由于其武术与哲学体系不完善而没有公开这一名称。另外，据李小龙传人伊诺山度回忆，1967 年年初的一天，李小龙与伊诺山度在开车途中讨论西洋击剑术时，李小龙说西洋击剑术最精湛的技巧就是它的"阻击"（意即防守—反击），防守与反击同步，这样大大提高了搏击效率，然后李小龙说："我们应把我们的技击方法称作'阻击之道'或'截拳之法'。"当伊诺山度问这一名称的中文称谓是什么时，李小龙回答是"截拳道"，它的理念、主旨是将传统的防守与反击分成两步的做法合二为一，防守与反击同时进行。

"大多数武术的练习只是一种模仿性的重复，一种工厂制品，失去了独特性。"1967 年 7 月，经过三年的探索，李小龙最终抛弃了套路，终于公开将"从实战出发，讲究效率，简单实用"的武学体系正式命名为"截拳道"，强调"武术因人而异"，从而走向了个性解放之路，这标志着李小龙武学思想的成熟。

李小龙创立截拳道并不是为了标新立异，而是为了获得心灵上的宁谧，不使永恒的生命失去生机。换言之，就是为了不使中华武术落入拳套形式的桎梏中。他认为截拳道只是名称罢了，是为了称呼上的方便而已。

武术是一种"求真"的艺术、体验的功夫。截拳道"以无法为有法，以无限为有限"作为自己的最高宗旨和哲学核心，以"吸收有用的技术动作，加上自己的特长，从而增强实战能力，向学以致用的方向发展，探求和创造真正属于自己的武技"作为自己的总原则。当掌握"截拳道"以后，踢出的每一脚、打出的每一拳应当属于自己，而不是李小龙的。

大学学习哲学的李小龙对禅宗、道教哲学有自己的理解，另外 20 世纪最卓越的心灵导师——印度圣哲克里希那穆提的"真理来自个人的了悟"的思想对李小龙武学境界的提升给予了极大的帮助，对截拳道后期思想体系的形成产生了至关重要的作用。1971年，彻悟的李小龙将自己的武学心得《从传统空手道中解放出来》发表在当年 9 月的《黑带》杂志上，对固守传统的陈旧观念进行了抨击，并对截拳道的形成、发展以及教授风格都有深刻的阐述。

截拳道与李小龙一开始所习练的咏春拳有明显的不同，朱建华认为两者之间的关系是"融合与被融合、借鉴与被借鉴的关系，而不是什么继承与被继承，也不是简单的武技延续或翻版关系，这就像意拳（大成拳）虽然和心意和形意拳颇有渊源，但意拳（大成拳）绝对不是心意和形意拳的翻版一样"。两者之间主要有如下几个方面的不同：第一，截拳道是融自我解放的灵性哲学、人生哲学，以科学的街头格斗技为一体的完整的武道系统。第二，咏春拳以埋身阵地战为特色，而截拳道则以机动控距的运动战为特色，从而使其技战术中心有别于咏春拳，它更加强调步法移动，讲究依靠节奏、角度和路线的多变来调动对手，从而打破其心理和生理之平衡，创造最佳的攻击、截击时机，并运用全面的技术，踢、打、摔、拿，像水一样流变配合，发挥人体立体运用系统功能，达成攻击目的。第三，截拳道的训练重点和结构模式，以及采用的整体的训练方法和手段，与咏春拳有着本质性的差异。截拳道意味着吸收有用的，抛弃无用的，加上自己独有的创新，强调个性是截拳道的重要思想。

1972 年 11 月，李小龙入选该年度美国权威武术杂志《黑带》的"黑带群英殿"名人，获"截拳道宗师"奖项。

李小龙的武学思想，与顺德人的拼搏、创新精神一脉相承。

李小龙经好友张卓庆（左）介绍，
拜叶问为师。

张卓庆（中）在顺德李小龙纪念馆接受采访

李小龙与师父叶问

叶问辅导李小龙咏春拳的黐手动作

叶问原名"叶继问"，曾任职当地政府的刑警组长，为民除暴安良。

李小龙1961年在美国西雅图

李小龙的格斗预备式

李小龙（右）与弟子木村武之在练习振藩功夫（1961年）

李小龙击打沙袋练习

李小龙做脚踢沙包动作

李小龙演示中国传统武术器械三节棍

李小龙与弟子严镜海演示脚法和手法

李小龙演示截拳道的脚法

李小龙（右）与弟子李恺练习截拳道的攻防动作

第四节　思想特点

一、以武入哲

"武术的本质是技击，其基本功能是制人取胜。在中国式'实用性'文化背景下，'是否有用'本是其唯一的'存在理由'。但在宗法社会的活动环境中，同一的技艺却被'尽善尽美'的技术性追求给分裂了。"李小龙面对这样的情况，他没有陈陈相因，而是把西方的这些哲学思想与中国道家的"潇洒自如""空灵"和禅宗的"圆融无碍"等融会贯通在一起。在美国突出竞争、讲究实效、追求成功的实用主义文化背景下，在中西文化融会的基础上创设了具有极强的哲学意韵、强调个性、讲究效率、凭直觉、简朴的截拳道体系。

"截拳道没有特殊的情况套路和僵化的哲理。它的格斗看上去并不是来自一个单一的角度，而是来自所有可能的角度。截拳道利用所有的格斗方式和方法去赢得一个满意的结果，截拳道是自由的，它不被任何东西束缚。"这又与西方20世纪最卓越的心灵导师克里希那穆提提出的"真理是无所羁绊的，没有固定的条件，没有固定的方法，没有固定的实现手段，没有任何组织或个人可以以任何特定的方式去寻求真理"的观点相仿。

"茶杯的价值就在于它的空。倾空你的杯子，方可再行注满，不空无以求全。排除自己旧的观念，方能接受新的东西。"有人认为李小龙的武学思想深受禅宗的影响，因为禅宗主张"悟空"，他甚至最初想把自己创立的武道命名为"化空拳道"，后来为了突出简单、直接、连消带打、攻守同步的技击核心，才定名为"截拳道"。

李小龙在大学期间撰写的论文《悟》，显然受到道家、佛家"悟"的影响。李小龙在大学时攻读哲学学士学位，显然也受到了西方哲学思想的影响，如黑格尔的辩证法、费尔巴哈的批判精神和近代怀疑论的怀疑精神等。

二、循序渐进

一如传统武术修炼的三段说，截拳道的习练亦包括初始、复杂精炼化和返璞归真三个阶段。"黑带，只是用来捆住裤子。"李小龙曾批评过那些过分注重以段位、腰带颜色来严格区别修习程度及其在特定门派地位等级的做法，他认为那样易于使升入一定段位的人产生满足感而导致划地自限，不求上进。为克服上述缺点，又保持级别制度和考核规范的优点，李小龙依据"武术三阶段说"，结合道家和禅宗的哲学思想设计了八个"没有级别的等级制度"。

通过哲学化的图形标志，振藩截拳道展示了一位学员在整个以武入哲、返璞归真的截拳道修炼过程中所处的动态发展状态。它的主要作用不是证明学员有多少能耐，而是用于时时提醒自己不断努力探求自己无知的原因，时时倒空自己的茶杯，吸收有用的，抛弃无用的，力求达到"以无法为有法，以无限为有限"的无为而又无所不为的超然境界。

三、实用至上

"你强调武术是为了健身和娱乐，我不同意这种观点。如果它不能用来实战，那就不能算作武术"，为此，李小龙极力排斥花法、套路，认为"动作与外形并不重要，你学会了也没有什么用""在人的头脑中养育自知与自由，不可能从形式化的武术中取得，它们只不过能摸到纯正了解的门路而已，而纯正了解却是隐藏在每个人的心底深处的。因此，套路只是'指月的手指'而不是'月亮'，套路仅是手段，而不是目的"。

"精简、直接、非传统性"是截拳道的三大要素。

李小龙并非一直固守传统，他是一位"叛逆者"，钟海明先生认为他对"传统武术观念的批判"主要体现在这三个方面：第一，打破了传统封闭的思想观念以及技不外传的禁锢；第二，批判了传统武术中僵化、故步自封的观念与陋习，强调和促进了传统武术的改革；第三，特别强调批判近代武术在技击对抗性方面的退化和软弱。

李小龙有着丰富的武学理念，是一位具有哲人气质的武术家、善于钻研的武术学者，由他创立的截拳道融会贯通了传统武术的精华，又大胆地吸收了西方竞技体育文化的精髓，其武学思想的深邃值得引起我们的关注和研究。

四、突破束缚

"独立永远比派别更重要。"传统武术流派的形成是中国武术成熟的一个标志，但同时亦带来一些弊端。针对传统武术"立门庭与依傍门庭""意气之争"的流弊，李小龙大胆地扛起了反流派的大旗，强调寻求适合自己的武学体系。

"在武术的久远历史中，盲从与模仿似为多数武术家、老师与学生之通病，原因半系人的天性使然，半系与保守、传统的派别有关。"随着李小龙对武学认识的深入，他对传统武术桎梏个性发展、无益于实际的格斗有了清醒的认识。他说："尽管我仍将多年的习武心得称为中国武术，但对于传统武术却失掉了信心。"他认真地说："各门派皆属'陆上习泳'，连咏春拳亦不例外。"习练各种武术流派而一直顺从，不懂得创造、发现自己的武术习练者，充其量只能算作"二手武术家"。

"突破形式束缚，力求自由无羁。"强调个性的李小龙认为截拳道的终极目标是走向个体的解放。它是过程，而非目标；是方法，而非结果；是持续不断的运动，而非确定的、静止的套路。

截拳道只是一个名称，并不是什么派别，它就像一只渡河的船。过了河，你不必背上它上路。如果我们把截拳道定义为一种特定的派别，那将是对它的彻底误解，截拳道既不是"反对"派别，也不是"不反对"派别。没有名字会带来一些问题，所以矛盾中的李小龙还是为武学起了名字，但他认为："截拳道等于是'一只指向月球的手指'，但是你千万不要以为手指就是月球，更不要过于注视那手指而忽略了太空的美景，那只手指的作用，只是指引'光明'。至于你将来能够获得多少'太空知识'，那就全靠你自己努力去领悟了。"

武术流派有其长，亦有其短，我们应当扬长避短，同时注重借鉴国外武技的优秀成果，在综合创造的基础上建设有中国特色的"新武术"。

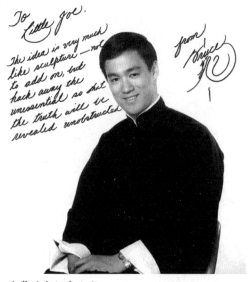

截拳道宗师李小龙

　　李小龙喜欢阅读和收藏中外拳术和中西哲学书籍，图为他在书房的留影。

　　李小龙受道家、佛家"悟"的影响，在华盛顿大学攻读哲学专业期间撰写了论文《悟》。图为李小龙在练习静坐，体验"悟"的感觉。

传统武术的修炼分为三个阶段。

开始阶段：习武者尚未修习截拳道，自我的动作偏阴柔或偏刚烈，并不完整。在这个标识上，李小龙题字"不完整——走极端"（PARTIALITY：THE RUNNING TO EXTREME）。

流动阶段：习武者学习截拳道，阴阳鱼中的圆点代表柔中有刚、刚中带柔，两旁箭头表示二者不断流动。李小龙在普通的"阴阳符号"周围添加了箭头标识以表现二者的相互转换，并为其题字"流动"（FLUIDITY）。

无为阶段：习武者掌握一切技巧后，能够放开束缚，随心运用所学，达到"以无形为有形"的境界。最后这一阶段的标识是没有标识，只有底部的注解"无为——无形的形式"（EMPTINESS：THE FORMLESS FORM）。

李小龙强调"精简、直接、非传统"是截拳道的
三大要素

第五节　影响与启示

一、李小龙为中国武术国际化传播提供了历史经验

李小龙独创的截拳道是东西方武术文化碰撞与交融的产物，已取得了世界的认同。从李小龙走过的成功之路来看，李小龙以其拥有的东方文化与武技传承之背景，同时在受西方文化自由思想的影响下，打破了传统观念和禁区，向世界展示了中国功夫的魅力，从而赢得了世界武坛的尊重和敬仰。这说明中国武术必须走向世界，而且要走开放、交流、合作、发展之路，中国武术文化要走出去必须树立与其他民族互通、互鉴、互惠的共享思想。李小龙是中国武术国际化传播的一扇门，是中西武术相互共融的一个平台，也是窥探中西文化的一个"放大镜"。因此，我们要抛弃狭隘的民族主义思想，以功夫为文化传播、文明对话之载体，使各民族人心归聚、精神相依、命运与共，进而维护世界文明多样性，为构建"以文明互鉴超越文明冲突，以文明交流超越文明隔阂，以文明共享超越文明优劣"的世界新格局贡献我们的中国智慧。唯有各美其美、美美与共，中国武术才能实现从走出去到走进来，真正实现武术"源于中国，属于世界"的传播愿景。

二、李小龙为传统武术实战能力的提升提供了借鉴

中国传统武术技击功能弱化已是不争的事实。首先，随着时代变迁，武术人的需求从看家护院、押镖走局等谋生之需，转为当代国之层面的强国强种、民之层面的强身健体等康健之需；其次，习武场域变迁，传统武术人的刀光剑影、赤身肉搏的江湖闯荡与历练，现变成体育人的倒地为输、举手叫停的拳场文明竞技；最后，加之现代法制约束、现代性的功利价值与工具理性等种种原因，武术只是大多数人生活中的一个调剂品，传统武术那套完整的功法训练体系已被现代生活快节奏肢解得支离破碎。所以，传统武术那套"击必中、中必摧"的实战派早已式微。

李小龙对于传统功法的现代化改造和对实战能力的强调，不是在提倡我们突破法律的边界。从他的功夫改革之路，我们至少可以有几点借鉴：其一，岸上学游泳，终日无成。这个道理再通俗不过了，但知并不等于行，当代武林乱象横生，很多自诩为功夫大师的人一上擂台就不堪一击，抛开吹嘘成分，惨败的关键因素就是"岸上游泳"。武术毕竟是环境应对型的综合实用技术，

它的根是动物的攻击和自卫本能。李小龙也一再强调功夫必须求"真"，虽然以"无招""无形""无法"的"无为"之境作为武学之终极，但在之前若没有功夫的千锤百炼，没有真实的实战对抗，那就失去了实践智慧，落入"假的空""真的空"之玄境的误区，结果就是自欺欺人。其二，在功夫修炼路径层面上，传统武术其功力之获得内蕴，即一套内涵丰富的功法修炼体系，是一个必须花大量的时间（工时）、正确的方法（功法）以反复体认与实修，才能"功夫上身"（功力）或达"感而遂通"的神通之境（功效）的功夫修炼过程。而身处"实用主义"前沿阵地的李小龙，长期受到西方体育文化及现代科学训练思想的浸润，他以制敌取胜为目的，对中国传统的功法训练体系进行了现代化改造，形成了"快、准、狠"与以体能、潜能、本能调动为主的"练体"新模式。其三，在功夫方法论层面上，李小龙的截拳道并非一套教科书，更多的是一种方法论或功夫思想体系。他当年想去掉"截拳道"之名，其深意也是怕其框架会束缚后来的功夫人，但功夫的传播又不得不假借一个载体，而这个载体仅仅是"手指"而非"月亮"，是"菜单"而非"菜肴"本身，这点应该是宗师之深意。

除此之外，李小龙的"千样会不如一样精""雕塑论"等诸多功夫理念，无不启发我们功夫人始终要追逐武术本质，功夫修炼要"立体而行用"，功夫实践需"坐上而至下"等方法论指导。这些也都是古人之智慧，也可以概为"为学日益，为道日损"。总之，李小龙身上不仅内蕴着武术之道，更富含了广义的功夫之道，至于我们对"道"能悟多少，全在于每个人的践行与慧根。

三、套路运动与技击运动要同时并举

在历史的维度看来，从张之江与褚民谊的"打演之争"，再到蔡龙云大师的"击与舞"比翼双飞的思想，并轨发展既是我们体育文化宏观视野下的一种中国式智慧，也是中国式武术现代化的当下选择。如竞技专业化与健康大众化并联发展策略，传统武术与竞技武术的并联发展等路径。套路演练与技击格斗这两种武术运动形式都是中华民族文化遗产，都应继承和发展。但目前"套路"与"散打"这门集表演艺术与实用技术于一体的技艺从主观上被割裂成两块，而且正在走向两个极端。笔者认为，中国武术今后的发展，应采取套路运动与技击运动同时并举的方针，在积极发展套路形式的同时，加强技击格斗的研究，向国内普及、国际推广。套路运动内蕴着中国人丰富的审美价值与艺术旨趣，它是中华民族意象思维、内敛性格、行为方式等诸多文化现象的表征，也是中国人丰富的创造力与想象力的全息图景。如武术中"四击八法十二型"富含了天象、地理、人文交织一体的意象图景，它是我们中华民族区别于其他民族与地域武术的独特的文化标识。其散打也内含了"点到为止""先礼后兵""止戈为武"等文明格斗理念与崇尚和平的思想密码。在武术散手、推手等对抗性项目中，许多武术格斗的技击方法还缺乏深入系统的研究，今后应在技术传统化、规则合理化、器材与服装民族化等方面进一步完善，以能早日列入奥运会的竞赛项目为目标。武术套路形式的发展，则应努力做到：动作套路规范化、理论科学化、训练系统化和竞赛制度化。

四、多种渠道大力推广中国武术

武术源于中国，属于世界，武术要走向世界还需要一个推广过程。今后要利用多种渠道、多种形式、多种方位、多种层次，大力推广中国武术。例如举办各种武术节、比赛、培训班，派遣优秀运动队在国内外巡回表演，派遣优秀教练员外出讲学、指导，以及通过各种报刊、图书、广播、影视、音像等传播媒介进行宣传，推广中国武术。

李小龙超前的武学思想和创下的业绩、留下的功夫电影、截拳道及武学思想，在海外已成为电影圈和武术界的经典，在他去世多年后还能发展成为新的武术搏击赛事，相信还会有类似的事情发生。李小龙的武学思想，为世人留下了不断发展和创造的机会。

通过影视作品弘扬推广中国武术是极有效的途径之一

第六节　李小龙的功夫哲学

作为功夫符号，被誉为"功夫之王"的李小龙，让全世界知道和认识了中国功夫，让全世界对之充满崇敬。在中国武术融入世界的漫长历程及在几代武术家的共同努力中，李小龙之所以堪称里程碑式人物，除了源于他惊人的功夫与享誉全球的功夫电影，更重要的是因为他显现出与他同时代武术家不一样的，更具文化影响力和辐射力的武学思想。也正如他生平所撰写的武道论文《悟》中所言，"功夫是自发性的，就像花朵的自我生长过程一样，内涵完全不受外来欲望与情感的约束""'道'就是功夫的主旨"等，其字里行间无不蕴含着丰富的哲学意蕴。正是这样一种高超的功夫哲学，使得李小龙的魅力长存。

一、功夫及李小龙功夫哲学释义

在古文献中，"功夫"和"工夫"二者通用，是宋明理学最为重要的哲学术语。功夫的含义处于一个历史演变过程，其内涵不断更新。目前可见最早的材料《广汉长王君治石路碑》中的"工夫九百余日，成就通达"，指的是一项工程需要人力，人力足则工时短，因而引申为"工时、工力"之义。到了魏晋时期，"工夫"开始被宗教广泛使用，佛教经典开始使用"工夫"指代某种素养与能力。如《贤劫经》中的"主治人病得医工夫宝物衣具"，指的就是医学造诣。时至宋代，二程（程颢和程颐）、朱熹等理学家将"工夫"提升为形而上学化的心性实践论，其影响一直延续至明清。到了清代晚期，广东一带的人将带有粤语口音的 Kung Fu 带入美国，这一时期"功夫"已经开始泛指武术。而真正将中国武术"功夫化"的应该归功于李小龙和他的功夫电影，Kung Fu 不仅因此被写入英语大字典，也比武术更盛名于海内外。至此，功夫形成了集"功时、功法、功力、功效、武功"五功于一体的簇概念。显然，李小龙的功夫，不仅仅是指武术，更不仅仅是打斗，正是这样一个集"五功"于一体且不相互抵牾的簇概念。李小龙在生平撰写的两篇武道论文中说道："功夫是一种特殊技巧，也是一种精巧的艺术。""功夫是一种必须以智慧与技巧相配合的精妙艺术。"可见，李小龙眼中的"功夫"始终强调力与智、武与哲的统一。若笼统地理解，李小龙的功夫就是武功与文功的统一。哲学方家倪培民将功夫广义地理解为"生活的艺术"，此义也十分契合李小龙的功夫内涵。

另外，就李小龙功夫哲学而言，它是以李小龙功夫实践智慧为对象的考察，通过把李小龙身体、情感、审美等因素一起放到生活艺术的功夫实践里进行"在场"的考察。质言之，李小龙功夫哲学是其功夫的哲学化。从过程来看，李小龙功夫犹如一个被压缩了的电脑文件，需要经过"解压"才能充分地显现和被理解，这个"解压"过程即功夫哲学化，是对其功夫的哲学反思与理性分析；从内容来看，李小龙的功夫哲学是其整个生活艺术的哲学，既涵盖了李小龙武术功夫哲学，也囊括了他修身悟道的人生哲学。或者说，李小龙的功夫哲学是其武术哲学与人生哲学的统一体。

二、技道并建：李小龙以武明道的功夫理路

首先，从宏观上来论，李小龙功夫哲学遵循一元论与整体观的逻辑理路。不同于西方理智主义"形而上学化"的二元哲学，在中国哲学土壤生长出来的李小龙功夫哲学，从一开始就否定了阴与阳、体与用、心与物、知与行、道与技、形上与形下等二元的思维模式。李小龙在其《悟》中说："阴阳两极在功夫中是调和互用的，绝对没有相抗拒之现象。"对于功夫的实践智慧，始终离不开具体的"技"去讨论形上之"道"，以尽可能地避免落入"真的空"之窠臼。再者，从历史来看，古代先哲虽强调"道"寄于"技"，然而此逻辑始终存在"技道"二元相隔的难题。直到宋明新儒借助《易经》并融通《大乘起信论》中"一心二门"的逻辑，"以一而二，二而一"，圆融了这个二分难题。朱熹在治《易》的哲思中提出了"乾坤并建"的功夫论模式，以沟通技与道、用与体、气与理等范畴。朱熹说"（理气）这也是以阳中之阴，阴中之阳，互藏其根之意"。李小龙的功夫理论及截拳道核心拳理都是以阴阳学说为主要支撑。朱子的"显著仁，藏诸用"，即说明事物"显与藏"的关系，其事物是一体两面，别无二分。后来王夫之在朱子思想基础上提出了"乾坤并建"的一元理路，也正是功夫"技道并建"的逻辑起点。这就提出了一个重大命题：技与道之间并非线性关系，而是显与藏的关系。不难理解，我们讲一个人"功夫好"，除了明指其技艺精湛，也内含其修为和品性上乘，正是"德艺双馨"的题中之义。最后，从认知规律来看，由技入道或以武入哲的功夫修炼路径可能更合理，因此也有很多学者对并建逻辑并不苟同。对此问题，张震教授曾以"时空差"为阐发点进行了深入分析。"由技入道"固然是多数人的思维习惯，但细究下来却发现这种认知与"道不远人""道

技一体"又形成一种悖论。因为只要我们正处于功夫修炼中，以一种单向线性思维来看，技与道始终存在"时空差"。张震教授着眼于"乾坤并建"的文化传统，阐明技与道并非线性进阶过程，技与道从一开始就一体不二，只不过"道"的显藏度与技之高低相关。功夫人技艺拙劣、劲力僵直，则"道"被遮蔽，晦暗不明，即日用而不知之"道"；反之，到了技通道、艺通乎神或"无为"状态，则道体显现无余。

显然，目前对李小龙功夫的进阶定性为"以武至道"，这也存有曲解，以"技道并建"的逻辑出发，应该理解为"以武明道"的进阶过程。武就是道，技就是道，李小龙是以武悟道、体道，不断提升功力与修为，达至明心见性，发密人生大道。换言之，李小龙是借功夫的实践和表现，体验和证明道藏于武，道寓其中。也因于此，李小龙更能以道摄武而发挥功夫之极致，故称之"截拳道"。如李小龙所言，"艺术家必须是生活的艺术家——最终目标是通过每一天的行动成为生活的大师，从而掌握生活的艺术。一切领域的艺术大师都必须首先是生活的大师，因为心灵创造一切"。此语既是"道不远人""道不离日用"的最好证明，也阐发了以具体的"行动"体悟艺术，体悟大道。"行动—艺术—道"是一个"形下—形中—形上"的复合体，实则是体一不二。通俗点讲，在李小龙眼中，强调"心上学，事上练"，事与心、技与道都是并建逻辑，即认真对待现实生活中的每一件事、每一个人，就是修心性、明大道。这个"事"、这个"人"本身就是"道"，待人接物的"段位"即彰显"道行"的深浅。

李小龙以英文命名其为"The Way of Intercepting Fist"，意谓运用最快、最有效的阻截与击打之法。从"截拳道"之命名，我们似乎也能窥探李小龙融入的儒道思想，既遵循儒家"身心修炼"的功夫论进路，也契合了道家"道法自然"的超然修炼境界。李小龙这种生活智慧，对于功法实践与心境修炼，都有所裨益。一言以蔽之，于李小龙而言，功夫修炼也遵循中国文化这个思想底层系统，技道本为一物，"技道并建、以技明道"才是其功夫进阶之理路与关窍。

三、得鱼忘筌：李小龙武道合一的整体功夫

李小龙的功夫哲思在他的功夫电影中可窥见一斑，尤其在电影《龙争虎斗》中。该电影生动地塑造了一个技艺与心性功夫都极高的少林俗家弟子的形象。对于技击而言，功夫的最高境界就是能达到"得鱼忘筌"，即武道

合一的"无为"之境。其身体技艺达到了"不滞"状态，达到了"不思而得""不勉而中""无射亦保"等一种"无意识运动"（所谓"先天动"）的状态。到了武道合一之境，其攻防技术已成为一种身体本能，既是运动生理学中所说运动定型后的条件反射，也是中国俗语"熟能生巧、巧能生精"的"精"状态下的自然反应。

电影初段有一场"手指月"的戏，李小龙叫董玮以指观月，可董玮只观其指，而未能见月。"手指月"本来是中国宗教哲学中一个常见的譬喻。尤多见于宋明理学和佛学，表达体与用、本与末、假与空、手段与目的等关系。这个辩论可见于魏晋南北朝的玄学辩论中，王弼有"立象以尽意，得意而忘象"的"言不尽意"论；亦见于《大乘起信论》所谓"离言说相，离心缘相"，以及后来禅宗常说的"言语道断，心行路绝"。而观念可追溯到《道德经》的"道可道，非常道"，《庄子·外物》中有"筌者所以在鱼，得鱼而忘筌"，《系辞传》有"圣人立象以尽意，设卦以尽情伪，系辞焉以尽其言"。

李小龙将功夫提升至如此境界，堪称前无古人。在李小龙眼中，功夫技巧不是武术之终极，更重要的是功夫所带给我们的生命启示与人生觉悟。在他以"手指月"解释截拳道内涵时，他说："要理解截拳道，就像用手指指向月亮，千万不要误将手指当成月亮，更不可专注于手指而忽略天空其他美景。手指的作用，只是用来指引光明，至于你能获得多少，或眼界有多遥远，便靠自己努力去领悟与争取了。"可见，李小龙所指的"手指"喻指武术形式、招法动作及各门各派的风格与打击方法等，这些只能看成是一种手段，它们本身不是武学的终极。所谓"光明"，是一条无穷无尽的路。武术终极，仿似在这个讲法之下无法定义，亦无从描述，它只能透过每一位武者自己的努力和智慧去掌握它，你获得多少便是多少。武术的最高境界，就是这种"得鱼而忘筌"的武道合一之境，得鱼即得道，而忘筌非无筌，是化筌已无形、无法、无限，使手段与目的、指与月、鱼与筌一以贯之，达到武道合一的整体功夫。

李小龙（左）在电影中与
徒弟谈练武的心得体会

手指只是起到指引的作用，
指向月球的方向。

千万不要一直盯着手指，以
为手指就是月球，而错过太空的
美景。喻意传统武术要突破束缚，
自由发挥。

第四章 李小龙的贡献、影响与回归

第一节　贡献

　　李小龙之贡献主要产生于两个领域：武术与电影。在武术领域，他主导发起颠覆传统武术的现代变革与创新；在电影领域，他开创了"真功夫"电影及全球武术真功夫文化传播和大众教育。李小龙凭一己之力，进行武技科学化、武学哲学化的大胆实践与总结，成就了熔世界武技于一炉、集中西思想于一体的功夫体系以及因"真功夫"而让中国功夫风靡全球的功夫电影。

一、武术领域

（一）创造出中外武术的合成体——截拳道

　　世界著名技击家和功夫电影表演家李小龙为中外武术的交融做出了重大贡献。他以中国武术为基础，广泛吸取拳击、跆拳道、空手道、柔术、击剑、摔跤等外国技击术的优点和长处，并糅合他自己对这些武技的理解而提出的改良意见，将各家之长加以融会贯通，自创了一种全新的、科学的武术技击术——截拳道。他之所以要创立截拳道，不是为了标新立异，而是因为从自己长期的功夫实践与体悟之中，看到了传统武术技术上的繁杂、门派门规的束缚、传统思想上的繁文缛节，以及"舍本逐末"或者"重用轻体"发展战略，从而造成的"技击弱化"等诸多问题。因此，李小龙在50年前，就充当了"打假斗士"，在20世纪70年代以日本空手道、柔道与韩国跆拳道、中国功夫等传统武术为主流的美国的主流赛事及主流媒体中发声，呼吁传统武术要去繁从简，注重核心技法的传承，回归技击本质。自始至终，李小龙以技击为中心，对武术"练、养、用"及思想进行不断的革新，终而成就"无门派、无限制、全接触对抗和跨领域科学交叉训练""富有活力的全能科学格斗"的截拳道。

　　在美国，截拳道已被弗吉尼亚州拉福德大学列为一门正式的教学课程，选修截拳道实践课的大学生经过45学时的技能、体能和理论考核之后，可获得一学期学分。在国内，湖南省娄底市潇湘职业技术学院率先将截拳道列入大专课程。随后，北京科技职业学院中国国学学院也将李小龙影视武打艺术课程纳入国术与影视专业本科教学课程中。从20世纪80年代开始，截拳道成功打入了美国军警特种格斗领域，成为特工和执法人员必修格斗术。例如美国中央情报局、联邦调查局、毒品管理局以及美国海军陆战队、陆军特种部队均聘请截拳道教练执教。1988 年 11 月，中国武术协会在成立 40 周年活动中，确认了截拳道与太极拳、少林拳等并列为精选的 19 个中国拳种之一。

（二）综合格斗（MMA）的先驱者

近十几年来，踢打摔拿无所不用的综合格斗（MMA），已经成为世界擂台竞技的主流，而由此上溯，国际武坛一致认为今日世界综合格斗的先驱性思想指引和实践启蒙，应该归功于李小龙。早在 20 世纪 60 年代，李小龙就提倡无限制技击的思想理念，制作了大型气靶、分指手套等训练工具和护具，以及通过《青蜂侠》《龙争虎斗》等影视的现代无限制格斗寓示，最终在 1993 年间接启发了世界第一次终极格斗大赛：在比赛中允许使用踢打、肘膝、摔抱、关节技、绞杀技等任何流派技术，即使在选手倒地后仍然可以继续进攻，直至对手被技术性击倒或认输喊停为止。

从综合格斗历史的发展历程来看，可以印证李小龙超时代的预见：只有从人类"两只胳膊两条腿"的共性身体结构及技击普遍性原理来发展格斗，才能使传统武术不流入形式，不囿于一隅、执于一端。或者说，只有当武术取消了人为的门派和种族的界限，才能真正呈现无穷的活力，格斗并不会因为你练的是中国功夫或泰拳、跆拳道、空手道等不同武技而有所不同。不管是什么拳种、什么国家的运动员，都没有必胜的把握，唯有全面综合、立体运用，才能真正立足当代综合格斗擂台。今日最流行的 MMA 赛事选手们的主要着装和护具，竟然与《龙争虎斗》开场无限制格斗中李小龙与洪金宝的着装和护具一模一样。对于李小龙对 MMA 的先驱性伟大贡献，日本权威武术刊物《全接触空手道》杂志曾明确指出："伟大的中国武术家李小龙：综合格斗的始祖。"

（三）武学思想促进世界技击术的发展

李小龙的截拳道，不仅在武术训练与实战应用上有着科学化的变革，而且更重要的是他形成了自己独特的武学思想，促进了世界技击术的发展。他的技击思想和武术哲学，在今天仍对各种技击家有很大的影响。美国重量级自由职业搏击拳冠军乔·刘易斯曾直接受教于李小龙。他坦然地说过，李小龙帮他提高了出拳的速度，在此之前，他仅是以力取胜，而后，他的一招一式无不体现着李小龙的技击理论，尤其在洛杉矶拳击馆，他把李小龙教授的截拳道拳法和拳击技术有机结合起来。事实上，在过去的30多年中，海内外很多技击家，如世界重量级拳王泰森、世界空手道冠军路易斯·迪尔格达、国际健美"宇宙先生"多里安·耶茨都直接或间接、有意或无意地把李小龙的武学思想运用于实践，从而在擂台上验证了截拳道先进的理论和技战术，直接或间接地促进了全接触式的自由搏击职业的创立与发展，并最终影响世界武术发展的进程。

（四）在国际武坛享有崇高的地位

作为截拳道宗师，李小龙不仅开创了截拳道，同时也开创了世界真功夫时代，引领了世界武坛从传统武技到武术家个人的自我解放的历史潮流，从而在国际武坛上享有武术精神领袖般的卓越影响力。他生前在1972年被国际权威武术杂志《黑带》评选为世界七大武术家之一。他死后声名不减，反而影响大增。李小龙逝世的次年，即1974年再度被《黑带》评为世界七大武术家之一。1979年美国洛杉矶市将李小龙最后一部电影《死亡游戏》首映日，即7月8日定为李小龙日。美国报刊赞誉他为"功夫之王"，日本赞誉他为"武之圣者"，并且日本《朝归新闻》在1980年将其选为"70年代代表人物"。1998年11月，中国武术协会授予李小龙"武术巨星奖"，以表彰他将中国武术文化推向世界的功绩。美国《黑带》杂志1999年年刊"百年十大最有影响力武术家"评选中，李小龙名列第一位。2001年2月，日本综合格斗杂志《格斗》进行了一次"20世纪的武术家最强的十人"评选活动，李小龙占据首位。对于李小龙的入选，该刊的观点："（李小龙）虽然不是日本人，但是作为给予日本格斗技界重大影响的格斗家而选出。"李小龙用自己的成功，彻底改变了西方世界歧视中国人的看法，大大提高了中国人的国际地位，为弘扬中国武术与促进中美建交、中日建交做出了不可估量的贡献。

二、影视领域

（一）开创功夫片的先河

自1971年李小龙主演的《唐山大兄》在香港首映后，中国武打电影开始进入一个全新的时代——功夫片时代。过去的香港武打电影都是传统的武侠片，剧情古老，打斗时采用"钢丝"拉扯演员飞来飞去，对打时则多采用"慢镜头"比画。李小龙所拍的电影则都是表现现代世界，采用"快节奏"的真实打法，从而一度掀起了真功夫的热潮。

他的电影首次开拓了国际市场，使功夫片成为最能代表中国电影的类型片，从此也打破了美国人普遍认为"中国人不能当西方电影主角"的迷信，以及改善中国人在西方人眼中的刻板印象及重建亚洲人的屏幕形象。李小龙当上了美国好莱坞制作的《龙争虎斗》第一男主角，开创功夫片先河，成为首位打进美国好莱坞功夫片的华人影星；同时也为日后亚裔演员、导演和武术指导打入世界影都好莱坞扫除了前进道路上的障碍。

（二）掀起中国武学文化与中国功夫的热潮

李小龙以电影艺术为载体，通过自己精湛的功夫形象淋漓尽致地展现出中华文化的魅力，形象生动地传达了中国武学的精神，搭建了中西武术文化切磋交流的平台。在中国功夫风靡西方国家的同时，潜移默化地改变着中国文化长期受到贬抑的境况。在李小龙出现之前，中国的真实面貌很大程度上被西方所谓"东方主义"的话语权所遮盖，中国的武学文化更是被西方中心主义的价值观所扭曲。李小龙的电影形象则打破了这一独断的局面，中国功夫凭借着李小龙在好莱坞电影的出色表演，在西方的许多国家里家喻户晓，深入人心。

在李小龙打进好莱坞之前，好莱坞的动作电影很少有表现中国功夫动作的环节，但随着他的《唐山大兄》《精武门》《猛龙过江》《龙争虎斗》《死亡游戏》等影片的上映，使得西方观众深刻领略了中国功夫的威力无穷，也让好莱坞看到了中国功夫在电影中巨大的商业影响，于是开始不断挖掘具有丰富内涵、扣人心弦的武打题材，并邀请越来越多的中国武术指导来参与动作设计，从而好莱坞在继李小龙之后，再度掀起了中国功夫的热潮。

李小龙不仅以集编、导、演于一体的电影演艺实力证明了自我的价值，还为世界影坛创造了"功夫电影"这一新片种和用功夫语言来加以表达的电影语言新元素。从 1971 年至 1973 年，李小龙拍摄了《唐山大兄》等 5 部功夫电影后，至今仍无人超越。好莱坞著名动作演员艾瑞克·李说："在美国，大家都认为成龙、李连杰特别了不起。不过美国人最认可的还是李小龙。他当年通过中国武术打开美国电影界的大门，迄今他仍是中国功夫最具代表性的人物，任何人都无法超越他的位置。"事实上，对于前辈先驱李小龙，成龙自己亦说："没有李小龙就没有成龙。"周星驰也坦言："可以说，我有今天，全靠李小龙。"当红的明星甄子丹也是李小龙忠实的仰慕者之一，谈到功夫电影现状，他同样认为："没有人能够超越李小龙。"

（三）获得影坛多项重大奖励

1993 年 4 月 28 日，为隆重纪念李小龙逝世 20 周年，美国多家权威电影机构表彰李小龙对世界电影所带来的影响和贡献，特在好莱坞"名人大道"镶入"李小龙之星"。洛杉矶市市长同时宣布此日为该市"李小龙日"。同年，在李小龙创造电影辉煌之地，香港电影金像奖大会授予李小龙"终身成就奖"。1998 年，美国演艺同业工会亦授予李小龙"终身成就奖"。2005 年 3 月，适逢中国电影诞生百年，第 24 届香港电影金像奖为此特别授予李小龙"中国电影世纪之星"奖，以示隆重致敬。同年 7 月，李小龙高票当选为"中国电影百年最具影响力的十大人物"之一。同年 11 月初，在海南三亚举行的第 14 届金鸡百花电影节上，李小龙当选为"中国电影百年百位优秀演员"之一。同年 11 月 18 日晚，在博鳌亚洲论坛"中国电影走向世界杰出贡献奖"颁奖盛典上，作为首位打入好莱坞取得巨大成功，并对中国电影走向世界做出了不可磨灭的影响的电影人——李小龙，成为第一位获奖者，荣获"中国电影走向世界特别贡献奖"。

1967 年，李小龙在洛杉矶振藩国术馆授课。

李小龙在电影《死亡游戏》中的剧照

李小龙创造出中外拳术的合成体——
截拳道。图为英文版《截拳道》。

1972年，李小龙首次入选"黑带群英殿"。　1974年，李小龙再次入选"黑带群英殿"。

美国曾将双节棍列入警员装备中，后因其杀伤力极强取消了。

电影《龙争虎斗》剧照

李小龙是综合体格斗 (MMA) 的先驱者。今日 MMA 赛事选手们的主要着装和护具，竟然与图中电影《龙争虎斗》开场无限制格斗中李小龙与洪金宝的着装和护具一模一样！

139

1998 年 11 月，中国武术协会授予李小龙"武术巨星奖"。

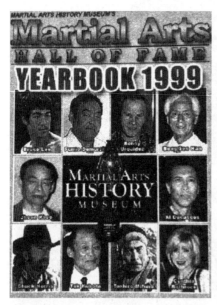

　　美国《黑带》杂志 1999 年年刊"百年十大最有影响力武术家"评选中，李小龙名列第一位。

　　2001 年 2 月，日本综合格斗杂志《格斗》进行了一次"20 世纪的武术家最强的十人"评选活动，李小龙占据首位。

第十届金马奖最佳技艺特别奖（1972年10月20日）

英国年度种族传媒大奖——传奇荣誉大奖（2004年）

美国好莱坞星光大道留名纪念牌匾（1993年4月28日）

香港出版的英文版《李小龙世界》向全世界发行

美国出版的李小龙图书

香港书店中英文版的李小龙著作琳琅满目

日本电影院的海报与书籍

美国纽约的"李小龙日"

在李小龙诞辰75周年设计生产的纪念服装

第二节 影响

一、中国功夫片的先锋与楷模

作为功夫片的开山鼻祖，李小龙对李连杰、洪金宝、成龙、甄子丹、元彪、和周星驰等著名电影人日后的影响是不言而喻的。成龙曾经说"没有李小龙就没有我"；李连杰说"李小龙是我的榜样"；喜剧之王周星驰更坦言李小龙是自己"从小到大的第一偶像""在过往的演出里不自觉间也会模仿李小龙"。

2005年，周星驰在推出《功夫》大片时公开表示，自己学习功夫，心里一直怀揣着一个梦想，就是制作一部致敬李小龙的电影。他说："我们都喜欢李小龙，李小龙的功夫代表了中国的文化。""李小龙改变了人们对功夫的看法，也改变了世界对功夫的看法，他是当之无愧的功夫之星。"

二、国际上升温的"李小龙热"

（一）在美国

在美国具有世界影响力的权威杂志《时代周刊》评选"20世纪最具影响的100位名人"的活动中，李小龙作为世界唯一的武术家、唯一的亚洲人和华人，荣登"20世纪英雄与偶像"组别20位名人榜，成为全球瞩目的"20世纪英雄与偶像"。

（二）在波斯尼亚

2003年，在波斯尼亚，功夫巨星李小龙逝世30周年之际，波斯尼亚"都市运动"组织提出"向各民族共同的偶像——李小龙致敬"，以此来化解穆斯林、塞尔维亚人与克罗地亚人之间的民族矛盾。

2004年9月12日，莫斯塔尔当局正式批准"都市运动"组织关于建立李小龙铜像的建议。一个德国组织同意提供5000欧元赞助这项工程。据悉，这座真人大小的铜像由当地一位雕刻名家创作，采用了李小龙手持双节棍的姿态，铜像已于2005年11月制成，安放在市中心的一个广场上。

（三）在中国香港

1995年5月14日正式成立"香港李小龙会"，在不到三年的时间里，就举办了二十多次李小龙展览、公开绘画比赛、武术训练班等大规模的活动。

1997 年，以陆地、梁敏滔为首，先后组建了振藩截拳道香港分会和"李小龙大联盟"。1998 年 3 月 28 日，李志远先生在香港的"李氏档案室"正式对外开放。2000 年年底落成的香港电影资料馆专门设立了"李小龙纪念廊"。2005 年年底，香港旅游旺地尖沙咀星光大道建立大型李小龙铜像。李小龙更成为商家的品牌，像"李小龙餐厅""李小龙专门店""小龙馆"等店馆堂铺不断涌现。2013 年至 2018 年，香港康乐及文化事务署连续 5 年在香港文化博物馆举办了"武·艺·人生——李小龙"展览。

三、生成"李小龙文化现象"

李小龙，长久代表着一个民族的精神和一个时代的亮点，他是中华民族不畏强权、不屈不挠的杰出代表。1999 年，美国具有世界影响力的权威时政综合杂志《时代周刊》在评选"20 世纪最具影响力的 100 位名人"的活动中，李小龙作为 20 世纪唯一的武术家、亚洲人和华人，荣登"20 世纪英雄与偶像"组别的 20 位名人榜，成为全球瞩目的"20 世纪英雄与偶像"。2005 年，中国国际在线网、《时代人物周报》联合推荐"十大中国名片和代言人"时，李小龙继孔子、毛泽东、宋庆龄之后排名第四位，推举方认为："他一个人努力地扭转了一个民族的形象，他的出现，增补了一大半西方人对东方的认识，而且是好的一半。"由此可见，李小龙对中国以至世界的贡献是巨大的，其影响力是非常深远的。

李小龙对后人的影响，自从他去世以来，不但没有下降的趋势，反而呈现持续上涨的势头，更受世界敬仰，有关李小龙的各种电影层出不穷，有关李小龙的各种书刊数不胜数，世界各地有关李小龙的各种纪念活动也持续不断。长期以来，世界各国和地区以李小龙名目开发或推出的各种卡通模型、电子游戏、邮票、T 恤、钟表、打火机、书刊、音像等形式多样的纪念品或商品琳琅满目，美不胜收。可以说，李小龙现在已经成为世界文化经济市场上最有号召力的"品牌"中国人。1995 年，日本传播商事"中国产品市场潜力"调查报告显示，46.3% 的日本人脱口而出的三位中国人，其中就有李小龙。而在 1997 年全美国最受欢迎影星投票选举中，逝世已 24 年的李小龙依然与好莱坞一线当红巨星汤姆·克鲁斯等同列入"电影周边产品及见报率最大渴求度"影星榜。2006 年 3 月，在中央电视台举办的"CCTV-4 中国焦点 2006：您认为什么最能代表中国"的投票评选活动中，中国功夫（李小龙）在"十大最能代表中国"排行榜上名列第九位，而这"十大"中，只有两位人物上榜，一是孔子，二是李小龙。

2008 年 10 月，在李小龙诞生 68 周年前夕，随着 60 集传记电视剧《李小龙传奇》在央视一台播出，全国上下又掀起了一场李小龙文化现象的热潮。据统计，该剧创下央视八年平均收视率、最高收视率、平均收视份额、最高收视份额四项第一。"李小龙文化现象"与他的人格魅力、东西方文化交流碰撞、好莱坞的商业化动作模式、李小龙的文化教育背景和执着追求，共同成就了李小龙。李小龙在某种意义上代表了中国文化形象，代表了西方人对中国人的认知和对中国文化的重新了解。因此，李小龙一直被西方认为是一个走向世界的中国文化符号。

四、弘扬李小龙精神

李小龙是民族英雄的化身，他在以电影弘扬武术的同时，也弘扬了中国人英勇顽强的民族精神，维护了中国人的尊严，证明中国人不可欺辱，有力回击"东亚病夫"之种族歧视。他的爱国爱乡、自强不息、开拓创新、不断超越的精神，对中国文化软实力及中国人的整体文化形象之提升、中国故事及中国声音之传播、中国力量及中国精神之弘扬，产生了重要影响。

（一）爱国爱乡

综观李小龙的功夫片，无不贯穿"我是中国人""中国人不是'东亚病夫'"的爱国主题，洋溢着爱国精神及文化自信。这种精神与自信具化为时时、事事、处处都以国家和民族的利益为重，维护中国人的尊严。

（二）自强不息

李小龙即使是身处逆境或事业处于低潮时，仍能怀着坚定和必胜的信念，奋发图强，开拓进取，逆境求存，永不言败。他 18 岁时只拿着 100 美元，就漂洋过海，到美国留学，先勤工俭学读职业学校，后考上大学学哲学，边上学边开武馆，曾立志在物质上达成财富目标，在功名上成名成家，在理想上实现中国功夫国际化等宏伟蓝图，通过自强不息、勇于挑战的精神，终于创立截拳道，并成为国际武术巨星和国际功夫电影明星。

（三）开拓创新

李小龙受西方费尔巴哈的批判精神和近代怀疑原则的影响，反对墨守成规，敢于突破传统，不为条条框框所左右，不为创新艰难所困扰，强调实践，富于开拓精神，注重兼收并蓄。他以中国武术为基础，吸收世界各种技击术的优点和特长，创新武术理念，创立截拳道，形成了独特的技击理论和武学思想。

李小龙是旅美中国武师中，第一个公开招收外国人为门徒，同时也是第一位美国好莱坞功夫片华人影星，他把中国武术、中国文化推向世界。他先后在西雅图、洛杉矶、奥克兰等地开设武馆授徒，国际空手道大赛冠军李维士、美国空手道冠军罗礼士等都曾拜他为师。李小龙还主演了以中国武术为题材的多部具有新风格与新技法的功夫电影，从而把截拳道推向世界，为东西方拳术与文化交流搭建了坚实的桥梁。

（四）对李小龙研究的不断深化

随着李小龙文化现象的兴起，在国际上出现了许多李小龙文化研究学者，开始对李小龙功夫片背后的文化内涵进行全面系统而深入的研究。美国率先出版了以李小龙原著为主题的丛书，以及由李小龙的学生约翰·里特根据李小龙生前手稿、日记、信件等整理出来的《李小龙图书馆系列》丛书七册，从而为世人进一步了解与研究李小龙提供了十分珍贵的资料。

香港是李小龙生活和从业的主要地方，在李小龙生前关于他的报道已屡见于各新闻媒体，特别是死后最初的半年时间，其死因竟成了香港各娱乐杂志主要的封面故事，而以他为题材的电影已拍了好几部。在出版方面，李小龙研究刊物《李小龙截拳道研究会会刊》和《武学研究社社刊》相继出版。二十世纪七八十年代出版的《新武侠》《功夫杂志》《李小龙世界》等多本武术杂志，经常以李小龙做封面人物，并一直谈及他的事迹与武技。此外，有关他的生平或技击术的书刊不下数十部。然而香港这一类出版物多为商业炒作的产物，很少有高质量的作品。到了 90 年代，情况有较大改变，1998年曾任香港《功夫杂志》总编辑的李志远出版了学术价值较高的李小龙生平研究专著《李小龙——神话再现》。同年，香港李小龙会会长黄耀强与副会长吴育枢合作出版了大型画册《李小龙纪念品收藏画册》，该会骨干罗振光在 1998 年和 2000 年先后出版了专著《从李小龙的武道出发——以无为有》和《李小龙思想解码》。香港龙迷廖锦华于 1998 年和 2002 年先后著有大型画册《写真李小龙》和 26 卷画册《画说李小龙》，由北京体育大学出版社出版。香港梁敏滔于 1999 年和 2007 年先后著有《东方格斗大观》《李小龙技击术》，由人民体育出版社出版。香港李秋勤和顺德黄德超于 2000 年合著《永恒巨星的一生》和《永恒的巨星李小龙》（画册），均由香港明窗出版社出版。冯应标于 2017 年著有《李小龙年谱》，由香港中华书局出版。这些著作资料都比较丰富，有一定的学术水平和收藏价值。

在中国大陆，李小龙截拳道是在 20 世纪 80 年代初开始传入的。在老一代武术与文化界中先后有关文明、钟海明、马明达、康戈武、阮纪正等诸多学者撰写了李小龙相关的书籍和文章。其间还涌现了一批像郝钢、朱建华、陈琦平、石天龙、魏峰、黄德超、李炎才、温戈、杨娟、史旭光、郑杰、刘洪等一代中青年截拳道和李小龙文化的爱好者、研究者与传播者。1986 年 12 月，漓江出版社出版了中国大陆首部李小龙传——《功夫巨星》，由李小龙生前友人、美国影评家布洛克著，高原编译。1987 年 4 月，岭南美术出版社出版了关文明编著的《李小龙技击术汇宗》一书，这是内地出版的第一本有关李小龙技击术的书籍。此后，关文明又相继编著《李小龙传奇与技击术》《功夫之王李小龙》《真功夫：李小龙的绝招》《一代英杰李小龙》等李小龙研究系列丛书，还在《北京体育大学学报》《华南师范大学学报（社科版）》《武汉体育学院学报》《安阳师范学院学报》《武林》等刊物上发表 20 多篇李小龙研究论文，并在北京全国体育科学大会、广东省顺德市国际体育史学术研讨会、日本福冈东北亚体育史学术大会、澳门龙飞国际武术高峰论坛、澳门书香节等国内外学术会议上做有关李小龙研究报告。

自 2000 年以后，由于种种原因，截拳道在大陆的传播已趋于走下坡路，但是，对李小龙文化的研究则在不断深化。2000 年 11 月，广东省文化传播学会成立了以马明达为会长，关文明为常务副会长兼秘书长，阮纪正、刘学谦、李旺华、吴贵南、郑家润、欧阳国伟、黄建刚、李志强、劳坚、朱家勇、李炎才、黄德超等领导、专家、教授为副会长的李小龙研究专业委员会，是目前唯一在国内注册研究李小龙的社会团体。广东省民政厅规定其业务范围为：学术交流、宣传推广、出版刊物、咨询服务、专业培训。自成立以来，该委员会每年都举办各种形式的李小龙纪念活动，并参与策划筹办顺德李小龙纪念馆、李小龙乐园（主题公园）、李小龙文化节等，与包括港澳台地区的中国李小龙研究团体、个人进行各种交流，也与欧美国家的相关团体交流，出版李小龙研究书刊、画册、邮册，培训咏春拳、截拳道人才。2008 年，中国唯一且全球最大的李小龙纪念馆在顺德均安镇李小龙乐园落成，黄德超任馆长。同年，中国截拳道界实现南北大联合，为了实现截拳道回归中国，促进与国际接轨，在香港注册成立了以钟海明为会长、郝钢等为副会长的中国截拳道国际联盟，并开展了一系列包括召开国际性交流研讨会、出版李小龙研究丛书等活动。

五、李小龙后时代的影响

李小龙以武术为基，于武坛与影坛创下了两座不朽丰碑，其影响在李小龙后时代也依旧深远。近年来，李小龙武学思想对经济学与管理学领域之影响尤为明显。

与综合格斗的激烈对抗比较，经济竞争的激烈程度同样是惊心动魄，因而具有颇强的共通性。因此，在国内更有多位经济人士和专家学者，不约而同地将李小龙截拳道理念运用到经济学和管理学研究领域中。例如，李华振、张昕发表在经济类核心期刊《企业经济世界》2003 年 9 月号上的《中国经济截拳道：制度经济学的视角》一文，就强调提出"在经济领域，后国有时代是中国的经济截拳道，它把国有制的优点、私有制的优点合并到中国当前的国情里，跳出了传统非此即彼的框框限制"，同时还用"李小龙截拳道的标志性武器双节棍来形容中国经济模型"。杨有忠撰写的经济论文《品牌管理截拳道》则认为"客户关系管理就像截拳道，讲究整合、时数，讲究速度"，从而提出"品牌管理的截拳道，就是具有中国特色的客户管理——CRM"的鲜明观点。方军发表在世界企业文化网的《功夫中的管理哲学》一文则是用截拳道"精简、直接、非传统性"三要素等原理，称其"异常接近管理的本质，远超过许多管理畅销书"。

国内的很多经济报道，常常以李小龙或截拳道作为标题，结合李小龙武学思想或截拳道技击特点来进行相关经济报道，例如中国时尚品牌网的《营销，你就应该是李小龙》、无线资讯网的《国美手机出击快似截拳道》、青岛新闻网的《置业投资也练截拳道》、慧聪网的《超薄电视机就是李小龙的"无敌寸拳"》等。中国目前实力强大的互联网公司——阿里巴巴原董事长马云，在谈到他的成功之道时指出：自己的行为好像李小龙的截拳道一样，而这种截拳道依靠的是人的动作本能。马云认为，在创业前，创业者所做的选择一定是靠本能来告诉你，而做重要的战略决定时，可以说60%是靠本能，40%是靠理智和数据分析。事实也的确如此，截拳道技击追求的最高境界，正是强调"以无法为有法，以无限为有限"，靠本能发挥，以最大限度地控制格斗的时间和空间，达到最高的技击效率。截拳道寸拳、戳脚等快速、隐形动作就是这样产生的。

纪录片：《李小龙的生与死》（1973年）

　　该影片在1973年李小龙逝世后不久制作，由李小龙所在的香港嘉禾电影公司出品。影片从李小龙的盛大葬礼场面切入，由生到死，追忆李小龙生平。片中由李小龙少年时代的师父邵汉生、咏春拳同门师兄黄淳樑，对李小龙学艺、比武的经历进行追忆。

电影：《李小龙与我》（1976年）

　　《李小龙与我》中这个"我"是指丁珮，一个在李小龙生前与其关系亲近的香港女星。这部电影的剧本由丁珮提供，并由邵氏公司出品，女主角由她本人出演。电影中丁珮的戏份很多，而且有诸多香艳戏份。此片播出后，饱受李小龙粉丝的非议。

电影：《李小龙传奇》（1976年）

　　此片由香港资深电影人吴思远执导，片中李小龙的扮演者为何宗道。这部电影中穿插着李小龙本人生前所拍摄的片段。片中李小龙的师父叶问，由叶问之子叶准饰演。该片比较全面地讲述了李小龙的传奇一生，而何宗道出彩的表演也为电影增分不少。

电影：《李三脚威震地狱门》（1977年）

　　该片饰演李小龙的是动作明星梁小龙，他在形象上与李小龙并不算相似，但他凌厉的脚功给大家留下了深刻的印象。影片讲述李小龙死后来到地狱，在地狱的他闲不住办了个"精武门"的故事，是一部彻头彻尾的恶作剧电影。

电影：《死亡游戏》（1978 年）

　　《死亡游戏》是李小龙未能完成的遗作。多年以来，在世界上广泛流传的电影《死亡游戏》，其实是在李小龙逝世 5 年之后的 1978 年，由香港嘉禾电影公司补拍完成的。

纪录片：《李小龙——传奇》
（BRUCE LEE: THE LEGEND）（1990 年）

　　1984 年由香港嘉禾电影公司与美国 CBS（哥伦比亚广播公司）和 FOX（福克斯广播公司）联合出品。1990 年正式上市发行，片长 88 分钟，港名《李小龙传》。中国大陆地区自 1997 年开始，有该片的盗版 DVD ——《李小龙生与死》。

电视剧：《龙在江湖》（1992 年）

　　这部电视剧以李小龙生平故事为主线，加入了许多虚构的成分。《龙在江湖》中的李小龙由吴大维出演，吴大维除了体形略胖些外，整体上与李小龙有几分相似。他所饰演的李小龙"鬼马搞怪"，令人耳目一新。

纪录片：《李小龙技击法》
（BRUCE LEE'S FIGHTING METHOD）（1992 年）

　　由美国《黑带》杂志拍摄制作，片长 55 分钟。这部教学影片由李小龙的弟子黄锦铭与理查德·巴斯蒂罗共同示范，系统地展示了截拳道的基本拳法、脚法、步法、摔法、锁法和沙袋训练法，是一部完整的截拳道教学片。

纪录片：《龙：李小龙的故事》
（DRAGON: THE BRUCE LEE STORY）（1993 年）

　　美国好莱坞环球影片公司 1993 年夏季推出的票房冠军片，根据李小龙遗孀琳达原著小说《李小龙，只有我才了解的男人》改编。中文版录像带片长约 100 分钟，由上海录像出版公司引进发行。

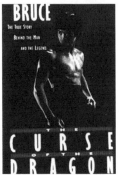

纪录片：《李小龙传奇》
（BRUCE LEE: THE CURSE OF THE DRAGON）（1993 年）

　　由美国华纳兄弟娱乐公司出品，为纪念李小龙逝世 20 周年而发行。影片中大量穿插了李小龙的精彩电影片段，另外还有李小龙高足丹尼·伊诺山度、黄锦铭、木村武之、贾巴尔、詹姆斯·柯本，友人李峻九、查克·罗礼士，胞弟李振辉等现身追忆。

纪录片：《李小龙：不朽的龙》
（BRUCE LEE: THE IMMORTAL DRAGON）（1994 年）

　　该纪录片由美国 20 世纪福克斯电影公司出品，片中剪辑了大量未曾公开过的李小龙训练视频、家庭影片以及罕见的电影《马洛》及《人海孤鸿》中的彩色镜头。片中同时还穿插了大量李小龙弟子、亲友、同事现身追忆他的镜头。

纪录片：《李小龙截拳道》
（BRUCE LEE'S JEET KUNE DO）（1995 年）

　　这是迄今为止唯一一部李小龙个人训练纪录片。影像资料以李小龙家庭训练的黑白纪录片为主，还有李小龙单独授课詹姆斯·柯本的视频片段。影片的话外音，主要以李小龙本人论述武术理论的录音为主，以及李小龙的武道名言、学习笔记的展示等。

纪录片：《千禧巨龙》（1999 年）

该片由香港导演施介强制作。影片主要内容为访谈香港影视圈内众多曾与李小龙合作过的导演、演员与制片人，通过他们口中的信息，去追忆和解读李小龙。

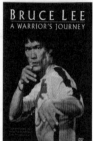

纪录片：《李小龙：勇士的历程》
（BRUCE LEE: A WARRIOR'S JOURNEY）（2000 年）

1994 年，一次偶然的机会，John Little 与 Linda Eemry 在李小龙故居中，发现了他筹拍《死亡游戏》的武术设计手稿及剧本，其中涉及 40 分钟由李小龙拍摄而未曝光的珍贵片段，另外根据原来的剧本，剪辑成了约 90 分钟的纪录片。

电视剧：《李小龙传奇》（2008 年）

这是一部广受关注的 50 集电视剧，片中李小龙由陈国坤饰演。陈国坤在外形上与李小龙比较相似，不过在"刚劲之气"上稍有欠缺。本剧由中国中央电视台打造，投资大、宣传足，但在情节还原真实度上遭到诸多诟病。

纪录片：《李小龙如何改变了世界》
（HOW BRUCE LEE CHANGED THE WORLD）（2009 年）

由李小龙遗孀琳达和女儿李香凝监制，美国历史频道出品。本片着重探讨了李小龙对全球电影、音乐、体育、设计、时装、哲学等领域的影响，访谈嘉宾涵盖了动作明星成龙、喜剧演员埃迪·格里芬等各行业的佼佼者。

电影：《李小龙我的兄弟》（2010 年）

此片由香港和大陆合拍，意为纪念李小龙诞生 70 周年，剧情改编自李小龙弟弟李振辉的回忆录，聚焦李小龙的少年和青年时代。片中李小龙由香港演员李治廷扮演，他要展现的并不只是李小龙的功夫和经典的招牌动作，还有李小龙著名的恰恰舞技艺。

（辑自苏静主编《知中·再认识李小龙》，中信出版社，2016 年）

关文明的李小龙研究系列之一《李小龙技击术汇宗》（岭南美术出版社，1987年）

关文明的李小龙研究系列之二《功夫之王李小龙》（岭南美术出版社，1991年）

关文明的李小龙研究系列之三《真功夫——李小龙的绝招》（岭南美术出版社，1993年）

关文明的李小龙研究系列之五《一代英杰李小龙》（岭南美术出版社，2001年）

关文明的李小龙研究系列之四《李小龙传奇与技击术》（岭南美术出版社，1995年）

1997 年，关文明在日本福冈市举行的第二届东北亚体育史学术大会上做题为《中国武术在世界的传播与影响》的报告。

2000 年，关文明（右）在澳门国际龙飞武术讲习交流会上做学术报告《李小龙文化研究》。大会由中国武术九段、上海体育学院博士生导师邱丕相教授（中）、北京大学武术研究中心主任李士信教授（左）共同主持。

2003 年 7 月 25 日，为纪念李小龙逝世 30 周年，在广州体育局新闻大厅举办"纪念李小龙武术讲座"，由关文明主讲"世纪英雄李小龙"。

2005 年，关文明（左四）应邀在"澳门书香节"做"蔡李佛拳·咏春拳与李小龙"学术讲座。图为讲座后他与到会的领导、嘉宾合影。

2011 年，由陈雁扬（前右二）、关文明（前左三）、黄德超（前左二）、梁洪波（前右一）等负责的中国武术研究院课题"李小龙武学思想研究"开题。图为报告会合影。

1997 年，关文明的论文《论李小龙对中西体育交融的贡献、成因及其启示》被北京召开的第五届全国体育科学大会收录。图为他在大会上做报告。

1999 年，关文明在韩国汉城大学举行的第三届东北亚国际体育史学术大会上宣读论文《李小龙截拳道的形成与发展》后，与他的研究生广东警官学院警训部主任朱家勇教授合影。

1999 年，关文明在广东省顺德市举行的国际体育史学会第三届学术讨论会上宣读论文《论李小龙对中西体育史交融的贡献、成因及其启示》。

2020 年 11 月 20 日，李小龙诞辰 80 周年系列纪念活动在李小龙乐园举行。"李小龙与顺德"读书会中，由关文明主讲"一代英杰李小龙"学术讲座，黄德超介绍李小龙纪念馆筹建过程。

黄德超与李小龙堂姐李秋勤合著《永恒的巨星李小龙》，2000年7月由香港明窗出版社有限公司出版发行。

黄德超与李小龙堂姐李秋勤合编《永恒巨星的一生——李小龙》画册，2000年11月由香港明报出版社有限公司出版发行。

黄德超（右四）在香港出版专著《永恒的巨星李小龙》新闻发布会上（2000年7月）。

黄德超（左三）与李小龙家乡均安镇的副镇长欧阳国伟（左二）、振藩截拳道香港分会会长陆地（右一）在香港华娱电视台《天南地北心连心，李小龙进入新世纪》节目播出后与节目主持人合照。

黄德超（中）在中国武术研究院课题"李小龙武学思想研究"开题报告会上发言。

黄德超（右）与关文明（中）、黄念怡（左，广东省咏春拳省级非遗代表项目传承人）应邀出席"2015深圳中国武术文化发展论坛"后合影。

2004 年，黄德超、关文明合编《世纪英雄李小龙》画册。

在 2004 年佛山武术文化节期间，顺德区文体新闻出版局局长麦润沾与李小龙胞弟李振辉一起为《世纪英雄李小龙》画册揭幕。

在 2004 年佛山武术文化节期间，均安镇党委书记李志强与李小龙大姐李秋源一起为《功夫之王李小龙》邮册揭幕。

2004 年，黄德超主编《功夫之王李小龙》邮册出版。

2004 年佛山武术文化节在顺德区举行开幕式时，广州的关文明、阮纪正，厦门的林建华，澳门的李文钦、梁洪波等嘉宾与李小龙胞弟李振辉（右三）合影。

为纪念北京2008年奥运会"北京2008武术比赛"，广东省李小龙研究会三位副会长、广州体育学院武术系主任李旺华、华南师范大学体育研究所原副所长关文明、顺德区李小龙纪念馆馆长黄德超联合主编中国首部中英文大型武术邮册《中国武术》与《武术与奥运》，于2008年5月9日在北京国家奥林匹克体育中心隆重举行首发仪式。国家武术运动管理中心党委书记何青龙、中国体育博物馆副馆长韩春玲等领导出席并讲话。

三位主编在首发仪式上合影（右起关文明、李旺华、黄德超）

作者向中国奥委会主席何振梁（右）和李小龙雕塑家曹崇恩（中）赠送《中国武术》邮册

2008年5月12日，国际奥委会执委、中国奥委会副主席于再清（左）赠送《中国武术》邮册给澳门特区政府特首崔世安。

2009年2月，黄德超荣获顺德区委区政府首届公务员创意奖。

2008 年，刘洪于北京拜访李小龙胞弟李振辉先生留影。

2010 年，刘洪与李炎才师父（中）于深圳留影。

2014 年，刘洪与邱丕相教授（中）、李炎才师父（左）于上海体育学院合影留念。

2016 年，刘洪与汪国义老师（中）于长沙留影。

2016 年，刘洪与李启玉师父（右二）于青岛留影。

2018 年，刘洪与刘烈红师父于新宁留影。

2008年，刘洪于香港国际武术节获双节棍冠军时留影。

2016年，刘洪于台北"青年杯国武术锦标赛"特邀嘉宾表演后留影。

2018年，刘洪于上海棍武堂表演时留影。

刘洪与关文明于顺德博物馆内的李小龙专题展厅留影

2022年9月，刘洪到李小龙家乡佛山市顺德区均安镇上村进行田野调研时与关文明（中）、黄德超（右）在李小龙纪念馆合影。

刘洪在李小龙祖居留影

刘洪在顺德区均安镇上村进行田野调研时与臻武堂堂主墨一刀（左一）等进行座谈留影

第三节　回归

一、李小龙祖籍是顺德

李小龙这位世界级功夫巨星的祖籍在何处，祖居又在何处，历来众说纷纭，有广东省的南海、佛山、顺德、番禺等地的多种说法。20多年前，顺德市政府办公室干部黄德超，经过两年多的考证，觅得了关键的人证和物证，终于揭开了历史之谜——李小龙的祖籍和祖居均在广东省顺德区均安镇上村。

黄德超20世纪60年代初出生于广东省新会县，汉语言文学学士，年幼时喜欢文学和书画艺术，并曾随洪拳宗师林世荣的弟子容孟龙习武。20世纪80年代中期在佛山大学毕业后留校任职，并开始进行李小龙研究，是一个典型的李小龙迷。1988年从佛山大学调往顺德市政府从事文书工作。近年来发现了李小龙祖籍，并为李小龙祖居的修葺、李小龙纪念馆的筹建与多次纪念李小龙的大型活动的筹划等做出了颇大的贡献。他从1994年开始了对李小龙祖籍的考证工作。他除多次到均安镇上村查找人证（现仍健在的李小龙父亲李海泉的幼年好友李有兴等老人）、物证（李氏家族族谱和在均安镇上村的李小龙祖居）外，还两度赴香港考察，多方寻觅新的证据。1996年7月，在李小龙授业师兄黄淳樑（祖籍顺德杏坛）、国际咏春总会会长梁挺博士的帮助下，他找到了李小龙的大姐李秋源，并根据她提供的粗略方位，在香港长沙湾天主教近万座坟中，于半山腰第四区找到了李小龙五兄妹（男：李忠琛、李镇藩、李灵机，女：李秋源、李秋凤）为其父李海泉立的墓碑。该碑的上方镶有李海泉身着西装的瓷相，并刻有"顺德——先父李海泉圣名若瑟之墓"汉隶金字碑文。这是证明顺德是李小龙故乡的最有力证据。

小龙的父亲李海泉是信佛教的，但为何他去世后会葬在天主教坟场，而且他的墓碑还写着"李海泉圣名若瑟之墓"的字样，难道他真的变成了虔诚的天主教徒了吗？据早年丧父、自小便在叔父李海泉家中长大和学艺的李小龙堂姐李秋勤回忆，当时香港的华人永久坟场不多，而长沙湾天主教坟场有永久坟场，且这个坟场的档次、环境、服务等方面都比华人坟场好些。所以，李小龙的母亲何爱榆就通过其外家何氏家族李海泉堂侄女李秋钻（李秋勤的亲妹妹、香港演员俞明的太太）的关系，在长沙湾天主教坟场选了一块墓地。但是按该坟场的规定，必须是天主教教徒才可以入葬的，所以何爱榆就替丈夫起了一个"圣名"叫"若瑟"。当时的墓地一块就要几十万港元，由于何爱榆是天主教教徒，又是富商何甘棠之女、香港首富何东爵士的侄女，所以墓地一要就要了两块。事后与李海泉同行的粤剧界朋友不知内里乾坤，都感到奇怪："唉，为什么李海泉一下子变成了天主教教徒呢？"粤剧界大多信神信佛，如拜华光帝等，李海泉生前也经常上香拜神。粤剧名伶梁醒波来拜祭李海泉时惊奇地问："唉，为什么泉叔都兴这味（天主教）呢？"之后，他又幽默地说："他落到阴间，那些人认不认识他呀？他不识英文的啊。"在场的人听了，个个都忍不住笑起来。

二、李氏宗祠与李小龙祖居

（一）李氏宗祠

李氏宗祠和李小龙祖居均坐落在佛山市顺德区均安镇。均安镇位于顺德的南部，离广州市约60公里，离大良镇约20公里，是粤剧名伶罗家宝、罗家英的家乡。到上村村口，就看见一座高大祠堂，这便是李氏宗祠了。走近祠堂，只见门口高高悬挂着"李氏宗祠"四字魏碑体匾额，边款写着："一九九八年春日廿二孙曲斋集探花公字重刻"。原匾题字出自"探花公"李文田之手，可惜在"文化大革命"期间被红卫兵拆毁，现在的这四个大字是李文田嫡孙、著名书法家李曲斋先生从李文田的其他字迹中"集"出来的，苍劲有力，自成一体。祠堂门口还有一副五字对联，气势雄浑，但没有署款，相传这也是李文田的手笔。上联是"勋业西平望"，说李氏先世有唐代武功显赫的西平王李晟；下联是"文章北海风"，唐代北海太守李邕以文章闻名天下，也是李氏先世。当时门内正上方高悬着晚清同治三年（1864年）慈禧太后御笔钦赐给当时南书房翰林李文田的"龙虎"和"福寿"两块中黄底朱红大字匾额，记载着李氏家族的荣耀。祠堂内两侧的横梁，横放着新旧两艘龙舟，展示了李氏家族团结向前、同心协力的气概。正堂上则供奉着李氏列祖列宗的灵位，整座祠堂显得宽敞整洁而有肃穆之气。

（二）李小龙祖居

据悉，上村是一个以李氏为主的村落，人口不多，目前全村总人口也只有1200人左右，但历史上却出了不少名人。在近代就有清末探花、内阁学士、礼部右侍郎李文田（1834 年—1895 年）；当代有香港大学第一任文学院院长李棪斋教授，广东省书法家协会原主席、广州文史研究馆原副馆长李曲斋（1916 年—1996 年）和被誉为"一代武圣"的李小龙（1940 年—1973 年）。由此可见，上村是个人杰地灵的地方。

李小龙祖居离李氏宗祠不远，大约有 250 米的距离，就位于以李小龙的名字命名的"小龙巷"的中部。李小龙祖居占地 51.8 平方米，分一房一厅一厨一天井，是珠江三角洲地区传统的砖木结构民居。该房是李小龙的祖父李震彪所建，李震彪和李海泉等两代人曾经在这里居住。房屋的质量和家具的陈设都比较简陋而朴实。客、饭厅的墙上悬挂着一幅千余字的李小龙生平简介和七八幅李小龙主演的几部电影的大幅剧照，厅内还陈列着一座咏春木人桩和一座香案。天井相对较大，有近 20 平方米，可以在此练功和演练一些简单的套路。

李小龙的籍贯是顺德，李小龙祖居在均安镇上村，这是近年来对李小龙研究的重大突破，具有重要的学术意义和文化意义，已引起了海内外李小龙崇拜者和研究者的关注。近年来，不断有来自世界各地的李小龙迷和武术爱好者怀着朝圣的心情来参观李氏宗祠和李小龙祖居。其中人数最多的一次是在 1997 年 3 月 1 日，有 38 个国家和各地区的咏春拳代表共 130 多人聚集在李小龙的故乡顺德进行参观、交流和表演。另一次是在 1999 年 11 月 8 日，来自美国、英国、加拿大、澳大利亚、德国、意大利、波兰、瑞士、南非联邦等国家和广州、香港、澳门、佛山等地区的 150 多名武术界朋友和嘉宾，参加了由顺德市武术协会主办，顺德市均安镇人民政府、顺德市贸易发展局、香港咏春拳体育会协办的"'99李小龙故乡顺德行暨中外武术交流表演"活动。每年李小龙的诞辰和冥寿，李氏宗祠前面的广场都会举行纪念活动。

三、李小龙乐园

李小龙乐园位于佛山市顺德区均安镇，前身是顺德生态乐园，占地面积近 3000 亩（近 200 万平方米），是一个以生态为主题的旅游景区。基塘众多，大小山峰 22 座，湖光山色，自然风光美丽如画，是全国科普教育基地。李小龙乐园建成于 2006 年，开业以来，以其良好的自然生态环境及"功夫之王"李小龙的品牌号召力吸引着众多海内外游客前来观光旅游。

乐园内山水相连，植被繁茂，为动植物的生长繁殖提供了优越的自然环境。目前，园内共有鸟类近 60 种，其中尤以鹭鸟数量为最多。每当潮汐时分，万鹭岛周围鹭鸟轻舞飞扬，绿树上似白雪挂枝，场面蔚为壮观，游人可沿湖细心欣赏这如诗如画的自然美景，无论是休闲漫步于园中林荫小路，或登山饱览园内湖光山色，或远眺院内田园风光，都可尽情感受山色水韵的独特魅力。

乐园重点兴建了再现功夫之王李小龙武术文化精髓的李小龙纪念馆，荟萃中华武艺大师鸿篇巨作的曹崇恩雕塑馆、李亚新艺术馆和岭南武术文化馆。乐园拥有雄伟壮观的人工瀑布、世界最大的载入吉尼斯纪录的凤凰石雕、世界最大的李小龙铜像、山顶观景亭、桑基鱼塘生态农庄等，让游客在大自然里给心灵一个休憩的港湾；同时拥有充满乐趣、动感的休闲项目，如开心农场、浅滩捉鱼、情侣单车、观鸟游船、垂钓、烧烤、野炊等，让游客尽情享受回归大自然的乐趣。

李小龙乐园是一个集李小龙武术文化、岭南历史文化、顺德水乡风情、特色休闲、教育娱乐以及大型活动为一体，以一站式全日旅游为主题的乐园。

顺德有"凤城"的美称，传说中的凤凰是百鸟之王，雄者称凤，雌者称凰。它体形巨大，身披七彩羽毛，喜欢栖息在梧桐树上。它是中国传统文化中象征富贵、美好的吉祥鸟，它飞到哪里就给哪里带来幸福。在李小龙乐园的大门口耸立着 2001 年 8 月被世界吉尼斯总部确认为"世界最大的凤凰石雕作品"的一对凤凰石雕。这对凤凰，凤高 16.07 米，凰高 15.72 米，是由 1800 多块大青石雕砌而成。李小龙乐园采用凤凰石雕作为大门口的装饰，是对世界生态环境保护的美好祝愿，也是对到来的每一位嘉宾真诚的祝福。

在乐园的广场上建有全球最大的李小龙铜像。这座铜像净高 12 米，基座高 6.8 米，总高度达到 18.8 米。铜像跨度 10 米，采用右脚踏地、左脚尖点地、腰细、上身肌肉发达、手张扬的动态功夫造型，由中国著名的雕塑大师曹崇恩教授精心创作而成。

铜像碑正面书写着"功夫之王"，是由当代岭南画派最有影响的黎雄才大师书写。背面则记录着"永恒巨星——李小龙传略：耀中华武坛史册，振世界影视声威"，由顺德书法家赖际云先生撰写。

四、李小龙纪念馆

（一）中国内地首家李小龙纪念馆

2002 年 3 月 26 日下午，由顺德市政府投资及社会各界人士资助兴建的坐落在大良镇的李小龙纪念馆，在双狮劲舞和一片锣鼓声中隆重举行了落成剪彩揭幕仪式。

被誉为"功夫之王"的李小龙，生前是一座丰碑，死后是一个传奇。他的光辉业绩，一直被世人所传诵，成为全球瞩目的"世纪英雄与偶像"。在美国、日本等国家和中国香港、台湾等地区都建立过各种形式的李小龙纪念馆。然而，在李小龙的故乡却一直没有一间他的正式纪念馆。身兼广东省李小龙研究会副会长、顺德市政府干部的黄德超，以十分执着的精神，历尽周折，不停地在民间搜集，足足筹备了 10 年的时间，终于建成了中国大陆首家李小龙纪念馆，在李小龙的故乡顺德市正式对外开放。

顺德市政府对于筹建李小龙纪念馆非常重视，把李小龙纪念馆落成剪彩揭幕仪式列为顺德市建市 10 周年庆典重大活动之一。顺德市政府投入了巨资，资助李小龙纪念馆的装修以及各种费用。特批给李小龙纪念馆馆长黄德超多次往返香港、澳门的特别通行证，以方便他搜集有关李小龙的资料和联系各方面的知名人士。用顺德市政府的名义邀请海内外嘉宾参加李小龙纪念馆的开馆仪式，并特意在庆祝顺德市建市 10 周年的招待酒会上，隆重介绍从美国旧金山专程返顺德参加庆典活动的李小龙大姐李秋源、姐夫伍刚和这次前来参加李小龙纪念馆落成剪彩仪式的嘉宾；此外，还有顺德市常委、市政协主席刘世宜，顺德市政协副主席、外事侨务局局长陆焕方，顺德市文体局局长何兆恒等市级各部门领导，以及广东省、顺德市、香港、澳门的李小龙研究团体与武术界、电影界及各界人士一百多人。国家体育总局武术运动管理中心主任、中国武术协会主席李杰也发来了"弘扬中华武术，造福全国人民"的贺电。

顺德市政府为了配合建市 10 周年庆典，更好地打造"李小龙"这一自有的文化品牌，还特地举办了为期 5 天的李小龙经典影片回顾放映，在大良、容桂、伦教等地为市民免费献映。

由于李小龙蜚声武坛和影坛，该馆又是中国大陆首家李小龙纪念馆，因此这次李小龙纪念馆落成剪彩仪式吸引了众多媒体和全国各地关注李小龙的武术界、影视界的精英。据统计，报道这次活动的海内外媒体多达 20 多家，其中最引人注目的是央视四套摄制组和香港亚洲电视台摄制组。与李小龙同期学艺的师兄弟徐尚田、叶正、肖煜民，还有与李小龙共事过的香港制片、导演张钦鹏，著名导演李力持，总监田启文，广东省李小龙研究会正会长马明达与副会长关文明、阮纪正、李旺华、吴贵南、劳坚、李炎才、朱家勇，华南师范大学体育科学学院院长周爱光，香港李小龙会会长黄耀强，北京截拳道运动发展中心董事长石天龙，湖南省李小龙截拳道总会正、副会长郝钢、朱建华，安徽李小龙研究青年专家陈琦平，纪念馆李小龙半身铜像作者、陕西省雕塑院院长王天任等也参加了纪念馆落成揭幕仪式。被誉为"深圳李小龙"的李炎才和"北京李小龙"的石天龙还在开馆仪式上做了精彩的双节棍和截拳道功夫表演。

更为难得的是，这些嘉宾利用这次开馆仪式的机会，有的接受了电视台、报刊的采访，畅谈了观感和宣扬李小龙精神；有的参加了座谈会，商讨会后应如何加强联系，建立起交流、互动、比赛、影视等活动形式，共同促进李小龙研究的深入开展。

原李小龙纪念馆坐落在顺德市大良区东康路三街。全馆面积250平方米，分上下两层。一楼主要陈设李小龙生平的图片、文字、纪念品以及他的练功服、练功器械（如咏春拳木人桩、沙包和各式双节棍等武术器械）。展示的李小龙纪念品琳琅满目，有李小龙电影VCD，有关于李小龙技击术和传奇的书籍、杂志、报纸，有印了李小龙像的运动服、明信片、扑克牌、水杯、纪念章、钥匙扣等。二楼是以李小龙主演的电影为主题，分成不同区域，通过剧照向人们重现国际武术巨星的不朽形象。据黄德超介绍，馆内现有500多件有关李小龙的图文音像资料实物。他从20世纪80年代末期，就已经开始收集李小龙的资料并筹划建立李小龙纪念馆，此举得到了顺德市政府的大力支持。2002年年初，经过广东电视台以及《羊城晚报》《广州日报》《佛山日报》《顺德报》等媒体报道之后，各地"李小龙迷"向纪念馆赠送自己收藏的有关李小龙珍贵的资料和照片。可以说，该馆是目前世界上拥有李小龙资料较丰富、翔实的纪念馆之一。

馆内摆设高雅、古色古香是李小龙纪念馆的另一特色。屏风、桌椅和条案，均为明清时期古老大屋摆设的原物。连镶嵌在屏风上的玻璃，也是清代制品，是费了不少功夫才从民间收购来的。大堂后方建有一小拱桥，桥下是潺潺的流水，还有金鱼在游动，好一幅岭南水乡的景色。馆内还另辟一角做茶艺馆，让观众一边品茶一边追忆这位功夫巨星的风采。

　　李小龙纪念馆的落成意义重大，其影响也颇为深远。首先，李小龙纪念馆的建成，改写了中国内地没有专门纪念李小龙的场馆的历史，标志着内地在李小龙研究方面有了长足的发展，也显示了顺德市政府的高瞻远瞩与打造"李小龙国际文化品牌"的决心。

　　香港有家周刊记者采访了这一活动后，以《顺德李小龙馆截香港胡抢游客》为题，发表了专文评述："李小龙的家乡顺德（李小龙只在 5 岁时住过一段时间），竟然率先成立李小龙纪念馆，虽然缺乏李小龙资料，但凭有心人愚公移山的精神，加上当地政府的百万金钱全力支持，终花十年时间竣工，并定于本周（3 月 26 日）开幕。香港的旅游业，又输了一仗。"

　　澳门的《澳门日报》于 3 月 27 日以《顺德首开内地李小龙纪念馆》为题，图文并茂地详细介绍了开馆时的盛况，并高度评价了这一壮举："展示了李小龙的武学精神，使更多人了解中国武术，促使中国武术早日成为奥运会项目。另外，开设纪念馆也为武术发烧友提供了交流场地。"

　　其次，李小龙纪念馆的落成，成为顺德区一道新的文化风景线。它连同 4 年前已修葺的顺德区均安镇上村李小龙祖居以及正在筹建的均安李小龙专题公园，将成为南粤文化旅游的又一新景点。利用李小龙的巨星效应，可以带动旅游、服装、运动器材、影视、比赛和其他第三产业的发展。

　　最后，李小龙纪念馆是进行爱国主义教育的又一场所。纪念馆展示了李小龙从小演艺、习武、读书，经过自己不断努力和拼搏，终于成为有大学学历、文武双全的一代英杰的全过程的相关资料和图片：李小龙从一个顽童，逐步成为国际武术巨星，受到人们的敬仰。因为有了李小龙，促使外国人重新认识了中国的文化，改变他们对中国人是"东亚病夫"的看法，中国武术因此走向世界。从李小龙身上，可以看到顺德人那种勇于开拓、求实创新、敢为人先、永不言败的进取精神，这种精神正是国人现在所需要的。

（二）全球最大的李小龙纪念馆

　　原建在顺德市大良镇东康路的李小龙纪念馆，因发展需要，开馆 4 年后，于 2006 年下半年闭馆，整体搬迁到均安镇李小龙乐园。同年 11 月 26 日举行隆重的李小龙纪念馆奠基仪式。奠基礼由中国武术协会原主席徐才、佛山市政协主席蔡河义、李小龙胞弟李振辉、香港影星丁珮等主持。经过两年的筹建，2008 年 11 月 9 日，全球最大的李小龙纪念馆正式落成揭幕，揭幕礼由佛山市顺德区委宣传部部长梁惠英等市、区、镇有关领导以及李小龙大姐李秋源主持。

李小龙纪念馆采用古朴典雅的岭南民居风格，建筑面积约为 5000 平方米。正门口的上方悬挂着由国家体育运动委员会原副主任、中国武术协会原主席徐才书写的"李小龙纪念馆"馆名牌匾。靠近门口的大厅是个练武厅，中间摆放着李小龙练武的全身塑像，两边放有木人桩和一些武术器械，供游客们体验，一试身手。馆内共有 6 个展区、1 个放映室、1 间接待室。展区展示有关李小龙的图文、音像资料和李小龙两封亲笔信、一副用过的双节棍等近 1000 件实物，并详细介绍李小龙的生平、武艺经历、演艺经历和家族史。据悉，该馆是目前全球最大、馆藏最丰富的李小龙纪念馆。

（三）顺德博物馆里的李小龙展厅

始建于 1980 年的顺德博物馆是一所综合性博物馆，2018 年被评为"国家二级博物馆"。2013 年 12 月，位于顺德新城区的顺德博物馆新馆向市民免费开放。新馆总面积 2.7 万平方米，内设 5 个专题展厅，其中一个是李小龙展厅。该展厅分为"叠翠腾龙　寻根问祖""远渡重洋　喜结连理""武学革新　一代宗师""龙跃荧屏　国际影星""东方传奇　不灭神话"五个部分，展出李小龙的多幅照片及其相关用品，以其家族史、生平、武术和演艺经历为线索，详细叙述他与顺德的渊源及其一生，同时还在展厅内放映李小龙系列视频，以现代化手段立体呈现出这位武术名家、影坛巨星的成就和影响，让人们可以更加深入地认识李小龙，真切感受这位顺德杰出乡贤的风采。

五、全球最大的李小龙铜像

在均安镇李小龙乐园正对大门的广场上，建有全球最大的李小龙铜像。这座铜像净高 12 米，基座高 6.8 米，总高度达到 18.8 米，铜像跨度 10 米，采用李小龙右脚踏地、左脚尖点地、腰细、裸胸、上半身肌肉发达、手张扬的功夫预备式造型，由中国著名的雕塑大师、广州美术学院曹崇恩教授精心创作。

铜像的基座正面书写着"功夫之王"四个大字，是由当代岭南画派最有影响的黎雄才大师书写。背面则记录着永恒巨星——李小龙传略：溯自 20世纪 70 年代初，一个新词 Kung　Fu（功夫）出现在不少外文词典上，时至今日，仍有不少外国人以此作为中国最具吸引力的代名词，甚至认为 Kung

Fu 就是中国。该词的产生，是源自蜚声世界武坛的国际武术巨星李小龙。

李小龙虽一生短暂，但光辉一生，为弘扬中华武术，殚精竭虑，不愧为一代武术宗师、功夫影帝、使中国功夫走向世界的先驱者，更是首位打进好莱坞电影的华人影星，享有"世纪英雄""功夫之王""武之圣者""一代英杰""武术巨星"等崇高荣誉称号，堪为武术楷模。为表彰李小龙致力弘扬中华民族坚毅卓绝、自强不息、开拓创新的精神，在李小龙家乡建成李小龙纪念馆，设计、铸造、建立全球最大的李小龙铜像，能让海内外众多"龙迷"和游客得以永久缅怀瞻仰。

六、顺德均安镇功夫小镇客厅

2020 年，均安"功夫小镇"成功入选广东省特色小镇培育库，为加快推进功夫小镇相关项目的建设步伐，功夫小镇客厅应运而生，经过一年多的紧张筹建，在 2022 年 1 月 26 日顺利建成并进入试运营阶段，在春节期间免费对市民开放。不少市民尝鲜去体验功夫的乐趣，观看李小龙电影，与逼真的李小龙蜡像合照。

功夫小镇客厅坐落于均安镇鹤峰社区上村李氏宗祠右侧的村委办公楼首层，占地约 500 平方米。整个客厅呈回字形布局，合理巧妙，设有"走进均安""民俗与粤剧曲艺""功夫之王李小龙""中国功夫""功夫＋产业""均安美食"六个展区，内容涵盖均安的经济与社会发展概况、功夫小镇未来发展规划、粤剧曲艺文化、民俗、李小龙、中国功夫、功夫体验、美食等。功夫小镇客厅面积虽然不大，展出的物品也不多，但展品精致珍贵极具代表性；展厅线上、线下的内容全面、图文并茂、精彩。它有别于传统展馆主要靠图文、实物展览来吸引观众的做法，因地制宜，把大量的音频、图文、实物用图片影像的形式，放在线下，让有兴趣深入了解情况的观众，可以按照自己的喜好，通过现场的多媒体设备，点击相关链接，看更多的图文、视频资料。而客厅所展示的每段视频从选材到剪辑制作至完成，每件展品从甄选到展陈，都是经过反复筛选、认真推敲、精心安排的。如"功夫之王李小龙"展区，其展品中不乏文物级珍品，包括李小龙 2 封中文信件、1 个手持条形沙袋、1 条藤质短棍、李海泉广州的屋契等，这些都是广大龙迷平时难得一见的藏品。有收藏家表示，李小龙的中文信件现存世不超过 4 封，功夫小镇客厅就占了 2 封，实属难能可贵。又如"民俗与粤剧曲艺"展区的廖侠怀屋契，更是首次公开展出，力证粤剧廖派创始人廖侠怀的均安身份，同时也为均安"中国曲艺之乡"的称号提供有力注脚。

在参观功夫小镇客厅展区的过程中，参观者还可以体验沉浸式功夫文化，例如戴上触控一体机设备，对着屏幕视频比画拳脚；模仿咏春拳的高手演练木人桩；向拳力测力器挥拳，了解自己拳头的力量；在环形电影展播区点播李小龙电影，回顾功夫之王的经典镜头；观看栩栩如生的李小龙蜡像并合照留念等。

七、顺德纪念李小龙活动

自 1996 年 7 月顺德市政府干部黄德超考证并取得公认——李小龙的祖籍是顺德，李小龙祖居在均安镇上村后，顺德市人民政府拨款 10 万元修葺李小龙祖居，有关部门、单位大力支持开展纪念活动。世界各地的李小龙迷和武术爱好者获悉后，纷纷怀着朝圣的心情前来顺德市均安镇上村参观李氏宗祠和李小龙祖居，以及举办各种纪念李小龙的活动，主要有下列纪念活动。

（一）国际咏春拳代表团'97 李小龙故乡顺德行

1997 年 3 月 1 日，来自 38 个国家和地区 130 多人的国际咏春拳代表团在香港国际咏春拳总会会长梁挺博士的带领下，来到李小龙故乡顺德市进行参观、交流和表演等活动。在参加本次活动的嘉宾中，除李小龙的师弟梁挺博士外，还有道家养生专家朱鹤亭、全欧洲搏击队总教练标·纽曼、德国SEK 特警总教练沙史·吐韩、世界空手道锦标赛亚军司基·胡富，以及李小龙当年的伙伴、香港影视武打明星黄加达等。

（二）"不朽的李小龙"图片展览

1997 年 7 月 20 日至 8 月 8 日，顺德市天任美术馆举办了"不朽的李小龙"图片展览，图片数量多达 350 多幅，这次展览堪称国内同类展览中规模最大、图片数量最多的一次展览。

（三）'99 李小龙故乡顺德行暨中外武术交流表演

1999 年 11 月，由顺德市武术协会主办，顺德市均安镇人民政府、顺德市贸易发展局、香港咏春体育会协会协办"'99 李小龙故乡顺德行暨中外武术交流表演"活动，来自美国、英国、加拿大、澳大利亚、德国、意大利、波兰、瑞士、南非等国家和广州、香港、澳门、佛山等地区的 150 多名武术界朋友和嘉宾参加了这次活动，盛况空前。

（四）纪念李小龙诞辰60周年暨广东省文化传播学会李小龙研究专业委员会成立大会

2000年11月25日至26日，在顺德市均安镇隆重举行了由广东省文化传播学会、顺德市均安镇人民政府、顺德市体育总会主办，广州体育科学学会、番禺区体育总会、广东省体育局文史办、武林杂志社协办的"纪念李小龙诞辰60周年暨广东省文化传播学会李小龙研究专业委员会成立大会"。广东省体育界、武术界以及相关人士共一百多人出席了大会。首先，筹委会常务副会长兼秘书长关文明介绍了大会的筹备情况。其次，广东省文化传播学会副会长、珠江电影制片厂党委副书记陈芳芳，广东省武术协会主席、广东省体育局副局长田新德，国务院学位委员会体育学科评议组成员、华南师范大学体育科学学院院长周爱光在会上致辞祝贺，并为该会正会长、副会长、荣誉会长、名誉会长颁发聘书。最后，会长马明达做大会总结发言。会后，大会组织到会者参观李氏宗祠、李小龙祖居和顺德生态乐园。晚上，广东省武术队、顺德区女子醒狮队为代表们表演了精彩的节目。翌日，在顺德市均安镇碧桂园高尔夫俱乐部召开了第一届广东省文化传播学会李小龙研究专业委员会理事会会议。广东省电视台与《广州电视台》《广州日报》《羊城晚报》《南方都市报》《香港文汇报》《大公报》《佛山日报》《顺德报》《中华武术杂志》《武林杂志》等媒体都报道了这次大会的盛况。该会是目前唯一在国内正式注册的李小龙研究社团。其业务范围有学术交流、宣传推广、出版刊物、咨询服务、专业培训。

（五）2010李小龙文化节

2010年11月，佛山市顺德区举办"2010李小龙文化节"，内容有第六届功夫群英会、李小龙铜像落成典礼、李小龙文艺晚会、李小龙故里文化巡礼、李小龙故里万人游、李小龙咏春拳表演、大型电视专题片《永远的李小龙》与30集大型电视系列片《解读李小龙》放映、高端论坛"李小龙：一个时代的文化符号"、清晖园"顺德龙情——李小龙图片展览"、顺德钟楼公园中心舞台论坛"顺德如何打响李小龙品牌"、顺德社科联论坛"李小龙与咏春拳"等。这是顺德区首次举办李小龙文化节，内容丰富，规模宏大，影响深远。

（六）"李小龙武学思想研究"结题会暨李小龙品牌开发研讨会

2012 年 6 月 29 日至 30 日，在顺德区华桂园会议厅召开"'李小龙武学思想研究'结题会暨李小龙品牌开发研讨会"。会议由顺德区委宣传部副部长沈涌主持，课题负责人、广东省李小龙研究会副秘书长、深圳职业技术学院国际武术交流中心主任陈雁杨教授汇报课题结题情况，课题评审组组长、华南师范大学体育科学学院院长周爱光教授宣读课题鉴定意见，并介绍国家社科基金项目申报情况。顺德文体旅游局文化产业科科长李连杰介绍顺德文体产业未来十年发展规划与设想，华南师范大学体育科学学院谭建湘教授介绍国内体育文化产业发展动态。接着，研讨会成员对顺德如何开发利用李小龙品牌进行学术研讨。广东省文化传播学会副会长、广州体育学院党委书记肖沛雄教授，广东省李小龙研究会副会长关文明、黄德超，广州体育学院武术系主任李旺华教授、副主任李朝旭教授、博士后牛爱军副教授，深圳职业技术学院体育部田桂菊教授等出席会议，并做发言。最后由沈涌副部长做总结讲话。该课题被中国武术研究院评为优秀课题，并在 2011 年第 5 期《安阳师范学院学报》上发表。

（七）2013 李小龙逝世 40 周年纪念活动

2013 年 7 月 20 日，由广东省文化传播学会、佛山市顺德区文体局、均安镇人民政府主办，广东省文化传播学会李小龙研究专业委员会、佛山市顺德区李小龙乐园、李小龙纪念馆承办，佛山市顺德区均安明驰服装有限公司和《广州日报》《佛山日报》《珠江商报》及佛山电视台顺德频道、顺德城市网等支持的"2013 李小龙逝世 40 周年纪念活动"拉开帷幕。上午，活动人员到顺德区均安镇李小龙乐园参观李小龙纪念馆，并在 18 米高的李小龙铜像前合照。下午举办李小龙逝世 40 周年纪念大会，由广东省李小龙研究会常务副会长兼秘书长关文明和副会长黄德超在大会上分别做《世纪英雄李小龙》和《李小龙品牌的开放和利用》的专题报告，并由广东省李小龙研究会武术表演队、顺德区陈华顺永春拳武术总会、广州市米机王咏春拳馆、江门王宏心武馆、赵志凌培训中心等代表队表演了永春拳、咏春拳、洪拳、长拳、黄啸侠拳法、飞针等拳种和武艺，赢得了与会者的一阵阵掌声。到会的领导和嘉宾有广东省文化传播学会常务副会长柯可教授、广东省武术协会会长梁国德、广东省政协常委陈忠烈、广州体育学院武术系主任李朝旭、广东省政府参事阮纪正、华南师范大学中文系原副主任何天杰、广州市伟伦体校原党委书记吴东源、顺德文体旅游局审批服务科科长李连杰与文化产业科科长陈彩英、均安镇宣传文体办主任伍时骏以及广东省李小龙研究会会员共100多人。这次活动缅怀李小龙一生光辉事迹,弘扬李小龙精神,振兴永春拳拳术,并对今后开发与利用李小龙品牌提出不少建议。

(八)纪念李小龙诞辰75周年系列活动

2015年11月,广东省李小龙研究会作为发起单位之一,向国家体育总局武术运动管理中心成功申报举办纪念李小龙诞辰75周年系列活动的重头戏,由中国武术协会主办,广东博牛体育产业有限公司、广东省文化传播学会李小龙研讨专业委员会、顺德区李小龙纪念馆承办"武行天下·中泰功夫之王擂台争霸赛"以及参观李小龙纪念馆、举办纪念李小龙学术讲座、观看李小龙电影等系列活动。

(九)2016年成立世界龙迷会

世界龙迷会,由顺德"超级龙迷"联合当地青年企业家率先倡导,粤港澳台武术界、知名旅游企业、餐饮美食界、传统国学文化团体以及世界各地龙迷共同发起,于2016年12月在佛山市顺德区均安镇李小龙乐园隆重举行世界龙迷会成立大会暨挂牌仪式。世界龙迷会总部设在李小龙乐园内,同时成立香港、澳门、台湾、中山、番禺等分会。

世界龙迷会的宗旨是"龙德传仁,天下均安"。首届理事会成员有:会长欧阳永辉,监事长梁适,常务副会长兼秘书长邓文,常务副会长胡显球、叶柏松、史伟、王群(兼香港分会会长)、欧初,副会长李永铧(兼澳门分会会长)、李孟秋(兼台湾分会会长)、李葵光(兼中山分会会长)、毛彬(兼番禺分会会长)等。

世界龙迷会成立六年多来,每年在李小龙诞辰或冥寿时都举行纪念活动,特别是2020年11月,李小龙乐园、世界龙迷会协办规模宏大的纪念李小龙诞辰80周年暨国际武联成立30周年系列活动,并接待香港咏春拳体育会、香港叶问咏春海外咏春代表团与世界龙迷会香港分会、澳门分会、台湾分会等武术团体的到访交流,接待中国国防大学防卫学院王希平院长、国际咏春拳大师叶准师父、国际洪拳大师赵志凌师父、英国叶问咏春郭思牧师父等专家的亲临指导。世界龙迷会举办过致敬李小龙截拳道武术世界武林大会暨首届"'龙的故乡'均安书画及珍品邮票联展";受中央电视台、广东省旅游局、均安镇政府委托，协助拍摄咏春拳传统武术演示等活动；出访过香港、澳门、台湾等地武术团体的会庆等交流活动。

（十）纪念李小龙诞辰80周年系列活动

2020年11月27日是国际巨星李小龙诞辰80周年纪念日。该日由国际武术联合会、中国武术协会、佛山市政协、顺德区委宣传部、文体旅游局主办纪念李小龙诞辰80周年暨纪念国际武术联合会成立30周年系列活动。其中，由顺德区委宣传部、文体旅游局主办，广东省李小龙研究会与顺德区图书馆承办的"李小龙与顺德"专题读书会在李小龙乐园的李小龙纪念馆隆重举行，这是30周年系列纪念活动的重要组成部分，得到了广东省文化传播学会的大力支持。读书会先由广东省李小龙研究会常务副会长兼秘书长关文明教授做"世纪英雄李小龙"讲座，系统地介绍了功夫之王李小龙传奇的一生和对中西文化交流的贡献与影响。学会会长柯可，副会长阮纪正、陈汉东，会长助理孙晓军，广东省李小龙研究会副会长、李小龙纪念馆馆长黄德超等做了热情洋溢的发言，都获得了到会近100位听众的阵阵掌声。会后，参会人员还在李小龙巨型铜像前拍摄集体照留念。该活动影响较大，中央电视台、广东电视台、佛山电视台、顺德电视台以及《中国体育报》《南方都市报》《佛山日报》《珠江商报》等新闻媒体都有报道。这次系列活动规格高、规模大、人数多、影响广，获得各方面的赞扬。

（十一）均安镇上村李小龙诞辰81周年纪念活动

2021年11月27日上午，佛山市顺德区均安镇上村，由上村村委会主办，在李氏宗祠前举行了内容丰富的"文武鹤峰"李小龙诞辰81周年纪念活动。有纪念李小龙的书法、国画展览，永春拳、截拳道、拳击、双节棍等表演和座谈会。均安镇政府、上村村委会领导以及广东省李小龙研究会常务副会长兼秘书长关文明、顺德区李小龙纪念馆馆长黄德超、李小龙大型雕塑像作者黄伟柱等嘉宾出席了座谈会，并发言对李小龙文化的认识和对建设国家级功夫小镇提出一些建议。上村是李小龙的家乡，每年李小龙诞辰和冥辰，村委会都组织纪念活动，倾注了乡亲们对李小龙的深厚感情。

（十二）澳洲举行李小龙诞辰82周年纪念活动

2022年11月27日，是李小龙诞辰82周年纪念日，世界龙迷会澳洲分会在澳大利亚高嘉华市的李小龙铜像前举行隆重的纪念活动。

举行李小龙纪念馆奠基仪式

李小龙胞弟李振辉（右四）与世界龙迷会会长欧阳永辉（右三）、张瑞圆（左四）、梁适（左三）等人合影

李海泉的墓地位于香港长沙湾天主教坟场

外国"龙迷"在均安镇上村李氏宗祠前的广场表演

李小龙之父李海泉的墓碑，上面刻有"顺德"二字，有力地证明了李小龙的祖籍在顺德。

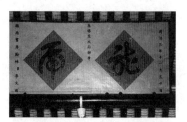

李氏宗祠内有慈禧太后为李文田题写的"龙虎"和"福寿"两块匾额

李氏宗祠外观

李小龙祖居旧貌

李小龙祖居管理员李本根老人（左三）与关文明（左二）、劳坚（右一）、朱家勇（左一），在李小龙祖居前留影（1999年11月1日）。

在顺德举行全国九运会武术套路比赛期间,李小龙纪念馆馆长黄德超陪同国家体育总局武术运动管理中心研究部主任康戈武(左三)、武汉体院武术系主任汪百龙(左二)、广东省李小龙研究会副会长阮纪正(左一)在李小龙祖居内参观。

2000年10月11日,李小龙的亲传弟子李恺(中)和洪拳大师、著名影星赵志凌(左)从美国来到均安李小龙祖居祭拜李小龙。

应顺德市均安镇人民政府的邀请,广东省李小龙研究会会长马明达(左一),副会长关文明(右二)、阮纪正(右一)、黄德超(右三)参加了均安生态乐园改造为李小龙主题公园(李小龙乐园)论证会(2001年)。

李小龙主题公园论证会后,均安镇副镇长罗允雄(左三)、副镇长欧阳国伟(左五)、镇办公室副主任黄海(左一)、上村村委会书记李允宝(左二)等人合影(2001年)。

李小龙乐园建成后的外观

出席"开发整合李小龙及生态乐园特许经营协议签字仪式"的嘉宾合影，有嘉顺公司总经理辛耀祥（前排左），顺之旅公司董事长刘宇洪（前排右）；后排左起：嘉顺副总经理吴军勋、区公资委副主任何世潮、区发政局副局长梁伟沛、顺之旅副总经理罗建英、顺之旅总经理王富珍、副区长王干林、均安镇镇长钟景荣、嘉顺副总经理李文军、区旅游局副局长陈伟尧。

2002年3月26日，中国大陆首家李小龙纪念馆（临时）在顺德市举行落成剪彩仪式，由顺德市政协主席刘世宜（左三）主持。嘉宾有李小龙大姐李秋源（左二）、香港著名导演李力持（右三）、导演张钦鹏（右二）和广东省李小龙研究会会长马明达（右一）等。

李小龙纪念馆落成剪彩仪式后，广东省李小龙研究会成员与部分嘉宾合影：华南师范大学体育学院院长周爱光（前排右三）、湖南李小龙国际截拳道总会会长郝钢（后排右二）、广东省公安司法管理干部学院警训部主任周永祥（前排右二）、香港李小龙会会长黄耀强（后排右七）、北京截拳道发展中心董事长石天龙（前排左一）、全国散打冠军邹国俊（后排左三）。

2004年11月，国家体委原副主任、亚洲武联主席徐才（中）伉俪到顺德参观李小龙纪念馆（临时）时与馆长黄德超（右）合影。

关文明（左一）与黄德超（右一）陪同赵志凌（左二）、李恺夫妇（左三、左四）参观顺德李小龙纪念馆后合影

广东省李小龙研究会部分理事会成员与澳门嘉宾座谈会后在李小龙纪念馆大堂合影。前排中为澳门武术总会副理事长李文钦，二排右为澳门体育暨运动协会理事长梁洪波。

湖南李小龙国际截拳道总会会长郝钢（左三）、副会长朱建华（左二）、副会长陈琦平（右一）向李小龙纪念馆赠送锦旗

北京截拳道发展中心董事长石天龙（右一）向广东省李小龙研究会赠送李小龙工艺纪念品

顺德李小龙纪念馆（临时）内貌

顺德李小龙纪念馆（临时）陈列的部分研究成果

在 2008 年 11 月 9 日全球最大的李小龙纪念馆落成仪式上，广东省李小龙研究会副会长关文明（左二）、李炎才（右三）、黄德超（右一）与李小龙大姐李秋源（左三）、顺德区委宣传部部长梁惠英（右二）、李小龙挚友陈炳炽（左一）合影。

李小龙大姐李秋源（中）在顺德区委宣传部部长梁惠英（右）和李小龙纪念馆馆长黄德超（左）陪同下参观李小龙纪念馆

在 2008 年 11 月 9 日全球最大的李小龙纪念馆落成仪式举行后，李小龙纪念馆长黄德超（左四）与广东省李小龙研究会副会长关文明（右二）、李炎才（左三）陪同顺德区区委宣传部部长梁惠英（左五）、李小龙大姐李秋源（左六）参观李小龙纪念馆，在馆内李小龙胸像前合影。

李小龙乐园总经理王富珍（右一）、李小龙纪念馆馆长黄德超（左二）、美籍华人郭伟志（左一）陪同李小龙的胞姐李秋凤夫妇（左三、左四）、李小龙生前好友陈炳炽（右二）参观李小龙纪念馆。

　　2005年11月25日，"世纪之声"李小龙铜像树立在香港星光大道，重达500公斤，由广州美术学院曹崇恩教授精心创作。

　　2010年，李小龙乐园内建成全球最大的李小龙铜像，总高度达18.8米，是广州美术学院曹崇恩教授历时一年多时间的力作。

　　2018 年 1 月 18 日，广东说时依旧小镇投资有限公司董事长刘晓凌（前排左）与均安镇镇长陈有环（前排右）签约均安特色小镇投资协调开发。参加仪式的有广东省李小龙研究会理事、广东省武术运动管理中心主任、国家级教练员王二平（后排左三），广东省二沙体育职业技术学院（体育训练中心）孙小华院长（后排右三）等。

　　广东省李小龙研究会应邀出席了"'99 李小龙故乡顺德行暨中外武术交流表演晚会"（左起：关文明、马明达、朱家勇、劳坚、冼健怡）。

世界太极拳冠军王二平表演陈式太极拳　　外国朋友在晚会表演咏春拳黐手

2000 年 11 月 27 日，在顺德市均安镇举行"纪念李小龙诞辰 60 周年暨广东省文化传播学会李小龙研究会（筹）成立大会"。到会人员有林仲伟、周爱光、郭绍纲、李志强、田新德、何庆嘉、欧阳效锦、马明达、陈芳芳、邓德炯、吴国生、何兆恒、吴日秀、阮纪正等。由常务副会长兼秘书长关文明做筹备工作汇报。

广东省李小龙研究会第一次理事会　广东省李小龙研究会第一次理事会会场
在顺德均安镇碧桂园高尔夫俱乐部举行

在第一次理事会期间，会长马明达（右一）、常务副会长关文明（左一）与荣誉会长（广州美术学院原院长）郭绍刚（左二）、珠江电影公司原党委副书记陈芳芳（左三）合影。

部分荣誉、名誉会长在均安镇碧桂园高尔夫俱乐部餐厅小憩（左起：吴日秀、周爱光、胡小明、李志强、卢元镇）。

"2010 李小龙文化节开幕式"盛况

2010年11月，在顺德碧桂园举办的高端论坛"一个走向世界的时代文化符号"合影。论坛由顺德区委宣传部副部长沈涌（左二）主持，部长梁惠英（右五）出席并讲话。

李小龙的女儿李香凝（左一）在顺德区委宣传部长梁惠英（右二）和清晖园主任舒翔（右一）的陪同下，参观了在清晖园举办的"顺德龙情——李小龙图片展览"（2010年11月）。

2013年6月，在顺德召开的"'李小龙武学思想研究'结题会暨李小龙品牌开发研讨会"合影。

国际咏春总会梁挺会长、朱鹤亭大师带领世界各地"龙迷"到李小龙家乡佛山市顺德区均安镇上村参观。图为在上村李氏宗祠前面广场合影。

2017 年 10 月，香港咏春体育会组织来自美国、加拿大、德国、澳大利亚、新西兰、英国等地的咏春拳弟子近300人前来李小龙乐园参观，并在世界最大的李小龙铜像前合影留念。

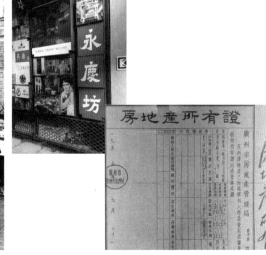

2019年3月，广州市荔湾区政府把李小龙父亲李海泉在西关恩宁路永庆一巷13号的物业，重新修缮为"祖居"向游客开放，现在永庆坊成为广州的一处旅游热点。合影右起：黄伟柱、黄德超、岑少伟、关文明、施绍宗、向美锜。

　　2020 年 11 月 27 日，中国武协、佛山市政协、顺德区委宣传部在李小龙乐园举办国际武术联合会成立 30 周年暨第三届佛山武林大会——纪念李小龙诞辰 80 周年系列活动。

　　由顺德区委宣传部主办，广东省李小龙研究会与顺德区图书馆承办的"李小龙与顺德"专题读书会在李小龙乐园内的李小龙纪念馆隆重举行。图为会后在李小龙铜像前集体合影留念。

　　2021 年 11 月 27 日，李小龙的家乡顺德区均安镇上村举办"文武鹤峰"——李小龙诞辰 81 周年纪念活动，在李氏宗祠前广场合影。

2022 年澳洲龙迷会纪念李小龙诞辰 82 周年活动剪影

第五章　李小龙的家庭、师友、弟子

第一节　家庭

一、粤剧名丑李海泉

李海泉（1902 年—1965 年），是国际功夫巨星李小龙的父亲，顺德均安上村人，著名粤剧丑生、小生演员。他原名李满船（铨）（顺德江尾口音"船""铨"相似），1902 年 2 月 18 日生于顺德江尾（即现在均安镇上村）。

由于当时政局动荡，李海泉的父亲李震彪自从镖局的工作结束后，只能靠打短工维持一家几口的生计，生活相当清贫。为了减轻家庭负担，也为了能学到一门手艺，李震彪安排两个年幼的儿子李满甜和李满船到当时佛山非常有名的笑尘寰茶楼当学徒。那时，结账是不用纸和笔的，全由企堂（服务员）高声唱出客户要付的金额，柜位（收银员）听后便可收费。李满船可能因好动和非常喜欢粤剧，所以他唱单时十分生动悦耳。客人听了他如此诙谐、调皮的唱腔，往往捧腹大笑。顾客高兴、开心，自然会再来光顾，茶楼生意随之兴旺，也因此吸引了不少名人光临。机缘巧合下，李满船终于遇上了一个能改变他一生的名伶小生奕。

小生奕本姓梁，同行或熟悉的人都称呼其为奕叔。小生奕是当时著名的粤剧文武生，他的武打戏更堪称一绝。有一天，小生奕与朋友在笑尘寰茶楼相聚，发觉李满船长得一表人才，年纪轻轻居然能够在众多客人前唱单，不仅不胆怯，而且唱得清晰圆滑，表情生动有趣，不禁暗暗产生好感。小生奕像发现了什么宝贝似的，马上叫李满船走到他的身边，问他的名字并叫他试唱一段粤曲。小生奕发现李满船吊嗓子（粤剧界唱高音的称呼）非常洪亮，是一块可造之才，只是乡音较重，咬字有些不清。若加以培养，他日必成大器。于是，小生奕就问李满船愿不愿意跟他学戏，这就正中李满船下怀，他当即表示愿意，但要回家禀明父母，经得他们的准许才行。

当李满船与父母商量学戏一事时，当即遭到双亲的极力反对。因为当时唱戏艺人属下三流的工作，社会地位低微。那时的顺德乡村俗例规定，凡戏子皆不可进乡，不得进入本家同族的祠堂，死后灵位也不能在祠堂内供奉，其儿孙亦不可在村内本家的祠堂内挂灯等。但李满船对粤剧非常执着，主意已定，含着泪花对家人诉说："我只希望学成后能帮助家庭改善生活环境，就算祠堂没有我的名字也无所谓，最重要的是父母及家人不须再挨苦受饿。"哥哥李满甜亦知道弟弟对粤剧非常着迷，也代他请求父母。经二人苦苦哀求，父母也认为难得有名伶赏识自己的孩子，倒不如让这个孩子去学戏吧，也可减少家庭的负担。得到父母的同意后，李满船正式拜小生奕为师学戏。

小生奕为李满船起了一个艺名叫海泉，其意希望他的名字像大海那样辽阔无际，传遍千家万户。由于他虚心好学，勤于练功，博采众长，在小生奕和其他大老倌的精心指导下，进步很快。他在 20 世纪 20 年代末就在新中华粤剧团任小生，主要演出剧目有《锦毛鼠》《夜渡芦花》《罗通扫北》等。30 年代以擅演"烂衫戏"而著称。40 年代初，李海泉和廖侠怀、半日安、叶弗弱并称粤剧"四大名丑"。他的表演幽默含蓄，唱腔雄浑质朴。在1938—1941 年期间，他曾领衔到美国旧金山、纽约等地演出粤剧，对传播中国传统文化艺术做出贡献。他的代表作有《烟精扫长堤》《平贵别窑》《乞米养状元》等。李海泉晚年也参加了一些粤语电影的拍摄。1958 年，李海泉退出舞台，1965 年病逝于香港，终年 63 岁。

李海泉对李小龙的成长有很大影响。首先，他对李小龙要求很严格，经常灌输中国传统的道德观念，还规定李小龙只许在节假日期间才可以做其异常喜爱的演戏工作，以免耽误学业。其次，他从小培养李小龙的武术兴趣。在李小龙 7 岁时，李海泉就教其学习太极拳，强身健体，并带李小龙到片场探班和参观电影的拍摄工作。他处处以身作则，潜移默化，对提高李小龙的表演技巧有很大的帮助。

李海泉在 20 世纪 30 年代成名之后，曾到佛山、广州、上海、香港等地与美国演出，对推动粤剧艺术、传播岭南文化做出了较大的贡献。据曾与李海泉一起长大的上村老人李有兴回忆说，在抗日战争胜利后，大约是 1945年 9—10 月间，当地三华乡的龙母庙落成，邀请李海泉所在的锦添花粤剧团回乡表演助庆。当时李海泉的太太何爱榆和孩子也随同返乡，当晚，李海泉则出钱在上村的李氏宗祠内摆酒祭祖，宴请父老乡亲。

经过多年的奋斗和积累，抗日战争胜利后，李海泉的家境逐渐富裕起来。他在香港九龙弥敦道购置了面积相当大的房子，在家中养了五只狗，其中一只叫波比的小狗最得李小龙宠爱，李小龙与它总是形影不离。李海泉还有一些物业，他先后在广州西关和顺德购置了楼房。在 20 世纪 50 年代初期，李海泉与马师曾、芳艳芬、任剑辉、梁醒波等八位粤剧名伶，曾垫支数万元巨款（相当于现在的 20 倍币值）资助处于破产边缘的"八和会馆"（粤剧艺人的社会团体）。李小龙入读当时的香港名校喇沙书院小学部。由此可见，当年李海泉的家境还是比较富裕的。

二、出身豪门的何爱榆

何爱榆（1907年—1996年），英文名Grace，出生于上海，出身于当年香港四大豪门之一的何氏家族。何爱榆的父亲何甘棠是香港的富商，曾任香港沙宣银行业务经理。他酷爱粤剧，并精通医、卜、星相等术，李小龙及前香港政府工商司何鸿銮均为其外孙。

何爱榆肄业于上海名校圣约瑟中学，1926年随何家迁居香港。而李海泉因政局动荡，在20世纪30年代初也移居香港。何爱榆受父亲何甘棠的影响，非常喜欢粤剧，不时去戏院观看英俊潇洒的粤剧名伶李海泉的演出。一次偶然的机会下，李海泉认识了这位千金小姐，并一见钟情于她的美貌和温柔，从此两人便热恋起来。他俩谈恋爱，一开始就遭到何家的反对，但他们相爱、相知，坚定不移，终于冲破家庭和世俗的束缚，克服种种困难，结为夫妇。李海泉十分敬重何爱榆，何爱榆为了爱情，为了结合，而做出不惜放弃豪门生活的重大牺牲，他俩更加相亲相爱了。

他们婚后，何爱瑜为李家育有二女三子，长女李秋源、二女李秋凤、长子李忠琛、二子李振藩、三子李振辉。

早年李海泉靠卖艺为生，收入不稳定，要养活一家七口，还要寄学费和生活费给在美国读大学的五个子女，实在不容易。何爱榆虽是个家庭主妇，但做人很有骨气，也明白事理。她出身豪门，娘家家道殷实，可是她从来不向娘家人提出资助要求。她说："别以为我的外家有点钱，就可以依赖。现在，就算我有多大困难，也绝不回去要求他们接济。我就是这么一个人，想当初，我初来美国，丈夫经常外出公演，很少料理家务，就靠自己一双手把五个子女拉扯成人。为了筹集他们读书的钱，我把自己的金银首饰都拿去典当了。现在好了，全部都大学毕业，事业有成，我也总算尽到了一位母亲的责任。他们能对社会有所贡献，我做母亲的也沾光。"

何爱榆于1996年6月24日在美国洛杉矶家中逝世，寿高89岁。

三、龙妻琳达

李小龙的遗孀琳达·艾米莉，英文名Linda Emery，1945年3月21日出生于美国华盛顿州埃弗利特，4岁丧父后由母亲抚养成人。她和李小龙相识于1963年。当时18岁的琳达通过华裔女友祈小安的介绍，来到西雅图唐人街振藩国术馆学习中国功夫。结果，琳达与李小龙一见钟情，于1964年8月12日在西雅图的罗尔教堂举行婚礼。婚后，琳达为了家庭，也放弃了学业，由西雅图移居奥克兰，1965 年 2 月 1 日生下儿子李国豪，1969 年 4 月 19 日又在洛杉矶圣莫尼卡市生下了女儿李香凝。1972 年 7 月，琳达携儿女随李小龙正式迁入香港九龙"栖鹤小筑"，直至 1973 年 7 月 20 日李小龙逝世。1974 年移居洛杉矶。

1974 年，美国举行超级武术大赛，她以第一嘉宾的身份出席开幕式，以后年年如此。1981 年，洛杉矶上映补拍的李小龙遗作《死亡游戏》，琳达应邀观摩，洛杉矶市市长向琳达颁发了荣誉奖。随后的日子里，琳达潜心整理李小龙的遗著，并在他人的帮助下连续出版发行。这些著作被译成十多种文字，在世界广泛流传。琳达还与女儿李香凝以及李小龙其他弟子一起在美国成立了截拳道总会，以此将李小龙的武学发扬传承。

琳达在李小龙逝世后，又结过两次婚。1988 年她与李小龙的朋友、学生，作家汤姆·布里克再婚，丁 1990 年离婚。离婚后，汤姆·布里克以琳达前夫的身份出版了一本关于李小龙死因的书，琳达试图劝阻，但没能成功。1991 年，琳达再嫁给高中时代的同学，也是李小龙的弟子布鲁斯·卡德威尔，婚后移居爱达荷州，至今仍然与爱女李香凝保持密切的关系。

四、龙子李国豪

李国豪（1965 年—1993 年），英文名 Brandon Lee，李小龙的独子，1965 年 2 月 1 日出生于美国加利福尼亚州，美国影视演员。他在李小龙逝世时才 8 岁。李小龙从他刚会走路时就开始教他练武术和跑步、跳绳。5 岁那年，即 1970 年 4 月，他跟随李小龙到香港电视台表演过武术。李小龙用脚踢碎悬挂在空中的四块 1 英寸厚木块之后，李国豪也表演了《脚踢木板》的精彩节目，只见他飞身跃起，把一块几乎和他一般高的木板踢成两半。

李国豪从威震中外武坛的父亲那里继承了不少东西——包括俊俏的外形、演戏的天分以及少年时代不爱读书的性格。他曾被两间中学赶出校门，不过他最终还是读完了中学，随后就读于波士顿爱迪生学院戏剧表演。因为李小龙的关系，琳达不希望儿子当演员，而希望他成为一名生活安定、收入可观的医生。不过，李国豪就读波士顿埃玛逊卡列电影学校学习电影制片后，性格有了很大改变，不再那么散漫贪玩，而更醉心于电影和武术。自从李小龙去世后，他先后拜美国武术家迈克尔·班兰特及李小龙最得意的学生和助手丹尼·伊诺山度为师，继续研习武功。

由于李国豪的特殊身份，加上他既懂功夫又有表演才能，于是很多电影制片商上门找他拍电影。

电影制片商为了迎合观众的兴趣，追求影片卖座，他们要求李国豪模仿李小龙的一举一动，甚至连举手投足和拍功夫片的叫喊声也要和李小龙一样。因为他们要在银幕上再制造一个李小龙，以取得更大利润。对于这一点，李国豪十分反感，他往往不依照电影制片商的意图去演戏，而是我行我素。他说："我不希望靠父亲的威名才被人接受，更不愿成为第二个李小龙。我有意摆脱父亲的影响，以创造新的形象，自创一番事业。"

1986 年，在李国豪 21 岁时，他为美国哥伦比亚电视公司拍了电视剧《功夫》，这是他的电视片处女作。他扮演的主角，其神韵不亚于李小龙，被美国报刊捧为"龙的传人""第二个李小龙"。同年，李国豪的电影处女作是在香港出品的《龙在江湖》。这部电影的导演是于仁泰，由李国豪和香港明星王敏德主演。因李国豪是李小龙的儿子，长得跟父亲颇为相似，故这部算不上精品的《龙在江湖》在商业上获得了较大的成功。他于 1987 年凭此影片被提名为第六届香港电影金像奖的最佳新人。

与李小龙的经历颇为相似的是，李国豪也是在香港电影上获得成功，然后再将之作为跳板而重返好莱坞。《龙在江湖》之后，李国豪在美国片约不断。1991 年，他的《浴血蛟龙》一片被 20 世纪福克斯电影公司看好，找他一下子签了三部片的片约，而且全是领衔主演，其中两部"龙片"、一部《乌鸦》。由此看来，李国豪的运气比他父亲好得多。三十而立，一心想当功夫片演员的李小龙，30 岁出头了还在跑龙套，他死前虽已大红大紫，好莱坞却仍小心翼翼地跟他一部接一部签约。而李国豪一下子就签了三部，此时，他才 26 岁。比起李小龙当年的艰难曲折，李国豪胜在有一副典型的美国人面孔和身高 1.83 米、体重 73 公斤的高大身材。但他的演技与功夫跟李小龙相比仍有一定的距离。

1992 年，李国豪的《龙霸天下》公映，各方的反应良好。他的功夫演技日趋成熟，《龙霸天下》的制片人罗勃·罗伦斯高兴地对人说："他父亲在银幕上造型紧张，Brandon Lee（李国豪）则轻松得多，新潮、过瘾，Brandon Lee 是中国和美国的，而李小龙则是纯中国的。"《龙霸天下》影片公映，李小龙迷们惊叹不已，说是"龙的复活""东方功夫影帝再世"。但好景不长，1993 年 4 月 1 日，美国影坛上演了一幕人间悲剧。李国豪在拍电影《乌鸦》的枪战镜头时，竟被剧中的对手迈克尔·麦西发射的实弹击中而应声倒地，鲜血四溅。假戏真演，李国豪中弹，一直处于昏迷状态直到死亡，像他父亲一样，未留下一句遗言。

据参与抢救的外科医生麦莫里斯称述：李国豪的死因是失血过多，肺部充满液体，无法呼吸。李国豪的死有两种可能——谋杀与意外。如是意外，其发生率只有十万分之一，却偏偏让李国豪给撞上了。要是谋杀、仇杀，仇人是谁，是片场的当事人，还是隐蔽在幕后的人，甚至有人怀疑是其父李小龙的仇人。美国枪支保管不严，给人的可乘之机实在太多了。

李国豪英年早逝，港人与影迷无不扼腕叹息。"死于不幸"的结论又造就了一个难解之谜。李国豪之死，与其父惊人地相似，两代悲剧，又是一个千古之谜。

李国豪逝世后，于 1995 年凭借获奖作品《乌鸦》被提名为第 4 届 MTV 电影大奖的最佳男演员。

五、龙女李香凝

被称为"小龙女"的李香凝，英文名 Shannon Lee，1969 年 4 月 19 日出生于美国洛杉矶。美国演员、制片人。她 4 岁时父亲李小龙去世，24 岁时哥哥李国豪又疑因拍电影时枪弹走火而身亡，因此成了一代国际功夫巨星唯一的血脉传人。虽然她对父亲的印象都是长大后从电影、照片和妈妈、哥哥的回忆中得到的，但李小龙之女的身份对她的成长影响甚大。她不否认之所以要拍电影，跟家庭出身有一定的关系，但她自幼丧父，"父亲"只不过是一个抽象的名词。李香凝曾经坦然地对别人说："我的记忆只能停留在小时候住过的房子和经历的丧礼上，而且那些印象也相当模糊""我从小就喜欢唱歌跳舞，自己编故事，在大学里也是主修音乐和表演艺术，所以自己加入电影圈同哥哥当初入百老汇拍戏一样也是很自然的事，纯粹是个人决定。对于任何一个学表演艺术的人来说，最终都可能从事与表演有关的工作"。

1987 年李香凝离开洛杉矶来到新奥尔良图雷恩大学攻读表演艺术专业，毕业时获声乐学士学位，此后参加过多次音乐会、歌剧、唱诗会的表演。1993 年，她回到洛杉矶，开始从事演艺生涯。参演过的影片有《龙：李小龙的故事》（在片中扮演一名歌者，并演唱片中的插曲《加利福尼亚之梦》）、《铁笼播台 (2)》、《武术大师》（电视节目）、《高压电》、《浑身是胆》等。1994 年 8 月，李香凝与她的大学同学、非洲艺术研究家凯斯勒结婚。

《浑身是胆》是李香凝担任主角的第一部电影。该片是 1997 年由香港嘉禾电影公司投资 5000 万港元拍摄的一部警匪片，全片均在东欧拍摄，加入了爱情、枪战、动作等刺激元素，是一部好莱坞式的动作大片。李香凝天生具备的明星风采，让她在这部电影中成为聚焦之点。片中她的武戏干脆利落，身手硬朗优美，文戏细致感性而有幽默感，在片中十分抢眼，光芒盖住了其他三大明星——扮演国际刑警马丁的王敏德，扮演身手不凡的"鸳鸯大盗"的袁咏仪和陈小春。开拍前，李香凝专门在美国接受过几个月的截拳道、射击及体能训练，这对她在该片中担任女快枪手曼迪的角色有很大帮助。她的演技逼真，让人们有"仿佛李小龙再现银幕"之感。

2002年，李香凝与其母亲琳达一起发起成立了"李小龙基金会"，通过举办研讨会和提供奖学金来传播李小龙文化。2006年12月3日，中央电视台和李香凝签订了授权书，李香凝允许中央电视台拍摄其父亲李小龙一生的故事。2008年北京奥运会期间，中央电视台播映由香港演员陈国坤主演的50集电视连续剧《李小龙传奇》。同年10月，李香凝首次专程从美国回顺德均安寻根祭祖。

2010年，就李小龙商标问题，李香凝曾从美国回到中国维权。国家工商总局行政管理总局商标局曾发出一份正式的复函，称"李小龙及其英文姓名'Bruce Lee'开发利用的权利应当归其继承人所有。如未经李小龙继承人授权人授权而注册为商标使用，易造成消费者误读，产生不良社会影响"。

据悉，在美国及大多数国家和地区，李小龙的形象、姓名等商标专利均属于李香凝在美国经营的 BRUCE LEE ENTERPRISES, LLC（李小龙有限责任公司）。

2014年，在李小龙第一代弟子们的协助下，在美国西雅图重开李小龙博物馆作为全球龙迷缅怀李小龙宗师的大本营。

六、大姐李秋源

李秋源（1937年—　），又名李秋圆，英文名Pheobe Lee，李小龙的长姐。她是李海泉五哥李满甜的女儿，自小过继给李海泉当养女。她与李小龙的关系很好，从小就十分照顾李小龙，只要李小龙挨打，她就第一个去挡在他前面，让父亲的鞭子打在自己的身上。李小龙对这位"大家姐"也挺好的，每次从美国回来，都会送许多贵重礼物给她。

李秋源在香港师范院校毕业后，当过小学老师。1970年定居美国，在一家运输公司当会计。

李秋源多次应邀回家乡佛山市顺德区均安镇探亲，并出席了 2004 年佛山武术文化节、顺德 2010 年"李小龙文化节"等活动。

七、二姐李秋凤

李秋凤（1938 年—　　　），英文名 Agnes Lee，是李小龙的二姐。曾在一家医院当化验师，早年移民美国，1966 年与著名太空火箭专家陈先生在美国结婚，她的母亲何爱榆、大姐李秋源、弟弟李振辉均出席了她的婚礼。

2010 年 11 月，李秋凤伉俪应邀出席了在香港举行的《李小龙我的兄弟》电影首映式和在李小龙家乡顺德举行的 2010 年"李小龙文化节"等活动。

八、龙兄李忠琛

李忠琛（1939 年—2008 年），英文名 Peter Lee，是李小龙的大哥。他从小就是品学兼优的好学生，美国明尼苏达大学博士，曾任香港天文台台长。他喜欢击剑运动，曾夺得香港击剑赛冠军。在一定程度上，他也帮弟弟李小龙完成了击剑的启蒙教育，而李小龙后来独创的截拳道，深受击剑的影响，不得不说其中包括了哥哥李忠琛早期启蒙的机缘。

1966 年，李忠琛与有"才女"之称的 21 岁香港著名女作家林燕妮结婚，婚后育有一子李凯豪，后两人感情不和而离婚。1980 年，李忠琛又与 1975 年度"香港小姐"张玛莉结婚，分别于 1981 年和 1984 年生有一子一女。其子李伟豪于墨尔本大学毕业后出任该学校教授，其女李颐则于该学校修读硕士课程。两人的婚姻只持续了 15 年，于 1995 年离婚。李忠琛在香港退休后，举家移民到新西兰。2008 年 9 月 9 日，他在澳大利亚家中看电视时因心脏病突发悄然离世，享年 69 岁。

九、龙弟李振辉

李振辉（1948 年—　　　），英文名 Robert Lee，是李海泉夫妇最小的儿子，李小龙的弟弟。1948 年 12 月 16 日出生于香港，在李小龙五姐弟中排行最小，当过演员、歌手，出过唱片。代表作品有《人间世外》《四乐士特辑》等。曾为美国洛杉矶 IBM 公司高级电脑专家。

李振辉自幼聪慧，酷爱戏剧与音乐。年轻时自组乐团创作歌曲，参加香港丽的电视台（亚视前身）音乐比赛并获第三名，与百代唱片公司签约出唱片，并在香港无线电视主持音乐节目。但其母亲何爱榆担心他沉迷音乐无心向学，执意送他到美国念大学。

1969 年，李振辉住在李小龙洛杉矶的家中，接受长达 8 个月严格的截拳道训练。后来，在美国武术杂志《黑带》的支持下，他重拾歌唱事业，返回香港、台湾拍电影。

香港无线电视女艺员森森作为李家的朋友，在李小龙生前曾受到他指点截拳道。1976 年，无线电视促成"四乐士乐队"的成立，成员是李振辉、森森、斑斑、贾思乐。1977 年 12 月李振辉与森森结婚，1980 年生下儿子李嘉豪。1983 年，李振辉与森森性格不合而分手，李嘉豪由森森抚养。

李振辉曾与大姐李秋源合著画册《李小龙写真》，内容是关于李小龙 1959 年到美国、1963 年首次返港及 1965 年因父亲李海泉去世再度回香港的故事。

2010 年 11 月，李振辉在他的两位姐姐李秋源、李秋凤的协助下，在香港出版了《李小龙我的兄弟 Bruce Lee My Brother——李振辉回忆录》。同年，李振辉与北京吉安永嘉影视文化有限公司达成拍摄合作意向，预计投资 1 亿元，于 2010 年 7 月 6 日开拍根据该书改编的同名电影《李小龙我的兄弟》，由文隽编剧，叶伟民、文隽导演，李治廷、梁家辉、钟丽缇等主演，苦战 54 个工作日，于 9 月 8 日关机，同年 11 月 27 日李小龙诞辰 80 周年时正式在香港与内地上映。李振辉与大姐李秋源、二姐李秋凤伉俪出席了在香港举行的首映式。

李海泉剧照

　　李小龙出身于中西结合的家庭。其父李海泉是广东粤剧名丑，其母何爱榆则是欧亚混血儿。

　　李小龙的妻子琳达，也是李小龙在华盛顿大学的同学。

李小龙的"全家福"。左起：大姐李秋源、李小龙、何爱榆、李海泉、大哥李忠琛、二姐李秋凤，前为弟弟李振辉。

李海泉、何爱榆夫妇手抱襁褓中的李小龙

李小龙与父亲同台演出

李海泉与李小龙父子俩的合影

李海泉的唱片

李小龙的遗孀琳达在纪念　李小龙和琳达的新婚照
李小龙的集会上发表演讲

琳达与李小龙、李国豪及爱犬的合影

琳达既是李小龙的爱妻，又是他的学生。

　　琳达和李香凝在好莱坞名人大道上手捧"李小龙纪念星徽"证书。
　　李香凝（前排左）、琳达（前排右）、李国豪未婚妻（后排左）、李振辉（后排右）合影。

李国豪从小接受父亲李小龙的严格训练

1970年4月，5岁的李国豪跟父亲一道在香港电视台表演《脚踢木板》的精彩节目。

李国豪主演的电影剧照

李小龙与女儿李香凝

李香凝表演的高踢腿动作

李香凝的武术动作造型

李香凝格斗预备式

封面女郎李香凝

　　2008年10月，李小龙女儿李香凝（前排左二）在陈灿培博士（后排左一）的陪同下首次专程从美国回顺德均安上村寻根祭祖，受到顺德区委常委兼宣传部部长梁惠英（前排左三），顺德区文体局局长张新杰（前排右二）、副局长欧伟中（前排右一），均安镇委书记谢福荣（前排左一）等领导欢迎。

李香凝与女儿Wren参加活动　　李香凝回均安上村的祖居祭祖

佛山市市长梁绍棠（右二）、顺德区委书记陈云贤（右一）等领导与李小龙大姐李秋源（右三）、弟弟李振辉（左三）合影

黄德超（中）与李小龙大姐李秋源（右）和弟弟李振辉（左）合影

李小龙与二姐李秋凤合影

李小龙二姐李秋凤（左四）的婚礼合照。分别为琳达（左一）、新郎母亲（左二）、新郎陈炳滋（左三）、母亲何爱榆（右四）、李小龙（右三）。

李香凝（左）回乡受到均安镇委书记谢福荣（中）等的欢迎

李小龙兄长李忠琛 　　李忠琛（左）、林燕妮（中）和李小龙（右）在西雅图合影

击剑比赛后合影（右二为李忠琛） 　　　　1958年，李小龙和李振辉获得"全港恰恰舞大赛"冠军，李振辉领取冠军奖旗。

李小龙（右）与弟弟李振辉练习咏春拳黐手

2019 年 11 月，李小龙弟弟李振辉（右三）夫妇回顺德观光，受到顺德区统战部部长谢顺辉（左三）、副部长陈仲贤（左二）、区侨联主席黄建雄（左一）、均安镇委书记陈宇莹（右一）的热情接待。

2019 年 11 月，李振辉（中）接受顺德区李小龙纪念馆聘请，被聘为 2020 年李小龙诞辰 80 周年纪念活动名誉顾问。

第二节　师友

一、咏春拳一代宗师叶问

叶问（1893 年—1972 年），本名叶继问，是广东佛山望族富家子弟。叶问从小受到严谨的家庭儒家教育，有深厚的传统文化素养。在上学读书之余，他爱上了传统武术，从 7 岁起便拜"咏春拳王"梁赞的高足陈华顺（找钱华）为师学习咏春拳。叶问生性聪明，虚心好学，深得陈华顺的钟爱。所以，在叶问 13 岁时，陈华顺临终前着意嘱咐大弟子吴仲素好好照顾叶问，帮助他完成咏春拳学业。于是叶问随后转到佛山普君墟线香街吴仲素拳馆继续学艺。

叶问 15 岁时得到姻亲庞伟庭的资助赴香港求学，就读于赤柱名校圣士提反书院。在这里，无论华人还是洋人、印度人，好斗学生都被他打败了。经同学的介绍，他认识了梁赞次子梁碧，并得到梁碧的悉心指导，拳技得以突飞猛进。从 1914 年至 1949 年，35 年的时间叶问都在佛山从事治安刑警和私人教拳工作，经常与武术界各门派交流切磋，被誉为"佛山咏春三雄之一"。他以精湛的拳艺闻名于南粤，并蜚声海外。

除了武功了得之外，叶问还具有高尚的民族气节。抗日战争期间，佛山沦陷，日军得知叶问武艺非凡，欲聘他担任日军宪兵格斗教练。为保全民族大义，叶问冒着生命危险，在日寇血腥统治之下毅然拒绝日寇的"礼聘"。为防迫害，他只好暂离佛山躲避，其家人的生活全赖友人接济，才勉强渡过难关。他这种面临大节而不辱的民族特质，堪为后人所敬重。

1949 年 10 月，56 岁的叶问经澳门再来香港。1950 年 7 月他在饭店职工总会开设了第一个咏春拳班，由于当时宣传不力，仅得梁相、骆耀等八人，稍后徐尚田等人参加。此后，他先后在九龙汝州街、利达街、李郑屋村、大埔道、大角咀、通菜街等地设馆授徒。此外，也不乏私人教授的弟子。今日很多国际有名的咏春拳师，如香港的"讲手王"黄淳樑、美国的"功夫之王"李小龙、梁绍鸿师父、张学健师父、台湾的卢文锦师父、澳大利亚的张卓庆师父、香港国际咏春总会梁挺师父等都出自叶问门下，可谓桃李满天下。

叶问择徒甚严，而且极重武德。传授武技时，绝不古板呆滞，又着重拳术的攻守技击，所以容许李小龙等门徒为印证咏春拳的实用性而四处与人"讲手"（切磋武艺）。此外，叶问授拳时还敢于创新，他将五行、八卦等一般人难以领悟的传统术语改为浅白易懂的语言，令咏春拳得以普及，比如"摊手""八斩刀"等。叶问认为咏春拳重思考，因此他比较喜欢向有一定知识素养的人教授拳艺。而当这些人到国外留学或工作时，叶问更鼓励他们授徒，以争取持续练习的机会，于是他们便把拳术带到国外，咏春拳从此立足香港，走向世界。20世纪60—70年代，叶问在众弟子的同心协助之下，先后在香港创立了咏春体育会和叶问国术总会，奠定了咏春拳传播、发展的基础。目前咏春拳术已推向五大洲近30个国家，门徒多达数百万人。叶问为中华武术走向世界立下了不朽的功勋。

由于叶问在咏春拳术方面有极深的造诣，对咏春拳术发展做出了杰出的贡献，武德人品又堪称楷模，所以在叶问终老后，咏春拳派同人一致推崇他为一代宗师。70年代出版的《佛山华侨志》有专文介绍他的事迹，2000年落成的佛山武术博物馆有专设的叶问堂展室，显示了家乡人民对他的真诚怀念和敬仰之情。在海外也有不少国家和地区以各种方式来纪念这位武术大师，如美国俄亥俄州设有叶问博物馆，英国伯明翰的"叶问（海外）国术总会"设有纪念他的专栏，香港"叶问国术总会"挂有他的画像和练功等照片。

二、授业师兄黄淳樑

黄淳樑（1935年—1996年），生于1935年的一个中医世家，父亲黄离波为顺德著名医师。他是咏春拳一代宗师叶问赴港之后重要的弟子，也是将咏春拳理论化、科学化的重要功臣。他是李小龙的授业师兄。其有名的弟子有林文学、陈俭文、温鉴良、李恒昌及黄匡中等。

黄淳樑从小热爱武术，习练多种武术。自18岁拜师叶问，习艺10年学成后，他正式设馆授徒，培养了众多咏春拳精英人才；壮年过后，每年均应世界各地的拳馆和体育组织的邀请，在世界巡回讲授咏春拳。20世纪80年代，他应国家体委的邀请，在北京举办为期一周的咏春拳短训班，报名人数多达200人，全都是来自全国各地的武林名宿或军警人士。短期训练后，主办方以及参与学员均一致认为黄淳樑所传的并不是一套寻常的拳术，而是一项蕴藏丰富内涵的专门技击学术、学问，从此尊称黄淳樑所传的拳为"咏春拳学"。他此行意义重大，自此确立咏春拳在中国的地位，内地从此掀起了学习咏春拳的热潮。

黄淳樑授拳30多年中培育出不少出色弟子及同门师弟，李小龙便是其中的佼佼者。李小龙一举成名，将中国功夫荣耀于世界。在这背后，黄淳樑功不可没。他的"咏春拳学"理论及训练系统亦将会对后世的中华技击武学发展之路发挥深远影响。

黄淳樑 1996 年病逝于香港，终年 61 岁。

三、意拳宗师梁子鹏

梁子鹏（1900 年—1974 年），意拳（心意六合八法）宗师，意拳南传香港第一人。梁子鹏是专业武师，于武学有相当高深的造诣。他精通太极拳、形意拳以及鹰爪拳。为了让李小龙继续习武，李海泉找到了当时香港的内家拳宗师梁子鹏。梁师父曾经在太极拳上指导过李海泉，不仅功夫了得，在拳法理论上也有颇深的造诣。这一回，李小龙深为所动，但是，堂堂武学宗师又怎会轻易收一个劣迹斑斑的"不良少年"为徒，碍于李海泉的情面，梁子鹏只得将李小龙收为挂名弟子，主要传授理论知识。这个时期，李小龙获得的最大收益，一是熟悉了中外几十个拳派的拳理，二是经由梁师父的归纳及斧正，他之前四处零散学来的拳脚逐渐地被系统化。此时的李小龙已可明了太极拳等内家拳法的技击原理及其内在的含义，这对他今后习武的道路来说尤为重要。后来，李小龙在美国讲授武学时，亦常常提到梁子鹏师父。

四、节拳宗师邵汉生

邵汉生（1900 年—1994 年），广东佛山人，早年于"精武体育会"习武，精通北派的节拳与谭腿，亦通南派的罗汉拳，有"省港一代拳师"之称。自幼随霍元甲之子霍东阁习拳，成为技通南北的拳师。1950 年在香港加入成昌影业公司，集制片、剧务、演员于一身；1957 年至 1963 年，与关德兴合作摄制黄飞鸿系列影片 70 多部，其中 30 多部由其担任主要角色。

邵汉生与李海泉交情深厚，李小龙尊称其为"四叔"。1959 年，李小龙赴美的日子将近，他觉得只身在外需要一技傍身，而自身的功夫仍欠火候，便托父亲引荐，跟随邵汉生师父强化训练，并于此间学习了节拳、功力拳、蹦步拳、八卦刀、五虎枪等北派拳法及器械，共耗时两个月。其间，李小龙以"舞"换"武"，教邵师父跳恰恰舞，一时传为佳话。因为邵汉生与李家关系亲密，故而他对李小龙毫无保留。邵师父将各种功夫的关键点倾囊相授，加之李小龙自身的天赋与之前良好的基础，仅短短两个月的时间，李小龙的功夫便得到了极大的提升，此时的李小龙已能独当一面。

五、"美国跆拳道之父"李峻九

李峻九，韩国人，出生于 1935 年，美国跆拳道领袖级人物，被誉为"美国跆拳道之父"。1964 年，李小龙与李峻九同作为表演嘉宾出席长滩市"国际空手道锦标大赛"。此间，李小龙的精彩表演使李峻九对他颇感兴趣，二人遂结交为友。此后，李峻九多番向李小龙讨教他的"立体式攻击法"，而作为一流的跆拳道高手，李峻九也将自己擅长的脚法功夫传授给李小龙。李小龙日后标志性的"高踢腿"以及"凌空侧踢"皆是在此时打下的牢固基础。

六、"美国空手道之父"埃德·帕克

埃德·帕克 (Ed Parker)，美国人，"肯波"流空手道（kenpo karate）缔造者，美国最早的空手道传播与推广者，被誉为"美国空手道之父"。埃德·帕克可谓当时美国武术界"泰山北斗"级的大人物，李小龙能够与其相识，皆赖于严镜海的引荐。1964 年 8 月 2 日，埃德·帕克在长滩举办"长堤国际空手道锦标赛"，邀请李小龙作为表演嘉宾出场。就是在这里，李小龙技惊四座，获得了在场武者的广泛认可，从此跻身美国武术界核心圈子。埃德·帕克是李小龙生命中的一个贵人，他欣赏李小龙，并在各方面不遗余力地提携李小龙，不仅将自己多年所悟的空手道精要悉数传授，还为年轻的李小龙未来的武术之路指明了方向："拳术应该在前人的基础上有所创新。"一语惊醒梦中人，李小龙创立"截拳道"的念头从此开始萌芽。

七、查克·诺里斯

查克·诺里斯（Chuck Norris），美国著名武术家，空手道世界冠军，著名功夫片电影明星。1940 年 3 月 10 日出生于美国俄克拉荷马州，曾四次入选"黑带群英殿"，最早一次便是 1968 年荣获"擂台悍将奖"，比李小龙还早四年。诺里斯 16 岁便开始学习空手道，后来兼学柔道、跆拳道。他出道以来，历经几十场恶战，从未失手，称霸空手道十几年，成为美国为数不多的空手道九段高手。他还是著名的功夫片明星，主演的剧集《德州巡警》在美国播了 38 年。美国第 41 任总统乔治·沃克·布什曾经说过，诺里斯是他最喜欢的演员。

1967 年，诺里斯在纽约麦迪逊广场举办的"全美空手道大赛"上认识了李小龙。当时李小龙是作为特邀嘉宾出席该项赛事的。诺里斯在比赛中以半分之差险胜名将乔·刘易斯后赢得全场冠军。他为了以后能继续保住冠军称号，便主动与自创截拳道的李小龙交流，切磋武艺。此后，两人曾共同学习、训练数年，诺里斯全面向李小龙学习截拳道，并以自己所擅长的脚法去协助李小龙完善与改进截拳道的脚法技术。1972 年，他与李小龙合作演出了李小龙最为成功的一部经典功夫巨片《猛龙过江》，尤其是他俩在罗马斗兽场中的那场堪称"世纪之战"的殊死搏斗，被人们称为功夫片中徒手搏击的"经典中的经典"。接着，两人又合作拍摄《死亡游戏》，但该片尚未完成李小龙便去世，影片延至 1979 年始得公映。

八、邹文怀

邹文怀（1927 年—2018 年），籍贯广东省梅州市大埔县，出生于中国香港，毕业于上海圣约翰大学，曾任职记者，香港电影事业家、制片人、嘉禾电影公司创办人、嘉禾电影集团主席。1957 年，邹文怀加盟邵氏集团，1970 年自行创立嘉禾电影公司。1971 年，邹文怀高薪从美国聘请刚刚崭露头角的李小龙，由其主演的《唐山大兄》创下香港开埠以来电影最高票房纪录，此后李小龙接连主演《猛龙过江》《精武门》《龙争虎斗》等卖座影片。嘉禾电影公司在二十世纪七八十年代与邹氏兄弟对峙，其本人与邵逸夫同是香港电影的泰山北斗。1988 年获大英帝国官佐勋章（OBE 勋爵），1998 年获香港特别行政区政府颁发的金紫荆星章。2007 年，邹文怀将嘉禾电影公司股份全部出售给橙天娱乐公司，自此隐退影坛。2008 年获香港电影金像奖终身成就奖。

在邹文怀的主导下，嘉禾电影不仅一度成为与邵氏电影抗衡的得力对手，还通过制作大量电影，推动了香港电影的繁荣发展，缔造了香港电影的黄金时代，被誉为"中国香港电影教父"。此外，他制作出品了 600 多部电影，还曾大力支持文艺电影的制作，包括《阮玲玉》《甜蜜蜜》在内的多部经典佳作，都离不开邹文怀领导的嘉禾电影集团的支持。嘉禾电影公司在香港电影黄金时代先后栽培过李小龙、成龙、许冠文、洪金宝、张曼玉、邓光荣、梅艳芳、李连杰、吴思远、徐克、赵文卓等著名电影演员。2022 年获新时代国际电影节金扬花奖。

九、罗维

罗维（1918 年—1996 年），出生于江苏，毕业于北京中学，曾从事抗日戏剧活动。1948 年移居香港，香港男演员、导演。早年出演《清宫秘史》（饰演袁世凯）、《爱的俘虏》等十多部影片。1957 年组建四维公司，执导《多情河》等。1961 年进入邵氏兄弟影业公司执导《鳄鱼河》。1970 年执导《五虎屠龙》《影子神鞭》《冰天侠女》后，转入嘉禾电影公司任主导演。1971 年和 1972 年起李小龙主演《唐山大兄》和《精武门》，连续创下香港电影历史最高票房的纪录，《精武门》还获得第 10 届台湾电影金马奖最佳剧情片奖，李小龙获得最佳技艺奖，创立了"功夫电影"的新类型。1975 年创建罗维影业公司，执导《金粉神仙手》后，将成龙从澳大利亚召回，出演《新精武门》，培养了第二代功夫片明星。此后执导了很多由成龙主演的影片，如《上海滩大亨》等。1996 年 1 月 20 日因病在香港去世，享年 78 岁。1997 年获第 34 届台湾电影金马奖终身成就奖。

十、丁珮

丁珮，原名唐美丽，又名比蒂（Betty），是全港皆知的当红女明星。1947 年生于中国台湾。她身出名门，毕业于台湾国立艺专影剧科，1967 年经朋友介绍到香港邵氏公司发展。李小龙为何会死在她的闺房内，顿时引起公众瞩目，成为当时最为轰动的大新闻。这里面尚有一段隐情。

1972 年，李小龙回香港拍片，在九龙的一间酒店经邹文怀结识了刚刚离开邵氏公司的丁珮，他们相遇的时间和地点足以让小报记者写上好几版花边新闻。当时丁珮拍了一些性感的影片，在电影圈内又以大胆泼辣著称，有不少人拜倒在她的石榴裙下。报刊上经常发表有关丁珮的"八卦新闻"，有的确有其事，有的无中生有，有的穿凿附会，有的渲染夸大，把丁珮描绘成艳星。报纸上第一次把李小龙和丁珮联系在一起，是由丁珮"吃错药"事件引起的。

当时李小龙因其功夫在香港很有名气，又在影坛崭露头角，赢得了不少女性的垂青。李小龙长时间受西方开放观念的影响，所以在和女性的接触中，自然不大"注意影响"，偏偏他在与丁珮过于亲密的情况下，又与苗可秀频繁往来。后来新闻界爆出丁珮因"吃错药"被送进医院的传闻。当时就有人认为丁珮是单相思不成，愤而服毒自杀。可李小龙已是有妇之夫，而丁珮正待字闺中，为了保全他们的名誉，新闻媒体只好说她是"吃错药"。为了这件事，有不少好事者极力想探究原委，不过慑于李小龙的好胜性格和上乘功夫，人们只好心照不宣。丁珮平安出院后，这件事几乎没人再提了。谁知《星报》的披露，又把李小龙的死和丁珮联系在一起，石破天惊，全港哗然。

于是，香港英文报纸《中国邮报》于 1973 年 7 月 24 日在头版头条的大字标题质问道："李小龙死亡事件中，是谁在撒谎？"文中引述一些证词指出，李小龙确实是晕倒在丁珮家中，而且在送到医院之前就已经停止呼吸了。这等于说李小龙是死在丁珮家里。这给了丁珮巨大的打击，她悲痛欲绝，精神近乎崩溃。李小龙死于她的闺房，当时的舆论对丁珮很不利。尽管官方的结论是李小龙与邹文怀在丁珮的寓所讨论剧本，李小龙因感不适而去丁珮房里休息，之后发生意外的。1976 年丁珮与向华强结婚，并生下一女；80 年代中开始淡出演艺圈皈依佛门，过着隐居的生活。2015 年 7 月，她出版口述式新书《李小龙和我的旧时光》，追忆李小龙逝世时的细节，并一诉她的种种委屈。

十一、苗可秀

苗可秀本名陈咏悯（Nora Miao），籍贯广东，1952 年 2 月 8 日生于中国香港，毕业于香港圣罗撒书院，中国香港女演员、主持人。1971 年，因出演李小龙电影《唐山大兄》被观众知晓；同年 10 月在《精武门》担任女主角；1972 年在《猛龙过江》第二次出任女主角。1985 年开始渐渐淡出影视圈，后移居加拿大多伦多。2008 年复出，参演张艾嘉执导的电影《一个好爸爸》，并获得第 45 届台湾电影金马奖"最佳女配角提名"和第 28 届香港电影金像奖"最佳女配角提名"。2020 年 9 月，参演的电影《麦路人》定档在中国内地上映。

此外，对李小龙影响较大的师友还有沃利·杰伊（Wally Jay）、杨九福、陈炳炽（Robert Chen）及著名演员石坚、曹达华、黄楚山等。

李小龙 16 岁时，正式拜一代咏春宗师叶问为师，开始练习咏春拳。

李小龙授业师兄香港"讲手王"黄淳樑

意拳宗师梁子鹏

李峻九与李小龙

"美国跆拳道之父"李峻
九与世界拳王阿里同台领奖

"省港一代拳师"邵汉生

"美国空手道之父"埃德·帕克

沃利·杰伊 (Wally Jay)

年轻时的丁珮与李小龙留着同一种发型

丁珮近照

邹文怀与李小龙

李小龙与苗可秀

李小龙与查克·诺里斯在电影中的对打镜头

罗维导演（中）

　　陈炳炽与陈镜开曾于20世纪50年代初，在广州谭文彪的谭氏健身所学习举重、健身、搏击。后来，陈炳炽在香港的克强健力学院做教练，他在健身、力量、体能训练、电影事业等方面，给李小龙提供了很大的帮助。

　　2011年7月，黄德超（左三）在美国西雅图李小龙拳友杨九福（左二）家中采访后合影。

　　2011年7月美国西雅图杨九福（左一）家中，黄德超在采访过程中与杨九福比画动作。

221

曾在拍片中误伤李小龙、擅长演奸角的香港著名演员石坚（右）

石坚精通少林拳与螳螂拳，他在拍片休息期间向李小龙传授"插锤"的实战用法。

在电影中擅长饰演"探长"的著名演员曹达华(右)，他的太太朱绮华是李小龙的"契妈"，女儿曹敏儿是李小龙青梅竹马的伙伴。

著名演员黄楚山（左）曾与李小龙合拍多部电影，图为电影《孤星血泪》的剧照。

第三节　弟子

一、严镜海

严镜海（1920 年—1972 年），英文名 James Lee，美籍华人，1920 年出生于美国加利福尼亚州奥克兰市。年长李小龙整整 20 岁的他，和李小龙亦师亦友，交情深厚，可谓"忘年交"。

在成为李小龙弟子前，严镜海在美国早已是小有名气的华裔武术家。严镜海的弟弟曾在李小龙于西雅图开设的舞蹈班中学习，他从弟弟口中得知有个香港来的青年功夫不错，但和李小龙结下"师徒缘"却是在三年后。当时李小龙在西雅图开设了首家振藩国术馆，声名大噪。严镜海再次把目光投向这个年轻人。但碍于自己在圈中的声望，他并没有直接去拜访当时年仅 22 岁的李小龙，而是委托好友艾伦·乔借参加在西雅图举行的"万国博览会"之机，去一探李小龙的虚实。

艾伦·乔从西雅图返回后，对李小龙的身手大加赞赏，严镜海在半信半疑之下，亲赴西雅图，去会了会传说中的年轻高手。会面后，严镜海发现，李小龙确实与众不同，二人相谈甚欢，后不顾年龄差距，拜入李小龙门下。

严镜海和李小龙虽然以师徒相称，却仍以朋友关系相处，李小龙把严镜海当作兄长看待。在武术上，二人互相学习。严镜海不仅是传统武术的高手，更是健身方面的专家，李小龙教给严镜海咏春拳和"振藩功夫"，严镜海将自己练习举重的方法改成的一套健身训练方法毫无保留地教给了李小龙。在李小龙的事业上，严镜海也为他提供了助力。被视为李小龙命运转折点之一的 1964 年长滩"长堤国际空手道锦标赛"中，正是在严镜海的多方奔走下，李小龙才被引荐给大赛组织者埃德·帕克，得以作为表演嘉宾出席大赛，并于此后开始融入美国武术家核心圈子。

1964 年，李小龙从华盛顿大学肄业，从西雅图来到奥克兰。在严镜海的协助下，他在奥克兰又新开设了一家振藩国术馆。同年，李小龙和琳达结婚后，在严镜海家寄住了大半年，严、李二家的交情可见一斑。1970 年，李小龙在重伤疗养期间，撰写了大量关于武术的书稿，本想尽快将其出版，以缓解家庭的经济压力。但当他得知严镜海也要出版专著《图解咏春拳》时，便决定把机会让给此时生病且失业的严镜海，将已谈好的出版合同给了严镜海，让出版社斥资先购下了严镜海尚未结稿的著作。李小龙还在这本书上挂了个"技术指导"之名，以替严镜海壮声势，李小龙亲自监督、指导示范照片的拍摄工作。最后，《图解咏春拳》一书于1972年由奥哈拉出版集团（Ohara Publications）出版。虽然严镜海于1972年12月30日不幸病逝，但值得庆幸的是，严镜海的儿子严万法接过了其父未竟之业，成为"振藩截拳道核心"的核心成员，肩负起弘扬"李小龙精神"的重任。

二、木村武之

木村武之（1924年—2021年），英文名Taky Kimura，美籍日本人。木村武之是李小龙最早的追随者之一，也是李小龙早年"振藩功夫"时期最得意的弟子。在李小龙死后，他成为"李小龙精神"的重要传播者。

木村武之认识李小龙时已经35岁（李小龙当时19岁），比李小龙年长16岁。在认识李小龙之前学过柔道，后因比赛遇挫而沮丧消沉，并决定不再练武，改而成为一名商人在西雅图经营超市。在工作时，他多次听顾客提起有个武功很好的亚洲青年，名叫李小龙，久而久之，便生出好奇心，想找机会认识一下。后经李小龙在美国收的首位弟子杰西·格洛弗引荐，他亲眼见到李小龙的好身手，心中敬服，决定拜李小龙为师。

当时，李小龙刚到美国不久，教授中国功夫没有固定场地，经常每周日，在公园或停车场教拳。木村武之协助李小龙解决了授武场地的问题，他把店铺后的空地辟作临时武馆，还策划、资助李小龙创立了首间振藩国术馆。个性忠厚的木村武之深得李小龙的信赖，李小龙请其在武馆担当助教，协助自己进行教学，这同时也让木村武之在武学上受益颇多。

李小龙1964年离开西雅图时，将这间振藩国术馆托付给木村武之管理。后来李小龙创立著名的"截拳道"以传播自己"融合""开放"的武学理念。但是，总有人想借其名声开设相关武馆以牟取私利，这与李小龙的设馆初衷、截拳道的理念背道而驰。木村武之是"李小龙精神"的忠实信徒，他回忆称，在1968年，曾与李小龙约定"永远不得以'截拳道'之名公开教授截拳道"。自此以后，木村武之信守承诺，他管理的"武术会"始终保持为一个私人非营利性质的小组织，但在宣扬"李小龙精神"上是不遗余力的。

李小龙去世后，木村武之一直低调生活，从未借用李小龙的名声来为自己牟取名利，他唯一做的就是每周到湖景墓园的李小龙墓前打扫一次。由于木村武之为截拳道事业乃至整个美国武术界的发展做出了贡献，他于1990年获得"黑带群英殿"中的"武术导师奖"，该年度在全世界范围内只有他一人获此殊荣，可谓实至名归。2014年4月，木村武之率海外弟子一行参观李小龙乐园。木村武之2021年1月8日病逝于美国，享年97岁。

三、丹尼·伊诺山度

丹尼·伊诺山度（1936年—　　），英文名Dan Inosanto，美籍菲律宾人，他是全面继承李小龙武道的嫡传弟子之一，也是李小龙武学理念成熟期——"截拳道"阶段的杰出代表。

伊诺山度出身于菲律宾的武术世家，从10岁开始学习菲律宾武术与日本武术，并在美国著名空手道大师埃德·帕克的指导下，获得了空手道黑带段位，成为埃德·帕克的助教之一。1964年，伊诺山度在参加长滩"长堤国际空手道锦标赛"期间与李小龙结识。当时，伊诺山度在与查克·诺里斯的比赛中处于下风，比赛休息期间，李小龙为伊诺山度指点了数招，再度上场的伊诺山度竟然立刻扭转颓势，最终取得比赛胜利。比赛后，诺里斯询问他为什么前后变化这么大，伊诺山度道出实情，二人都对李小龙的独到见解十分赞叹，隔日一同去拜会李小龙。

此后，在跟随李小龙学习武术的同时，伊诺山度也将自己多年来的习武心得分享给李小龙，他将自己最拿手的双节棍与短棍技法悉数传授给了李小龙，从而进一步完善了创立初期的"截拳道"中的器械部分。在伊诺山度的协助下，李小龙在洛杉矶的唐人街开设了自己最后一间振藩国术馆。后来，李小龙忙于好莱坞的演艺事业，伊诺山度便承担了武馆大部分教学任务。如今，很多截拳道名师以及"振藩截拳道核心"中的许多成员，都出自伊诺山度门下，或者说是他"代师授艺"时的弟子。

1973年李小龙去世后，伊诺山度肩负起弘扬截拳道的重任。他除了在加利福尼亚州集中讲授截拳道外，还在世界范围内广泛传播截拳道。多年来，伊诺山度一直致力于传授符合李小龙武学精神的格斗技术与理论，但他武馆的名字却一直沿用"伊诺山度武功学院"，只因李小龙生前禁止公开以"截拳道"之名去开设武馆。伊诺山度在接受《黑带》杂志采访时曾说："30多年来我一直投入在李小龙的格斗艺术和训练中，我一直认真地按李小龙传授给我的去做，并且我也确信我是唯一一个李小龙亲自训练、培养和带在身边的人。"李小龙的妻子琳达评价伊诺山度："使截拳道趋于完美并得到发展与弘扬的火种，首先就掌握在伊诺山度手中，他为实现小龙的未竟事业，付出了大量的心血。"

四、黄锦铭

黄锦铭（1937 年—2010 年），英文名 Ted Wong，1937 年出生于香港，1953 年移民美国。他是仅有的两位获得李小龙亲自签发截拳道证书的亲传弟子之一。他是李小龙的入室弟子，长期陪伴在李小龙身边，因此对于李小龙后期截拳道理念有着完整的认识及系统的学习。黄锦铭是李小龙"截拳道技战术"训练体系的直接继承者。

黄锦铭在香港长大，16 岁移民美国，能讲流利的粤语及英语。1967 年，30 岁的他进入李小龙位于洛杉矶唐人街的振藩国术馆修习武术，由于与李小龙同样来自香港同说粤语，因此很快变得亲近。同年 4 月，黄锦铭成为李小龙入室弟子及私人陪练，专修截拳道。在进入振藩国术馆学武之前，黄锦铭没有习武经历，但他广泛阅读了西方拳击及相关书籍，这让他有思想基础去接受李小龙将"简单、直接与非传统"作为截拳道发展原则的理念。

黄锦铭一共跟随李小龙习武 6 年，李小龙去世后，黄锦铭销声匿迹了很长一段时间。后来，截拳道的发展走入误区，面对李小龙过世后出现的众多"伪截拳道者"，黄锦铭认为大概只有百分之一的人在讲授真正的"截拳道"，于是他又重新出山，以正本清源。他还说过："鉴于此，在 20 年到若干年之后，我会尽职尽责，把全部精力献给截拳道。"黄锦铭和李小龙的另一位亲传弟子——理查德·巴斯蒂罗合拍了当今世界上最具权威性的截拳道教学录影带《李小龙的格斗艺术训练》。黄锦铭也是李小龙女儿李香凝的截拳道授业老师。除了在美国专业教授截拳道，黄锦铭还定期远赴中国香港、大洋洲及欧洲去推广截拳道，在培养截拳道接班人上不遗余力。

五、李恺

李恺（1930 年—2015 年），英文名 Dani Lee，美籍华人，1930 年出生在上海。1967 年，李恺有幸成为李小龙在洛杉矶振藩国术馆编号第一的永久会员。此后，他被李小龙挑选为入室弟子和后院训练伙伴，长期系统地接受李小龙截拳道的专门训练。

在拜师李小龙之前，李恺已经拥有扎实的武术基础。他 10 岁开始练习少林功夫和气功，13 岁开始学习西洋拳，18 岁荣获中华人民共和国成立前的第 7 届全运会中丙级拳击冠军，后移居美国。20 世纪 60 年代初，李恺和丹尼·伊诺山度同时跟随埃德·帕克学习空手道。在 1964 年的长滩"长堤国际空手道锦标赛"上，李恺第一次见到李小龙。当时李小龙作为表演嘉宾，讲解咏春拳和中国的国术，他灵敏的手法、自信的举止给李恺留下了深刻的印象。李小龙和助教木村武之进行蒙眼咏春功夫过招的一幕，李恺从未见过，这让他萌生了跟随李小龙习武的念头。但是，当时李小龙住在西雅图，而李恺住在洛杉矶，因此只得作罢。直到1967年，李小龙从奥克兰搬到洛杉矶，并在当地也开设了一家振藩国术馆。从伊诺山度那里得知李小龙开馆的消息后，武馆开幕当天，李恺就立刻报名，从此成了李小龙的入室弟子。由于李恺本身拥有较扎实的武术基础及丰富的实战经验，因此能够迅速接受和适应李小龙超前的武学思想以及大负荷的训练，日渐成为李小龙最信任的弟子。

李小龙去世后，李恺从没有放弃对截拳道的练习，按照李小龙的教诲，他详细研究李小龙重视的"阴阳"哲学，将防守移动中的柔力与进攻中的"重拳""重腿"的运行进行了结合。他意在用适度的"阴能量"平衡有力的"阳能量"，因此除了练习有力的拳击和踢腿之外，他还练习太极拳和推手技艺。李恺也谨遵李小龙严禁私自以截拳道之名开武馆的禁令，仅在自家后院私人传授技艺。他说："小龙师父曾经多次说，希望大家以后继续练武，但不要开馆，他反对将武术商业化。中国有句关于学生的格言叫'尊师重道'，也就是要忠于老师，如实坚持他的教导。"

李恺58岁入选美国《黑带》杂志名人堂"年度名人"，成为国际武坛殿堂级人物；66岁，为了在全世界保存和弘扬"李小龙截拳道"遗产，他成为美国"振藩截拳道核心"13位创会主要发起成员之一；在79岁高龄之际，他还曾专程来华举办"国际截拳道讲习会"，并担任"中国截拳道国际联盟"（CJIF）荣誉主席，全力支持截拳道在中国的发展，不懈地推动"李小龙截拳道"回归祖国。

此外，李小龙比较出名的弟子还有贾巴尔（Jabbar）、罗曼·波兰斯基（Roman Polamski）、史蒂夫·麦奎恩（Steve McQueen）、詹姆斯·柯本（James Coburn）、杰西·格洛佛（Jesse Glover）、保罗·纽曼（Paul Newman）、乔·刘易斯（Joe Lewis）、詹姆斯·德迈尔（James DeMile）、冯天伦（Leo Fong）、李鸿新（George Lee）、周裕明（Allen Joe）、理查德·巴斯蒂罗（Richard Bustillo）等。

严镜海的手掌碎石硬气功

李小龙与严镜海

木村武之多年来一直守护李小龙和李国豪的墓碑

理查德·巴斯蒂罗在顺德

木村武之与李小龙比试中国拳法

2014 年 7 月，木村武之携儿子、弟子专程从美国赴顺德参观李小龙乐园。

丹尼·伊诺山度和李小龙

李小龙与弟子丹尼·伊诺山度展示截拳道

李恺在顺德区均安镇参观李小龙祖居时留影

黄锦铭（右二）与陆地（右一）、梁敏滔（左一）

李恺伉俪接受名家书法作品捐赠

李恺与李小龙演示截拳道

"龙的传人"书法作品
黄锦铭（右）

武术器械专家李鸿新

229

第四节　李小龙关系谱

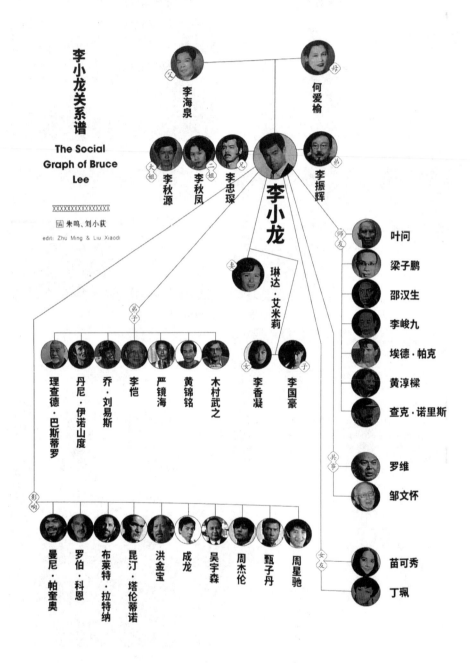

李小龙关系谱

The Social
Graph of Bruce
Lee

朱鸣、刘小荻
edit: Zhu Ming & Liu Xiaodi

父　李海泉　　丹　何爱榆

大姐　李秋源　二姐　李秋凤　兄　李忠琛　　李小龙　　弟　李振辉

师友　叶问
梁子鹏
邵汉生
李峻九
埃德·帕克
黄淳樑
查克·诺里斯

妻　琳达·艾米莉

弟子　理查德·巴斯蒂罗　丹尼·伊诺山度　乔·刘易斯　李恺　严镜海　黄锦铭　木村武之

女　李香凝　　子　李国豪

共事　罗维　邹文怀

影响　曼尼·帕奎奥　罗伯·科恩　布莱特·拉特纳　昆汀·塔伦蒂诺　洪金宝　成龙　吴宇森　周杰伦　甄子丹　周星驰

女友　苗可秀　丁珮

（辑自苏静主编《知中·再认识李小龙》，中信出版社，2016 年）

第六章 李小龙的体能训练与营养饮食

在武术体用视野下，练养为体，技击为用，"练养击"体用不二。换言之，训练与调养是服务于技击之用的基础与根本。"体与用"在工具意义上是一体的：言其体时，势含攻防之意；言其用时，内劲贯于着中。即武术常言的"体用兼备""体用合一"之义。如李小龙在《我与截拳道》一书中说道："练技击最重要的是'体'与'用'两方面，'体'是基础，有良好的基础，才可以在'用'方面得心应手。"所以，李小龙主张突破招法等形式的束缚，以体能训练为根本，以"疾、劲"的身手与"持久"的体能作为技击的能量库，以及以现代化的营养饮食作为体能超量恢复之法宝，从而形成了"快、狠、准"的功夫风格与李小龙式的"练体"新模式。由此可见，体能训练及营养饮食在李小龙功夫体系中占有举足轻重的地位。

第一节　李小龙的体能训练

李小龙上身有着完美的肌肉，全世界都为之惊叹，可他是如何练就"倒三角""蝙蝠肌"以及产生如此强大的杀伤力的呢？在其去世后的近五十年里，对于这位伟大的武术家与哲人的体能训练，人们一直没停止对此问题的追问，其中更多的是"遐想"。直至李小龙研究专家约翰·里特基于李小龙手稿、读书笔记、信件、日记及采访记录等原始史料，整理出相对系统的"李小龙图书馆"系列，如《李小龙健身法》等著作，才揭开李小龙体能训练的神秘面纱。李小龙之所以能常胜不败，其融合中西的高超武技的确是一个很重要的方面，但其健壮的身体以及持久的体能才是其百战百胜的基础。用李小龙的话来说："如果你的身体不够强壮，你便不能进行剧烈的搏击。"所以，截拳道强调所有的武术家都必须进行严格的体能训练，体能是技击的基础与保障。

在李小龙看来，为了制敌取胜，一切的代价和努力都是值得的，所以一个武者或者功夫人需锻炼至能以最快的速度、最大的力量做动作的能力。尤其在截拳道的训练体系中，很多练习者，其中包括一些高水平武者，他们往往花过多的时间去增强技战术，而在潜力开发与体能训练方面却投入得极少。搏击中的技战术固然重要，但技战术的发挥更有赖于全面的体能训练，若过于强调技战术而忽略了体能训练，显然是一种舍本逐末的做法。"每个人都应制订一套完整、全面、有效而系统的体能训练计划"，亦即是说：拳手不应只在拳馆或健身房中做有限的练习，而应在拳馆的课程之外、生活当中（健身生活化），另行制订一个符合自身实际情况的体能运动处方。换言之，就是要始终把手脚和身体当成做事的工具，每天进行磨炼，与时俱进，直至其能发挥出最高的效能来。李小龙就是应用了多种有效的专项训练和具有补充作用的辅助训练，保持其巅峰的竞技状态。在他完备的体能训练体系中，除注重肌肉力量训练外，其对速度、耐力、柔韧性、灵活性、协调等身体素质因素都十分重视。当然，确保其超量运动后恢复的饮食营养和充足睡眠也是他所坚持的。不过李小龙提醒我们："你虽在体能的训练中成绩优异（例如用脚力可打碎木板等），却并不能以此自居高手。记住，真实的搏斗才是终极目的，体能训练只是达到终极目的的一种手段而已。"换言之，"练与养"是基础与根本，而"击"才是目的与应用。李小龙的"练养用" 功夫实践，实则是一套完整的功夫进路，即以大量的时间（工时）、正确的方法（功法）、不断的体认与实修而达至功夫上身（功力），或者达到随心所欲的（感而遂通、不勉而中、不思而得）"无境"或神明功夫境界（功效）。

一、体能训练征程的转折点：奥克兰比武

据李小龙的遗孀琳达回忆，1964 年 12 月在加州奥克兰，李小龙在收到的通牒信中被告知，要么停止向非中国人教授截拳道，要么就在特定的时间和地点与旧金山精武分会青年武师黄泽民比武。20 世纪 60 年代，在唐人街向非中国人传授中国功夫的这种行为，在当时中国的武术传统观念中，自然会被视为"大逆不道"。

李小龙虽从小受中国传统文化的浸润，但他大学时代也接受西方创新文化与自由精神的熏陶。李小龙自然不会选择愚蠢忍耐，他不愿意屈从于狭隘的门派或种族意识的支配与规训，于是接受了挑战。他以"扔了一只拳套到挑战者的脚边"的行为表明了自己应战的态度。在他们约定的时间，黄泽民带着 6 名弟子，来到奥克兰的振藩国术馆。琳达当时正怀着八个月的身孕，她和严镜海等人共同在场见证了接下来发生的一切。

比武开始不久，李小龙就使这个自以为是的"高手"黄泽民满场乱窜，最终在几番追打之后，李小龙把他放倒、控制在地并令其俯首认输。随行挑战的华人武术家们只能遵照通牒中的承诺无功而返。此次比武，李小龙虽取得胜利，但未曾如他赛前想象的那样赢得那么轻松，所以他并未因取胜而心

生喜悦，反而感到极为沮丧。事后琳达回忆道："他对自己所表现出的体能状况很意外，也很失望。""尽管整个比赛只花了3分钟，但是他认为耗时太长，主要原因就在于他体能欠佳。因为当比赛结束之后，他明显感觉自己气力不支。"

对李小龙而言，这次比武颇具历史意义，可以说是他重视体能训练的转折点。正是经历了这次比武事件，李小龙开始转换训练思路，他发现单纯进行武术技战术训练，并不能保证他在高负荷的格斗中的体能需求。他还发现，如果要让自己的体能潜力发挥到极致，那么就需要花更多的时间与精力，来提升自己肌肉的爆发力、速度与耐力等综合素质。然而，在20世纪70年代，有关体能训练的资料很匮乏，唯一资料来源，就是那些肌肉健身类的杂志。李小龙订阅了当时他所知道的所有健身健美出版物。他认真研究出版物中的每一篇文章，并以自己为实验对象，检验书中的每一种现代化的体能训练理念与方法。他频繁地出入二手书市，购买那些关于健美和力量训练的书籍，甚至包括19世纪的相关书籍。如他曾购买被称为"现代健美之父"尤金·山道于1897年出版的《力量及如何获取力量》。

二、身体素质训练：增强体力

从概念上讲，体能是指人在身心活动过程中表现出来的，融躯体工作能力、大脑工作能力和心理调适能力于一体的综合生物学素质或能力，也就是体能包括体力、脑力及心力三要素。其中体力主要指力量、速度、耐力、柔韧、协调及平衡等能力；脑力包含了大脑中枢神经系统的神经过程、神经机能及认知等能力；心力包括心理承受能力、自我调控和适应能力为主要特征的心理素质。李小龙体能自然包含此三要素，而考虑笔者现有的有限史料，本小节主要着墨于李小龙体力训练部分，即李小龙的身体素质训练。

（一）力量训练

从广义上理解，力量可包括个性的力量、意志的力量、决心的力量、耐心的力量、信仰的力量以及身体的力量等，这些力量在李小龙身上也都能彰显。但从狭义上来讲，力量主要指身体的力量，也就是肌肉力量，是人体对抗阻力的能力。李小龙通过学习大量健身知识，深知力量训练是整个体能训练中极为重要的部分，力量可以提高速度与耐力，也是其他素质要素发挥作用的前提。如在《李小龙健身法》一书中，李小龙认为："力量是所有体能活动的先决条件。"因此，李小龙在同时代很多武术家专注于武术动作与技巧练习时，已通过学习大量的运动生理学与训练学知识，积极实践西方现代化身体训练新模式。

　　李小龙最常用的力量训练方法是抗阻力训练法，这种方法当时并不被主流的武术家们所接受，有"负重致使肌肉僵硬、肌肉变粗而影响速度"等刻板印象，而李小龙以调适负荷的亲身实践很好地解决了"力量与速度"的有效张力问题。在抗阻力训练中，对李小龙最有帮助而又十分简便的训练方法是手持一根短铁棒或轻哑铃进行出拳训练。具体练习时，可两脚分开站立，然后按正确的出拳要领，向鼻子的正前方进行打击，每打完一拳之后，手臂都应迅速地自动恢复到原位，且重复次数要足够多。力量训练时间控制在15～30分钟内，一周训练3天左右，针对每个部位及每个动作做2组，每组8～12次。

　　在力量训练中，"肌肉块头过大而影响速度"有一定道理，就是我们通常讲的"死肌肉"。不难理解，举重运动员块头大，打拳不一定有速度。也就是说，绝对力量与相对力量不一定成正比，打拳更多的是讲究相对力量或者爆发力。这两种力量很大程度上取决于肌纤维类型与训练方式，通常情况下，相对力量的训练效果取决于阻力负荷、每组次数、组数、间隔时间、完成每组练习的时间及训练频率等要素。从负荷强度（RM）的选择而言，大负荷是增强绝对力量，如举重运动，起始负荷通常在1～3RM，调整负荷在3～5RM；而小负荷主要提升速度或相对力量，如短跑与格斗，起始负荷在5～8RM，调整负荷在8～12RM。显然，从李小龙的力量训练日常（8～12RM）来看，他主要聚焦于相对力量的训练。当然，这不否定李小龙对绝对力量的加强，绝对力量在不同级别的对抗中是占优势的。如一个小孩相对力量再强，也难以与一个大块头的壮汉相抗争。在李小龙的日常力量训练中，他也采用负重深蹲、挺举、弯举、推举等不同方式对身体不同部位进行力量训练，他兼顾全身与局部力量、绝对力量与相对力量的全面提升。按现代运动训练学理论来解读，李小龙力量训练也基本遵循了"专门性原则""超负荷原则""合理间隔原则"。如李小龙在"20分钟力量与形体塑造计划"中显示，他每周二、四、六进行负重训练，其挺举、推举及深蹲等动作都采用2组及每组8次的大负荷量，都遵循了如上力量训练的基本原则。

（二）速度训练

　　速度素质是指最短时间完成某种运动的能力。按运动表现可分为反应速度、动作速度及位移速度三种形式。速度对于任何竞技运动都极为重要，尤其对于武术运动的重要性，更是不言而喻。众所周知，李小龙的功夫风格就是"快、狠、准"。李小龙的弟子黄锦铭回忆道："李小龙训练的主要目的是为了发展力量与速度。"由此可见，力量与速度是李小龙极为重视的两种身体素质。

速度训练有多种形式，李小龙特别热衷于以"反应力训练生活化"的形式来提升速度。但凡与李小龙交过手的武术家，都会对他的速度感到吃惊，因为李小龙总是在对手刚要起脚或出拳之际突然出击，也意味着他有着极强的预判能力。"敌不动，我不动；敌欲动，我先动"，反应速度核心是对时间差的精确把握，也是"截"的深刻意蕴。根据李小龙的要求，反应训练必须天天进行磨炼（生活化），才能实现搏击时所呈现出的本能反应。它既是我们日常所讲的"熟能生巧"，也是学理层面的"运动定型"与动作自动化反应。所以，速度训练必须融入生活，除了速度球等专项训练之外，平时应学会并习惯于对周围的环境保持高度的警觉，以致养成快速敏锐的视觉习性和做出快速反应的动作习惯。比如同伴叫你的名字，你需马上做出反应，绝不能懒散。这样，当反应速度达到一定程度时，你与对手间便仿佛建立起了一种潜在的联系，即对手的每个举动、每个意图全都在你的观察与感觉之中，这样你抢在对手之前出击的机会便自然会大大增加。只有这样，你运用致命性创击的成功率才有了可靠的保证。

（三）耐力训练

耐力是指人体长时间进行肌肉工作的能力，也称为抗疲劳能力。拳手克服体能疲劳的能力越强，坚持运动的时间就越长。按代谢方式来讲，耐力可分为有氧耐力与无氧耐力两种。格斗是一种高强度的运动，除了有氧耐力作为运动基础，更多的是依赖于无氧耐力，肌肉无氧糖酵解供能的能力、缓冲乳酸的能力以及脑细胞对血液 pH 变化的耐受力等因素直接决定了无氧耐力的高低。李小龙耐力训练方法多样，形式不一。

在李小龙看来，必须养成坚持跑步的习惯，锻炼耐力的最佳方法就是跑步。开始时，应轻松地慢跑，随后逐渐加快，最后才是全力冲刺，并且为了更加接近实战的需要，他还一边跑步一边练习截拳道的技术，如各种步法、身法及各种拳法与腿法等。李小龙从星期一至星期五，每天都坚持跑40～50分钟（4～5公里）。他以中长跑为主，同时兼顾冲刺练习，这样使得有氧与无氧耐力均得以提高。在跑步前段，强度低、耗氧少，没有产生氧亏，主要促进有氧耐力；中后阶段，特别是冲刺阶段，强度大、耗氧高，已产生氧亏，则提高无氧耐力。为了提高腿部抗乳酸能力和心血管系统的整体功能（耐力），李小龙除了跑步外，还全速蹬骑固定架自行车，时速达55～66公里，并连续骑45～60分钟。

李小龙亦把跳绳当成一种绝好的耐力练习。练耐力，训练时间很关键，时间足够长，才能充分调动心血管功能，正常在45分钟左右或更长。练习跳绳的要领：跳得不要太高，距地面2.5厘米最好。训练水平高时，每3分钟可跳450次，开始跳时可能做不到，但经过一段时间的训练后便可达到要求。不过，须始终使双手保持高抬，因为拳手在实战或比赛中，几个回合的搏斗后，双手便垂下而不能护好上盘。究其原因，不是耐力不好，而是习惯使然。并且要用手腕的旋转摆动绳子，不要单靠旋转肩膀和肘关节摆动绳子。落地时要用前脚掌先着地，且要全神贯注，不要紧张要有节奏，不要僵硬；要有信心，不要急躁。关于跳绳的节奏，李小龙根据绳子摆动的速度，将跳绳的节奏分为三种，即慢速跳、中速跳和快速跳。当然，不同速度对于身体素质的训练各有侧重，这里不作详细展开。

（四）柔韧性训练

柔韧性训练是任何一个研习武道者的入门必修课。拳手柔韧性好，打击爆发力更强、攻防速度更快，也便于出腿时能随时踢向任何高度、任何角度，而提高战斗力指数。进行有效的柔韧性训练可降低自身受伤的危险性，因为绝大多数的运动性损伤，除了遭受外力的踢、打、撞外，就是关节扭伤或者是肌肉与韧带等软组织拉伤。而研习者如果遵循着有规律的、渐进的柔韧性训练计划进行训练，则至少会比没有做这种专门性训练的人减少一半的受伤概率。柔韧性训练方法也是因人而异，李小龙主要通过压腿、劈腿、腰的拧转等各种屈伸训练来拉伸全身的肌肉和韧带及加大髋关节的活动范围。为了进一步强化腿部柔性及利于高踢训练，他也经常进行"悬空劈腿"训练。另外，为了下一步进行高位踢法的训练，或者进一步强化髋部韧性及增强腿部的自控能力，李小龙还经常把一条腿套入一个系有活节的绳套中，并利用一个固定在横架上的滑轮为支点，且用手拉动绳索，这样就可以将腿伸展到所能忍受的最大限度。

截拳道十分重视腰部的灵活拧转和屈伸，并把它作为一个重大课题来认识和练习。即每一拳和每一脚都要和腰连贯起来，使力从足起，由腰而集，再传肩到肘或传髋到膝，最后达于手脚。如果腰不灵活，则上下肢体不通，劲力不达，不能起伏自如，也就更谈不上制敌取胜。因此，练习截拳道，首先要提高腰部的柔韧性与灵活性，进而提高全身各部位的协调配合能力。也只有这样，才能使每个动作更迅速、敏捷、有力而准确。李小龙的柔韧性训练动作一般有体前屈、仰面举腿、高踢和后部伸展、转腰、交替椅上劈叉、角部伸展、坐姿屈体、跨步伸展、体后屈（罗马凳）、腹股沟伸展。

总之，身体素质提升是综合训练及各种因素产生合力的一个动态过程，也是身体整体能力"量变到质变"的不断提升。力量、速度、耐力及柔韧性训练自然对灵敏与协调能力也有促进，身体每项素质的增强都会产生"正迁移"作用，各项身体素质整体提高而综合赋能我们的生活品质以及运动成绩。

三、武术专项体能训练：身体重塑

整体身体素质的提高对任何运动都有帮助，然而格斗这类运动，其对抗性强、强度大，除了常规的身体素质训练，要想保持较好的体能储备与赛场体能支撑，必须加以武术专项体能训练，才能取得更好的效果。下面就李小龙常用的几种武术专项训练方法进行简要阐述。

（一）速度球训练法

速度球训练法是李小龙常用的武术专项体能训练方法之一，可分为扯拉式速度球法与吊式梨球训练法。此方法不仅有助于动作、反应及位移综合速度的提升，而且对训练步法、实战意识、身法和组合攻击方法亦特别有效。速度球不但重量轻，且有弹性体支撑，受打击后能即刻产生迅捷的、往返不定的运动，又因打击的角度不同，故球会产生不同的往返路线。因而利用这种器具，对训练视觉反应、神经反应、判断攻防距离、捕捉攻防时机以及速度等素质同样具有很好的效果。

李小龙认为，进行速度球训练时，双手应始终保持高抬，并且要注意身法与步法的配合，从而做到行动有节奏，打击更"快、狠、准"。事实上，大多数练习者都会从该项训练中受益，因为可以通过速度球来单独地施展各种打斗技术而不再需要陪练者，故该项训练特别适合于自学者。再者，这项训练不但不会像沙包训练那样易于损伤练习者，而且在重点发展打击密度的同时，还能培养节奏感。此外，训练者还可根据速度球的摆动情况来控制打击力度的大小，当然这也便于随球的摆动而应变式地使用各种综合性的打斗技术，例如拳法与肘法的交替运用等。不过，练习者应该加以注意的是，倘若用蛮力去打击的话，速度球将会变得难以控制。也就是说，速度球训练核心是要"快"与"准"，而不是求"狠"，因为只有掌握了打击速度与节奏后，打击才变得更有效果，或者说有控制的打击才是最有力或最有效的打击。

李小龙曾经说过，有经验的练习者通过声音就可以判断出自己的打击力度及动作准确度。速度球同样可用来发展练习者的踢击技术，尤其是各种弧线形的腿击法，如勾踢、侧身摆踢与旋踢腿等。至于速度球的具体练习，可以根据个人习惯自由选择切换动作。对李小龙而言，其训练动作主要有右刺拳、左交叉拳、右勾拳、抬手过肩左手拳及各种组合。

（二）沙包训练法

该训练主要用来帮助练习者提高打击穿透力和纵深度，以及用来培养实战感觉。也就是无论拳打或脚踢，都应把攻击的目标当作假想敌，就像与对手在真打实斗一样，甚至比真打实斗还要凶狠。

李小龙拥有很多种沙包，其中一种叫墙壁拳击袋，其中一个装有沙子，一个装有木屑，一个装有铁屑，用以体会拳力穿透对手体内的感觉。在实战中，你的拳头可能会打在对手软软的脂肪上，也可能会打在其坚硬的骨头上。当进行腿法训练时，则可以自由踢打重型沙包。李小龙曾说过："吊沙包对于我练习在适当时起脚，并在适当的距离发出我能力所及的最大威力的腿法相当有用。"对此，在踢击前应先把沙包攻出，然后在其荡回前，计算好时间与掌握好距离，并迅速起脚进行爆炸性重击。如果能飞快地踢击并保持身体平衡，那么就能在踢打中产生比想象中更大的威力。再者，为了进一步强化近身肉搏的能力，亦可用拳头去击打吊着的重型沙包。无论是拳打还是脚踢，如果能够迅猛地进行打击，并对沙包有足够的穿透力和杀伤力，那么拳或脚落在沙包上时就会产生一种短脆的响声。如果在打击中，没有产生穿透力，而仅仅是一种推力，那么对手只是毫无损害后退几步而已，如此一来，毫无战斗力可言。

值得一提的是，沙包训练是为了提高技术与强化攻击力以增强体能，而不是为了减脂或流汗而已。因此，必须在正确的拳理指导下进行科学训练，尤其是击打重型沙包时，李小龙更提醒大家：当你绕着它搏击时，要始终守得严密，切勿用手推沙包或无精打采地、被动地去打。并需记住，有效重击是对目标、时机、站位、角度的精确把握。刚开始练习时，可进行单拳或单腿的打击训练，随后再进行组合打击技术的训练，最后才是进行带有实战色彩的打击训练。这种循序渐进的练习，才能既避免运动损伤，又提高训练效果。通过对沙包的击打训练，对练习者提高实战能力、熟悉人体的重要部位和攻击效果，以及发挥自己全身的力量，都有很大的作用。所以说，进行沙包练习，是每一个截拳道研习者所必须锻炼和掌握的一种专门性的辅助运动。李小龙沙包训练动作一般有右手长拳、左手长拳、左/右拳击（勾拳）、侧踢、勾踢、旋踢、脚后跟踢、后脚前踹等单招以及各种拳脚组合。

（三）击靶训练法

拳靶和脚靶是李小龙用来磨炼各种拳脚功夫的重要工具，因为该训练方法不仅可以提高反应力、眼力、攻击的准确性与距离感，而且有效保障了持靶人的安全。再者，该方法还可提升攻防动作的隐蔽性，动作必须突然、强劲、准确，只有出其不意的简捷与直接，才能真正在实战中实现"击必中，中必摧"的打击成效。对李小龙而言，击靶训练既有助于增强攻击力及培养距离感，也可使练习者改善和提高对各种技击技巧的运用，还有益于合理地使用肌肉，正确地预判距离和适应打击的猛烈性，以及对发展进攻时的"重创"和攻击的准确性都有所裨益。故通过对拳靶、脚靶的击打练习，对迅速提高实战能力、熟悉人体的重要部位和攻击效果以及发挥自己全身的力量，都有很大作用。具体训练时，可先进行固定靶击打训练，即教练员或陪练员配合拳手以"喂靶"的形式先进行固定的打法，随着打击动作的熟练以及双方配合的默契度提升，教练员再随机变换动作，拳手应灵活地进行快速、准确的打击。换言之，就是进行活动靶或组合技法的练习，用以发展足以重创对手的连续攻击法。例如，当持靶者将右靶心对着其左方及将左靶心朝向下方时，可先用右摆拳攻击其右靶，随后再用左上勾拳打击其左靶，待此类打法精熟后，可再让持靶者将靶子忽高忽低、忽左忽右、忽前忽后地去变化，从而让练习者随着靶位和靶距的变化，灵活协调地对准靶中央进行重击，用以发展自己的攻击速度、准确度以及将劲力在瞬间最大限度地发放出来的能力。

（四）木人桩训练法

木人桩练习是咏春拳攻防练习与功力提升的核心，李小龙将其迁移至截拳道训练体系中，截拳道练习者均把木人桩当作假设的敌人，以"有敌似无敌，无敌似有敌"的攻防理念进行有效技击训练。

利用木人桩训练不仅能有效地锻炼拳力和改善招式，同时还可使人的肢体受到冲击力和反作用力的锻炼，并可使"手眼身法步"及劲力、速度、准确性融为一体，从而在进攻意识上收到无坚不摧的效果。当然，木人桩练习绝不是简单地或机械地对木人桩的踢踢打打，而要"以假当真"，把木人桩当成"活人"，植入真实的对抗场景于脑中，身体绕着木桩忽前忽后、忽左忽右，并利用各种手法或腿法进行攻击。在动作上亦要求以快为主，且发劲短促，目标准确。但切不可操之过急，以免运动损伤而得不偿失。具体练习时除进行各种基本手法、腿法及组合招法练习外，亦可进行各种实战性技战术应用，例如转身后踹腿及侧踢腿与正蹬等。

对于木人桩的训练，李小龙亦有以下提示：木人桩虽为死桩，但练习者须抱有实战的意识，即应集中精力去打，并切勿暴露出自身的空档来，以免形成掉以轻心的习惯，这样你在真正搏击的时候，自然容易落败。李小龙的木人桩训练动作一般有108式动作、单式对练和入桩法。

四、体能训练的历程与成效：功夫上身

体能训练绝不是一蹴而就的，李小龙也遵循功夫进路，以长久功时、正确功法，达成功力与功效，终而功夫上身。在李小龙短暂的一生中，研究和训练的时间远远超出银屏上的高光时刻。李小龙早前的弟子查克·诺里斯有一次说：

> 从来不曾有人像李小龙一样训练——近乎狂热。每天他从6点起床到晚上睡觉，训练就是他的生命和呼吸，他如果不是在训练，就是在思考。他的思维总是很活跃，从不停歇。他不停地在思考那些能够不断改进的训练方式，或潜在的新的训练方法。他的头脑永远都不会停止转动。

（一）体能训练历程

众所周知，李小龙曾经对很多不同的武术和训练计划进行过体验与实践。研究发现，李小龙体能训练是一个稳定的流变过程。在这个过程中，李小龙将重心从不断学习新的技战术，转移到体能训练上，他在技战术学习上采取"先加法后减法"的原则，用他的话就是"雕塑论"，不断削减已经掌握的技术，抛弃那些他认为不切实际或不必要的形式。与此同时，对于那些他认为是徒手格斗中本质性的、高效实用的核心技术，则通过针对性的辅助训练来予以重点支持和专项发展。例如，通过研究李小龙1963年的训练记录，"小念头"（咏春拳一个初级套路）以及木人桩就是他的主要日常训练内容。在此期间跟随李小龙训练的弟子木村武之和杰西·格洛弗回忆，李小龙一天会花三个小时乃至更多时间在木人桩的练习上，然后每天练习数遍咏春拳的套路，最后再进行拳法和踢法的专项训练。

1965年，李小龙将西洋拳的"1—2"连击拳法和中国武术的挂锤加入他的咏春拳练习中；1968年，李小龙放弃了"小念头"练习，取而代之的

是来自西洋拳的练习（即勾拳、刺拳、上勾拳和交叉拳）；到了 1970 年，他的训练计划就已经进化成完美、高效的现代交叉训练计划的示例：负重训练培养力量，跑步和骑健身自行车改善耐力，伸展运动提升柔韧性，重沙袋练习掌控时机和劲力，速度沙袋用于培养节奏感和时机感，高低沙袋训练锻炼协调性和精准性。更进一步的是，他科学分解了自己的训练计划，使之能够更好地集中于截拳道最核心的技术内容，如每周一、周三、周五练习手法，周二、周四和周六则练习腿法等。随后，李小龙不断对传统武术进行现代化改造，训练日程中既没有套路、木人桩、空拳的练习，踢法也不像咏春拳强调的那样局限在较低的角度。当然，这并不能说李小龙已经完全忘记或废除了传统知识和技能，而是它们已经嵌入了他肌肉的最深处，只需要随时启动。

无论如何，从时间发展来看，李小龙的体能训练历程是一个不断扬弃、不断超越的动态发展历程。到 20 世纪 70 年代时，他强调的是更为精简、高效的流动性打击和踢击的技术方法，通过不断发展一些高效的辅助训练手段，来支持这些技术得到更好的发挥。

（二）体能训练成效

从李小龙国外权威研究者约翰·里特所提供的李小龙身体各项指标以及李小龙在屏幕上身材的完美呈现来看，李小龙体能训练显然卓有成效。一方面，李小龙体能训练成效可从其身体具体数据中得以体现。

身高：5.75 英尺（约 1.72 米）；体重：135 磅（约 61.5 公斤）；腰围：最大的时候 30 英寸（约 72.6 厘米），最小的时候 26 英寸（约 66.04 厘米）。在拍摄《龙争虎斗》期间，李小龙的体重降至 125 磅（约 56.7 公斤），他的胸部尺寸减少至 33.5 英寸（约 85.09 厘米），扩展时 38 英寸（约 96.52 厘米），腰围只有 26 英寸（约 66.04 厘米）。

另一方面，李小龙体能训练成效也可从众多名家对李小龙身体描述中窥见一斑。

许多人都见识过李小龙的超凡劲力，见识过他的柔韧性，也见识过矮小的他却拥有一身了不起的肌肉。我知道，许许多多的龙迷宁愿相信李小龙生而拥有特殊的能力，因为每当我告诉他们，李小龙的超凡形体是通过他的实践、毅力以及高强度的训练而达成的时候，他们都不相信。

——琳达·李（Linda Lee）

　　李小龙的肌肉轮廓非常鲜明，几乎没有什么脂肪。我想，他可能是世界上脂肪含量最少的运动员。这使得他（在电影中）看起来非常令人信服。也有许多人，他们能够做所有的动作，也拥有所有的技能，但是他们看起来就没有李小龙那么有说服力，也不像他那样令人印象深刻。李小龙是独一无二的。他是许多人的偶像。这些人追随着龙的脚步，他们也渴望成为知名的武术家，渴望拍摄电影。因此，他们付出努力，日复一日，抓紧每分每秒进行训练。作为偶像，李小龙事实上已经给全球各地许多孩子以深深的激励。他在全世界范围内都拥有巨大的影响，我相信，他会一直活在人们的心中。

——阿诺德·施瓦辛格（Arnold Schwarzenegger）

　　当李小龙褪去身上的 T 恤，我再次被震撼了，一如我每次看到他强健形体时的感觉一样：他的肌肉令人着迷。

——查克·诺里斯（Chuck Norris）

　　是他成就了他自己，是他雕塑了他自己。无论他在做什么，他身上的每一块肌肉都很匀称、协调，并且非常实用。还记得我最近一次见到他的时候，他的形体还是那么完美，皮肤像天鹅绒一般光滑，看上去有魅力极了。

——詹姆斯·柯本（James Coburn）

　　当他脱下外衣的时候——天哪！他看起来就像是查尔斯·阿特拉斯(Charles Atlas）！

——木村武之（Taky Kimura）

李小龙的高踢腿英姿

李小龙用过的"腰封"和"绑腿"（材质：铁砂、真皮）、双节棍（现存丁珮家中）

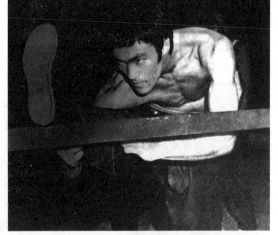

柔韧性、控腿训练

负重、握力、前臂力量等训练

沙包训练

击靶训练

　　李小龙生前用过的沙袋、短棍（藤质）和纪念牌，先后从香港、美国回流至顺德李小龙纪念馆珍藏。左为李小龙生前的好友黄权治（Tony Wong）。

腕力训练

腹力腹肌训练

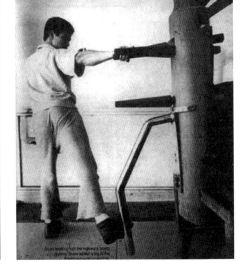

木人桩训练

耐力训练

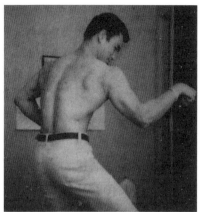

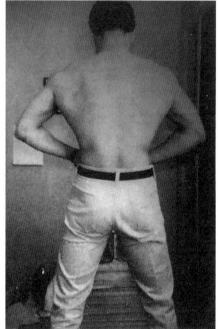

体能训练后的效果

第二节　李小龙的营养饮食

集"练养用"于一体的武术，其"养"是"练与用"的前提与保障。当然，中国武术的"养"，既内蕴着营养饮食的身之养，也囊括了中国五千年文化的心之养。从李小龙的身体营养饮食（供能之源）与其英年早逝的遭遇来看，他身上一方面有着可挖掘的成功经验，另一方面还为功夫人的养生之反思提供了一个历史案例。唯有身心双养、内外双修，方能实现"练养用"的相互统一，阴阳平衡之道的显明。

一、李小龙的贤内助：身体营养的护航者

人体需要的主要营养物质包括糖、脂肪、蛋白质、水、无机盐和维生素。糖、脂肪与蛋白质三大营养物质在分解代谢过程中可释放化学能以提供运动能源而被称为三大能源物质。事实上，李小龙本人没有发表过有关运动营养学的言论与著述，本研究只是基于他的武学笔记、家人与好友的回忆，以及学界现有的研究成果，简要地梳理下他营养饮食方面的实践探索，以其服务于广大"龙迷"。

李小龙说："作为一位武术家，你只吃你所需要的，任何对自身训练无益的食物都应该拒绝。"结合"简单、实用和非传统""快、狠、准"的功夫理论以及饮食方面的"唯用"思想，显然，李小龙无论是在饮食方面，还是在功夫领域，都能折射出他"实用主义"思想。后面将介绍他用榨汁机快速把蔬菜与水果榨成汁而提高饮食效率的种种"求快"与致用的行为，都是西方"更快、更高、更强"体育竞技思想的明证。既然李小龙讲究效率，那么"做饭烧菜"这种事务自然会浪费他宝贵的修炼时间，这个任务就落在李小龙夫人琳达的身上。她在负责家庭成员饮食的同时，还要专门按照补充配方为李小龙调制营养保健品。作为李小龙身体"供能库"的护航者与家庭贤内助，琳达回忆："我在营养学方面做了诸多研究，因为，老实说，李小龙连水都不会烧，而且他也不想学，既不感兴趣也没有时间去学。当我在煮饭的时候，他就在进行各种各样的训练，我只是尽最大的能力来为他提供均衡的、营养又健康的膳食。"

据琳达回忆，李氏家庭并不会将一日三餐当作自己生活的重点，而只是简单地把进餐看作家庭成员为身体补充"燃料"。所以，在李小龙营养饮食

方面，毋庸置疑，琳达是第一功臣。琳达本是大家闺秀，为了丈夫的健康，自学营养学知识，尤其是从阿黛尔·戴维斯（Adele Davis）的营养学书籍中获益匪浅。另外，据现有研究表明，李小龙最喜欢中国菜，这对于在西方文化熏陶成长下的琳达无疑又是一个巨大挑战，不过，这也是琳达成为李小龙贤内助的又一标志。

二、李小龙饮食习惯：中餐为主、西餐为辅

李小龙认为绝大部分的西方食物都是千篇一律，往往只有一种主菜，而中国膳食的主菜则丰富多样。在丰富性问题上，中国武术与中国菜系极为相似，中国武术其实远远不止 129 个拳种，没有正名的武术拳种应该不少于上千种，而中国菜也远超十大菜系。据琳达回忆道："牛肉是李小龙最喜爱的食物，除此还有豆腐类的食物。李小龙不喝咖啡，不吃麦当劳。"当然，李小龙并非不是压根儿不吃西方食物，对于西方牛排、面食等，他也十分喜欢。

李小龙从不吃熏烤的食物，因为这些食物卡路里太高，他不愿意去消化那些对身体毫无益处的卡路里。李小龙每餐吃得不多，但讲究少量多餐，一天可能吃 3～5 餐，每次吃的东西都围绕他的训练和日常生活需要。根据当天的行程安排，有时会做一些调整：他可能会喝一些蛋白质饮料，或者喝果汁，午间吃个中餐，然后再吃个正常的晚餐。像大多数人一样，如果当天体能消耗较大的话，就会吃得相对好一些，他最爱的食物大部分都是中国菜。对于海量阅读健身书籍与刊物的李小龙，不下厨并不一定不懂吃，他的时间安排更多的是在功夫上，比起功夫的知行合一，他在饮食营养所下的功夫，可能是"知重于行"。从他日常饮食举例来讲，李小龙早上多是一碗燕麦片或混合谷物；午餐是以蛋白质高的肉类、海鲜搭配蔬菜；晚餐也是以肉类及搭配绿叶蔬菜沙拉为主。除此，据琳达介绍，李小龙每天有喝一杯牛奶的习惯，但不是普通的牛奶，李小龙通常将牛奶与一些高能量、低热量的水果（如香蕉）混合在一起搅拌来服饮。总的来讲，李小龙以中国餐为主，主要源于其菜品的丰富性，以及从小养成的饮食习惯。

三、李小龙均衡饮食：高能低热、荤素搭配

李小龙认为，人们应该摄取高能量、低热量的食物，这样的食物既能提供能量而又不至于热量（卡路里）过高影响供能效率。如肉类（牛肉、羊肉）及水果（香蕉）等，都属于高能量、低热量的食物，这些也都是李小龙平时

饮食的首选；另外，李小龙的饮食理念跟大多数著名营养学家的观点基本一致：均衡饮食是所有营养摄取的基础。换言之，人体必须保持六大营养物质与三大能量物质的均衡饮食与全面摄入。李小龙注重"荤素搭配"即是均衡饮食的最好体现。

"荤素"基本包含了六大营养物质。首先，蛋白质多存在于牛奶、鸡蛋、肉类、黄豆、奶酪、花生、花生酱和一些坚果中。李小龙在饮食中极为重视蛋白质的摄入，如李小龙每天摄入牛奶（混合）与蛋白粉。其次，淀粉和糖类都属于碳水化合物，在吸收的过程中，淀粉转化成糖，最终所有的碳水化合物都通过糖分的形式进入血液。早餐谷类食物如面包、蛋糕、通心粉、意大利面等，除此之外，黄豆、豌豆和土豆都是很好的淀粉来源。糖类丰富的食物有糖浆、蜂蜜、果脯、果冻、巧克力等，还有新鲜的水果。我们身体需要的能量大部分来自淀粉类食物，而不是糖类食物。此外，就像碳水化合物一样，脂肪也能够为身体提供能量，它是最集中供应身体能量的食物。由于饥饿感来自胃部清空之后的收缩，而脂肪往往不会太快离开胃，因此一方面保证饮食中有适量的脂肪，可以有效地避免在下一餐到来之前过早饥饿。另一方面，过多的脂肪也会带来消化上的困扰，尤其对于功夫人而言，灵活的"胖子"可不多见。脂肪也是构成身体细胞的一部分，其能够保护神经，也能够帮助实现体温调控，在寒冷的天气里像绝缘体一样，防止身体热量向外流失。我们可以在棉籽油、鱼肝油、花生酱、橄榄油、玉米油、花生油和蛋黄中得到脂肪酸的补充。最好的脂肪则来自那些同时包含重要的矿物质以及食物激素的食物中，比如杏仁、核桃、花生、黄油、奶酪、奶油、蛋黄、鱼肝油、牛油果以及富含脂肪的鱼类。

四、李小龙营养快速补给：补品加持

除了基本的主食外，李小龙也通过一些补品、果蔬、蜂王浆、茶等物质作为免疫增强剂及营养来调养身体。

首先，于补品而言，李小龙比较中意蛋白质饮料。据琳达回忆，李小龙喝的高蛋白饮料的成分经常会有变化，但以下成分是特定的：非速溶奶粉、水或者果汁、鸡蛋、麦芽或者麦芽油、花生酱、香蕉、酵母粉、肌糖、卵磷脂。根据李小龙训练的模式以及他的体重，琳达记得当时李小龙每天至少要喝一两杯特配的蛋白质饮料。对于通过饮用高蛋白饮料来最大限度挖掘身体潜能，

李小龙曾写下他的建议："将奶粉、花生、鸡蛋和香蕉等混合在一起搅拌。如果你希望效果来得更快，就以奶粉和剩余食物各占一半的比例来调和，而不是仅仅喝那种普通的牛奶。"当然，李小龙"一半一半"的建议，主要针对那些希望快速增加体重的人，因为这样的调制饮料所含能量比一般牛奶要高很多。除了蛋白质饮料，李小龙还强调维生素的摄取。李小龙和琳达经常出入圣莫尼卡的林德伯格营养商店，那里有一种维生素混合包装补品。1971年，当李小龙在泰国巴冲拍摄他的第一部华语影片《唐山大兄》时，在家信中抱怨道："曼谷的食物太糟糕了，尤其是柏庄这里，这个村庄里面没有牛肉，鸡肉和猪肉也很少。幸亏我随身带了维生素过来。"很明显，李小龙尤其推崇维生素 C，特别是在他比较疲劳或因为压力而感觉情绪低落的时候，常常会通过适量服用维生素 C 来抵抗这种低落的情绪。

其次，在补充营养方式上，他也以电动榨汁机榨取各种果蔬代替合成的维生素 C 片来快速补充营养。李小龙常常把胡萝卜、深绿色蔬菜及水果一起混合榨汁喝。这样的新鲜果汁，一方面是维生素、矿物质以及各种酶的最佳来源，另一方面也极大改善了口感，有助于促进食欲。在一天之中，一个人可能无法摄取足够多的未经加工的新鲜蔬果，以满足人体每日正常所需，而榨汁的形式极大地提高了饮食效率，同时果汁也有助于身体排出更多生活环境所带来的毒素。这样一种方便且提供丰富营养的方式，李小龙自然不会错过。时至今日，榨汁机的使用早已司空见惯，但想想在 40 年前，有这样的想法不失为一种远见。从谢丽·卡尔邦（Cherie Calbom）和莫琳·基恩（Maureen Keane）的专著《榨汁生活》中引用的李小龙原话可以看出：

通过喝果汁的形式，身体能够快速吸收那些食物中的丰富营养。酶是身体的催化剂，它能够增强身体消化和吸收食物的效率。研究发现，一旦食物，如蔬果经过烹煮加工，这些酶就会被破坏。因此，我们的饮食中至少应该包括一半的新鲜生食。这些食物通过酶的作用，让身体能够快速且轻易地吸收营养，从而造就良好的体能和健康。

再者，李小龙也以食用蜂王浆来增加体能。蜂王浆是一种高效的免疫增强剂，既可以提高人体免疫力，对体能促进也极为有效。卡里姆·阿卜杜拉·贾巴尔回忆李小龙在《死亡游戏》拍摄期间，经常会打开一小瓶来食用。杰克逊也记得李小龙曾经对他说："每当我要表演的时候，都会喝一小瓶蜂王浆，然后就会觉得，哇，我的体能状态简直可以用完美来形容！"琳达说："李小龙认为蜂王浆可以增强他的体能，同时令他精力充沛。他非常认同中华文明中有着4000多年历史的草本文化，他相信如果某个事物历数千年的风雨，且经过无数人实践证实有效的话，那么，毫无疑问就一定是有利健康的。"

此外，李小龙对中国茶情有独钟。琳达回忆说，李小龙特别喜欢在茶里加蜂蜜。当他工作的时候，尤其是在香港拍电影期间，每一场拍摄，琳达都要为他准备一大热水壶的蜂蜜茶。琳达说："给他准备的时候，我基本都是用袋装的那种立顿茶，一般不会弄得很淡，然后再调和一汤勺的蜂蜜。李小龙喜欢这种味道，我们经常这样喝。"立顿茶是李小龙和琳达常饮的早餐茶，特别是在他们1971年移居香港的那段日子里。琳达回忆：中国的茶有上百种，李小龙几乎没有不喜欢的。每次李小龙跟他的电影小组在一起的时候，他的朋友或者工作人员都会带给他不同的茶，而他尤其喜欢菊花茶。除了清香宜人的茶味，李小龙认为还可以从各种各样的茶中获得健康。

综上所述，李小龙以科学的体能训练与均衡的营养饮食，以外练内养、内外双修的功夫进路，成就了他那钢铁般的肌肉、超人般的体能以及完美的功夫形象，他的身体已成为一种世界性符号，其体能训练与功夫实践内蕴的价值正吸引着一批批当下学人不断开拓与挖掘。

李小龙平时饮食以中餐为主

李小龙营养饮食

第七章　李小龙品牌的开发与利用

这20多年以来，由于国内外一系列关于李小龙的活动此起彼伏，从未间断，加上各种媒体的推波助澜，引发了新一轮的、全球性的"李小龙热""功夫热"。李小龙品牌巨大的无形价值已逐渐被人们认识。一些社团组织、单位、个人纷纷觊觎、染指李小龙品牌，并从中获得了一些利益。但其中相当一部分的行为是未获李小龙的法定继承人——李小龙女儿李香凝授权的，从某种意义上说是违法的。如何获得李香凝的授权，如何有组织、有计划、有步骤、高品质地进一步开发、利用好李小龙品牌，避免无序、多头、随意性的开发与恶性竞争，如何更好地保护好李小龙品牌，并使之产生更大的社会效益和经济效益，为国家、为地方的经济发展服务而造福于人民，这是一个迫在眉睫、值得研究的课题。

第一节　李小龙品牌的内涵与价值

一、李小龙品牌的内涵

李小龙，作为一个功夫符号、一种文化现象、一位20世纪的华人英雄与偶像，不仅具备了品牌的属性，也蕴藏着巨大的商品利益和商业价值。品牌是给拥有者带来溢价、产生增值的一种无形的资产，它的载体是用以和其他竞争者的产品或劳务相区分的名称、术语、象征、记号或者设计及其组合。品牌是一种商业用语，品牌注册后形成商标，拥有者即获得法律保护，拥有其专用权；品牌是企业长期努力经营的结果，是企业的无形载体，随着时间的推移，商业竞争格局以及零售业形态不断变迁，品牌承载的含义也越来越丰富，越来越有价值。因李小龙而衍生出的品牌所承载的文化内涵十分丰富，可概括为有形和无形两部分。

（一）有形的文化内涵

有形部分，包括李小龙一生用过的名字，如李小龙、李振藩、李镇藩、李源鑫、BRUCE LEE、LEE JUN FAN、LEE SIU LOONG 及其特有的签名、笔迹，还有李小龙不同时期的肖像照片；他的电影、电视作品的各种影像、音像、造型；他的武学手稿、武馆标志、武学名言、武术用品；用李小龙名字或衍生的文字、图案向国家有关部门注册的商标、标志、域名等。

（二）无形的文化内涵

无形部分，包括李小龙传奇的一生和他的电影电视作品所表达的"以无法为有法，以无限为有限"为核心的李小龙哲学思想，自强不息、永不言败、开拓创新、自尊自强、追求完美、面向世界、卓越不凡、自我解放、自由表达的李小龙精神等。

二、李小龙品牌的价值

（一）李小龙品牌的经济价值

李小龙的名字在世界各国可谓家喻户晓，美国、法国、德国、英国、意大利、俄罗斯、加拿大、澳大利亚等国，都有他的学生、弟子，都有专门介绍他的网站、网页；他主演的《唐山大兄》《精武门》《猛龙过江》《龙争虎斗》《死亡游戏》等电影风靡全球，至今仍在热播；以他形象为卖点的产品如影视作品、电子游戏、T恤衫、玩具、纪念品仍然畅销；他至今在全球仍拥有数以亿计的功夫迷与影迷。李小龙无疑是近代最具世界影响力的中国人，李小龙品牌无疑是最有价值、最有国际影响力、最具开发潜力的文化品牌、文化名片。据国际上一些权威机构评估，李小龙品牌无形资产总值在10亿美元以上。它一旦成为商标放在一些产品上，将产生巨大的经济效益。

在香港、北京2011年的拍卖会上，李小龙用过的一个沙袋30万港币、一封信40万港币、一件大衣70多万港币、一副双节棍70万港币起拍。可见，李小龙品牌经济价值之巨略见一斑。

（二）李小龙品牌的文化价值

李小龙品牌的文化价值同样巨大。他掀起的"功夫热""中国文化热"，成为脚踏武学和电影两座高峰的世纪巨人，曾被美国权威杂志《时代周刊》评为"20世纪的英雄和偶像"。他一生爱国，维护民族尊严，彰显华人风采；自强不息，弘扬中华武术，积极追求人生理想；开拓创新，创立截拳道，创新格斗理念；他的高贵品质与伟大成就，成为后人学习的榜样与楷模，他至今仍是激励世人奋发向上的强大精神动力。原广东省文化厅党组成员、纪检组组长严建强认为，李小龙的成就表面看来只是一种体育成就，实际上他让国外真正了解了中国武术、中国文化，更将他对武术的执着追求、强烈的爱国意识、民族精神流传后世，这是李小龙品牌最大的文化价值。

三、李小龙品牌的本土价值

对于顺德区以至佛山市而言，"李小龙"这张影响全球的名片，显然更是城市营销的优质媒介。顺德区委、区政府近年提出了打造"南方智谷"和依托李小龙乐园优美的自然环境资源，打造"顺德均安国际生态谷"，建设成为集李小龙文化、高端精品度假酒店和商务会议精品酒店、自然生态体验区于一体的旅游文化产业胜地，推动"城市升级"的发展战略，这充分体现了顺德区领导雄才伟略的远见和胆识。党的十七届六中全会又吹响了"建立文化强国"的号角。立足于顺德，面向世界，开发、推广利用好"李小龙"这个文化品牌，并将它延伸到影视产品、纪念品、餐厅、服装、运动器械等产业，将产生巨大的社会效益和经济效益，将可以大力推动顺德文体事业、文体产业、文化强区的发展，促进顺德"南方智谷""国际生态谷"的建设，加快"城市升级"的前进步伐。在未来的短短三五年时间，借助顺德本地自然资源、当地民俗武风以及结合当代科技的赋能，完全可以打造出一个具有世界影响力的武术文化名城、世界武术文化中心。

第二节　国内外开发与利用李小龙品牌的现状

一、开发与利用李小龙品牌的机遇

首先，从国内外武术发展趋势而言，国内外的"李小龙热""武术热""咏春热"无论从热度和维持时间的长度来看，都是前所未有的。武术已成为一项世界性的体育运动。国际武术联合会目前有155个国家和地区的会员协会，会员总数近100万人。武术正焕发出无穷魅力，受到越来越多人的喜爱，强身、健体、养生、长寿已成为人们追求的一种时尚与潮流。特别是2008年8月北京举行奥运会之后，国内外关于"李小龙""武术""咏春拳"的影视作品、武术赛事连绵不断，而且规模越做越大，影响越来越深远。

其次，从国家政策支持而言，习近平总书记在中共中央政治局第三十九次集体学习时强调，要坚持守正创新，推动中华优秀传统文化同社会主义相适应，展示中华民族的独特精神标志，更好地构建中国精神、中国价值、中国力量。作为集武术家、功夫巨星、功夫哲人等众多头衔于一体的李小龙，除了让中国武术享誉全球外，也为中国精神、中国价值、中国力量之弘扬做出了杰出贡献。李小龙通过五部功夫电影，充分彰显了中国力量与自强不息、不畏强权、以武止戈的中国价值与中国精神。另外，中共十七届六中全会已吹响了建造"文化强国，大力发展文化产业"的号角，并制定了近年文化产业的发展规划，颁布了一系列扶持文化产业的政策措施。2019 年 9 月，国务院颁布了《体育强国建设纲要》，并印发了《武术产业发展规划（2019—2025）》，明确支持武术国际化、武术产业化。

最后，从地方具体情况而言，开发、利用李小龙品牌的时机、条件已日渐成熟。顺德已基本建起了开发、利用李小龙品牌的平台：成立了中国大陆第一个李小龙乐园、李小龙纪念馆和安放世界最大的李小龙铜像；李小龙纪念馆、李小龙乐园已基本完成了 40 多种李小龙商标的注册手续，意味着过去无序地、多头地、盲目地开发和利用李小龙品牌的乱象即将结束，取而代之的将是正式开始有组织、有计划、有步骤、有目的地开发、利用李小龙品牌。另外，顺德是中国的"厨师之乡""美食之乡"，又是珠江三角洲著名的家电、家具、服装制造业基地，关于餐厅、饮料、服装等领域的李小龙商标很容易变成商品并催生一个产业的形成。

总而言之，无论是在国际大环境，还是国家及地方政策层面，开发与利用李小龙品牌迎来了新的机遇。在这样一个大好的时代大背景下，我们应该因势利导，借时代东风，充分挖掘李小龙品牌的潜力，打造中国武术的民族品牌。

二、开发与利用李小龙品牌的进展

李小龙于 1973 年 7 月 20 日在香港猝逝以后，他的离奇死因引起了香港、世界各地的"龙迷""功夫迷"的热切关注。李小龙生前的电影《龙争虎斗》随后上映，再次掀起了全球性的"李小龙热""功夫热"。从二十世纪七十年代初起直至八九十年代，港台一些电影公司看到"李小龙"品牌的市场影响力、号召力、吸引力，因势利导，一方面为了满足广大"龙迷""功夫迷"的需要，另一方面利益使然，他们除了请人续拍李小龙的未完成作品《死亡游戏》之外，还趁机不惜血本，千方百计寻找与李小龙相似的艺人、武林高手拍摄了数十部以"龙"字命名的功夫片、动作片或电视作品。港台一些电影公司可以说是最早开发利用李小龙品牌的先驱。

随着李小龙生前的电影和后来数十部以"龙"字命名的功夫片、动作片或电视作品的热播、宣传，全球性的"李小龙热""功夫热"一直在持续着，一些由"李小龙迷""影迷""功夫迷"组成的各种协会、俱乐部、研究会、截拳道学校等团体如雨后春笋般先后在世界各地出现，影响力较大的有美国的李小龙教育基金会、英国的截拳道组织、香港的李小龙会、广东省李小龙研究会、湖南省中国截拳道联盟、北京中国截拳道国际联盟等。这些团体每次组织活动，几乎都要制造一些同李小龙有关的纪念品、产品来满足会员、学生和活动的需要。他们可以说是自发性、非营利性地开发、利用李小龙品牌的启蒙者。

2000 年开始，国内外李小龙品牌开发与利用的步伐不断加快，除了各种协会、俱乐部、研究会、截拳道学校等团体参与其中之外，几个与李小龙有关的地方，如香港、西雅图、广州、娄底、北京、顺德、佛山、南海，甚至塞尔维亚的莫斯塔尔也日渐看到李小龙品牌的巨大价值和影响力，将会给地区带来巨大的经济效益，也纷纷间接或直接地加入李小龙品牌开发与利用的行列：香港最早成立李小龙会，并建立李小龙咖啡厅、李小龙纪念馆和专卖店。2005 年 11 月 27 日在香港九龙尖沙咀的星光大道竖起的李小龙铜像，不仅成为一个旅游点，在当时更被寄予重振香港电影业、重塑香港"功夫之都"形象的厚望。2013 年至 2018 年，由香港康乐及文化事务署主办，李小龙基金会与香港文化博物馆联合筹办，星空华文传媒电影有限公司赞助，在香港沙田的香港文化博物馆举办了"武艺·人生——李小龙"专题展览。近年，香港特区政府又计划用李小龙九龙塘的故居建立一个李小龙博物馆。美国的西雅图是李小龙读书、工作的地方，早在 2005 年，当地的"龙迷"、武术团体就提出了建立李小龙纪念馆的计划，2011 年 11 月下旬更组织了一次大规模的筹款活动。广州市永庆大街一巷 13 号至今仍存有李小龙父亲李海泉的房屋，荔湾区政府已把它纳入登记保护文物单位加以保护，并开发成李小龙祖居吸引游客。湖南省娄底市由一班李小龙迷投资建起了传授李小龙截拳道的武术学校，竖起了李小龙铜像。顺德是李小龙的故乡，2002 年 3 月，在政府的支持下，成立了中国大陆第一间临时的李小龙纪念馆；2005 年 5 月，顺德把原来的均安生态乐园改造为李小龙乐园；2006 年 11 月，中国大陆第一间李小龙纪念馆在李小龙乐园奠基；2008 年 7 月，电视剧《李小龙传奇》在顺德开拍；2008 年 10 月 12 日，李小龙女儿李香凝首次回顺德寻根祭祖；2008 年 10 月 12 日开始，电视剧《李小龙传奇》在央视一套黄金时间热播；2008 年 11 月，中国大陆第一间、世界最大的李小龙纪念馆在佛山市第二届武术文化节开幕当日举行了隆重的落成揭幕仪式；2008 年 11 月 27 日，北京大学、清华大学、北京体育大学、中央民族大学、北京航天大学、北京交通大学、北京语言大学、北京女子学院等 20 多所高等院校、武术学校在北京今日时代数字影院举办"纪念李小龙巡回图片展"和"武术与中国传统文化"巡回报告会；2010 年 11 月，世界最大的李小龙铜像在顺德李小龙乐园落成；2011 年 11 月 27 日，为了答谢"龙迷"多年来对李小龙的爱戴，李小龙的女儿李香凝和 AEGPROMOTION LIMITED 携手设计了三款以李小龙肖像铸造的 925 银币，分别为"一代宗师""龙影飞腾""威震天下"，在中国内地与香港、澳门限量发行，银币每款限量 3800 套，以纪念李小龙逝世 38 周年。

李小龙的品牌不仅能带来巨大的经济价值，与之有关的"叶问""咏春"品牌也被连带大幅提升了经济价值。李小龙的师父叶问的故事也先后被搬上银幕，如《叶问 1》《叶问 2》《叶问前传》《一代宗师》等，佛山的祖庙和南海罗村两个地方先后建起了叶问纪念馆和叶问铜像。

三、李小龙品牌开发与利用存在的问题

从 20 世纪 70 年代至今，在政府与民间、组织与个人的共同努力下，国内外一系列开发与利用李小龙品牌的工作已取得了一定进展与可喜成果。但从纵横维度的视野下，李小龙品牌相较于国内外知名品牌而言，其开发与利用还存在很多亟待解决的问题与提升空间。目前，根据我们的调研，主要存在几个方面的问题。

（一）李小龙品牌的开发乱象丛生。由于李小龙品牌能带来巨大的经济利益，国内一些团体、企业、个人在 2002 年至 2005 年期间，未征得李小龙家属授权同意的情况下，竟抢先将李小龙（含英文名 Bruce Lee）的形象、姓名登记注册为商标并作为商业用途，如长沙振藩文化传播公司（李振藩是李小龙原名）、广州真功夫餐馆连锁企业等。还有被广东、江西、福建等地的公司或个人注册的李小龙商标，而这些商标涉及的商品或服务更是五花八门，有快餐馆、速食面、啤酒、冰淇淋、健身器械、运动服装、牙刷、牙签、香皂、洗发液等。

（二）本地资源未能充分激活。佛山是一座写满了刀光剑影、拳掌翻飞、武术宗师云集的功夫城市。2004 年，佛山被中国武术协会授予"武术之城"

称号，成为全国首个也是唯一一个获得该称号的城市。毫无疑问，佛山当地民俗武风及自然资源十分丰厚，具有重要的文化标志与地域特色。但就目前整体资源挖掘情况来看，尚未全面激活其潜能。如功夫小镇的功夫元素挖掘，除了在功夫小镇的本地自然"硬件"资源上做文章，还应在本地功夫人物"软件"资源上发挥激活效应。功夫人物的轶事趣闻、传奇经历，无一不是有待开发的资源"宝藏"。而在这方面，还存有很大的提升空间。

（三）品牌推广模式还过于传统。从目前来看，李小龙乐园、纪念馆及功夫小镇，还是以传统的线下展览、地推服务等模式为主，而借用当代自媒体、互联网以及最新元宇宙科技的复合推广模式还未占主流。李小龙祖居虽隶属佛山，但坐落于相当偏远的均安镇，地理交通的局限给全国与世界各地的功夫迷的线下游览带来客观上的阻碍。这种传统的推广模式手段单一，因而不仅影响了当地线下客源的整体流量，而且还严重影响了其品牌推广效率。

（四）政府决策层人事变动过于频繁。就佛山来看，李小龙项目落地在很大程度上是一种"由上而下"的政府行为。一个项目从无到有，从萌芽到落地，需要一个较长的周期。整体流程包括项目规划—项目建议书—可行性研究报告—立项—办证—招投标—项目建设—竣工—验收交付。从项目立项之始，就需要政府决策人的层层把关，但因为人事变动过频的原因，其项目的推进往往从前任领导的决策而变成新任领导的重新审批。很显然，品牌开发与利用，除了受市场上"看不见的手"之影响，同时也受政府这双"看得见的手"之牵制。

（五）李小龙品牌尚未形成完整的产业链。目前，李小龙乐园虽占地面积近3000亩，桑基鱼塘众多，但供游览的项目太单一，"看点"不多，吃、住、玩等配套服务不完善，没有形成完整的产业链。李小龙纪念馆和曹崇恩雕塑馆没有防潮、防盗设施，不少展品受潮受损。原有的岭南武术文化馆和李亚新艺术馆更因故撤销。李小龙祖居地方狭小，难以接待大批游客。再加上地处比较偏僻的均安镇，地理交通有所局限，近年虽免费开放，平日的游客却不多。

李小龙商标

真功夫商标

陶像

陶杯

徽章

纪念手表

李小龙戴过的手表

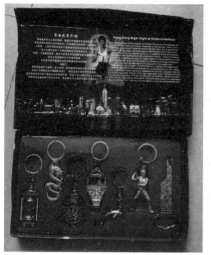

主题礼品盒

服装

服装

纪念手表

钥匙扣

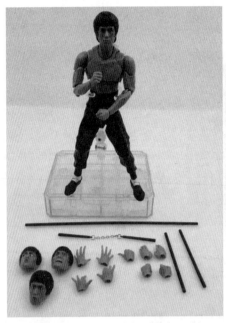

玩偶组合

雕像

第三节　李小龙品牌开发与利用的新思路

李小龙品牌，以其本人在全球武坛不可撼动之地位及其功夫电影的巨大国际影响力，而内蕴着巨大的文化价值及商业价值。但在新的时代，在李小龙先生已经离开我们数十年之后，如何充分开发与利用好这一文化品牌，值得我们进一步探索深究。从目前来看，关于李小龙文化品牌的商业开发，传统上以线下李小龙主题乐园、李小龙纪念馆以及线上李小龙功夫主题活动、纪念品商城等"O2O"的推广模式而展开，一定程度上让李小龙功夫文化得到传播，同时使李小龙品牌得到了开发与利用。然而，这种依靠现实世界线下与线上结合的推广方式，终究存在"人、场、物"等诸多条件的限制，难以最大限度地进行李小龙品牌开发与价值挖掘。

令人振奋的是，2021年兴起的元宇宙技术或可为李小龙文化品牌的推广、开发与利用提供新的思路。由于元宇宙充分集成和运用了互联网、大数据、虚拟现实、人工智能等信息新技术，既可以实现将现实世界映射到虚拟空间中，也可以将虚拟主体投射进现实世界，具有超越现实、跨越时空等功能，从而为李小龙品牌开发与利用提供了新的想象空间与应用前景。那么，如何让李小龙品牌搭上元宇宙这趟时代列车，最大限度地进行品牌推广、开发与利用。或者说，当李小龙品牌与元宇宙"不期而遇"，两者之间将会擦出什么样的火花，这些应该是我们作为李小龙文化传薪者需要预先思考与积极探索的问题。

一、元宇宙的概念兴起及其本质

2021年，元宇宙概念兴起。该事件由美国Roblox游戏公司以"元宇宙"包装上市所引发，然后Facebook改名Meta（元）公司，加之媒体与资本的推波助澜以及学界、商界、科技界等各界的广泛关注，元宇宙之概念迅速走红，2021年也因此被誉为"元宇宙元年"。那么，元宇宙究竟是什么？其技术本质是什么？在我们探讨元宇宙赋能李小龙品牌开发与利用的课题之前，有必要捋清这个问题。

（一）元宇宙的概念内涵

"Metaverse"概念源自美国计算机专家Vernor Vinge教授在1981年出版的 *True Names* 中，他将其描述为通过脑机接口技术进入并获得感官体验的虚拟世界。"Metaverse"一词，曾被中文翻译为"超元域"。后来，人们从中国话语"天地四方曰宇，古往今来曰宙"出发，将其译为"元宇宙"。目前，元宇宙之定义尚未统一，有学者认为它是一个融合物理和数字的虚实空间；也有学者认为元宇宙是"宇宙之身"与"宇宙之心"的大圆满； 还有学者认为元宇宙是虚拟世界的升级及高度发达的虚拟社会系统等。其定义种种，不一而足。当然，对于大众而言，这种抽象之定义仍很难理解。对此，我们不妨以类比的言说方式来解读其内涵。比如说，以人类的大脑类比宇宙，称其为宇宙大脑。人类的大脑具有意识能力，能够能动地反映外界事物。这种意识很难全景地呈现在我们面前，也很难与人言说，在以往只能用语言、文字、图形等工具加以刻画。正因如此，我们经常会对他人的想法进行各种猜想，也经常说"我不是你肚里的蛔虫""人的心思最难猜"等俗语。人类宇宙大脑始终像个黑匣子或打不开的钟表，在元宇宙时代来临之前，大脑里的意识也如老子的"道"一样，只可意会，不可言传。而在元宇宙时代，数字化技术可以将万物及人的意识映射为数据，并通过脑机接口直接将人类宇宙大脑的意识以数据的形式上传，变得"可观、可感、可测、可控"。再通俗点讲，原来只能想象的大脑意识，通过"元宇宙"技术，我们能直观地看得见、摸得着它。因此，从狭义上讲，这种"可观、可感、可测、可控"的宇宙就是与我们现实自然宇宙平行的数据宇宙。或者从广义来说，元宇宙就是数据宇宙与自然宇宙之和。通俗地讲，元宇宙是我们看得见的这个宇宙与我们大脑想象中的宇宙之和。

（二）元宇宙的技术本质

就技术而言，元宇宙并非传统意义上单纯的新技术与单一技术，它是现有各种技术的组合和升级，是移动互联网、人工智能、大数据、区块链、扩展现实等各种信息新技术的综合集成。换言之，在互联网移动化、手机智能化、信息数据化、现实虚拟化等各类新技术轮番上场的背景下，它们从各个侧面出发整合其功能，使之映射我们所处世界之多维图景。如互联网移动化使信息利用更加便捷，手机智能化使网络社交与智能终端得以普及，区块链的中心化让数据有了可信的基础，现实虚拟化形成了虚实世界共融局面等。那么，如何将这些各自为政的信息新技术整合成一个统一体，产生1+1大于2的综合效应，那就是"元宇宙"所致力于实现的东西。或者说，单一的技术只是从各个侧面"盲人摸象"式地认识未来世界，而技术的综合集成则提供了一个全面认识未来社会的全息技术图景。基于此，人们提出了综合集成的技术总纲领，元宇宙的概念也应运而生。可见，元宇宙的技术本质是各种信息技术之集成。

二、李小龙品牌开发与利用的新思路

"李小龙"作为一个响彻全球、被世界所铭记的名字，既是一个功夫符号，同时也意味着是一个内蕴着巨大的品牌利益与价值的商业品牌。在品牌运营过程中，品牌价值的合理开发与品牌利益的合法使用始终是核心，其主要的运营方式是品牌延伸、品牌扩张及品牌交易。随着元宇宙时代的来临，在科技更新迭代以及信息技术集成的综合赋能下，元宇宙可为李小龙品牌开发与利用提供相应的"新空间、新手段、新主体"，从而描绘出新的应用前景与发展蓝图。

（一）元宇宙时代李小龙品牌延伸之新空间

品牌延伸是指品牌在新领域的开发与利用，它是品牌开发与利用的重要方式之一。始于港澳、盛于广东、遍布全国的李小龙品牌推广，从 20 世纪 70 年代至今，虽形式不一，但从未间断。国内李小龙祖居、李小龙乐园、功夫小镇等文化旅游开发与李小龙影视作品、纪念品巡回展、功夫赛事等常见报端；而国外李小龙功夫传播、李小龙截拳道武学研究与纪念活动也时有举行。

毋庸置疑，这些国内外的推广活动对"李小龙"品牌延伸有着极大的促进作用。纵然如此，上述推广活动对于"李小龙"品牌延伸而言，仍是基于自然宇宙的现实领域，时空终有局限。而元宇宙时代，虚实结合的新场域则为品牌延伸提供新的领域与可行性。

元宇宙在各类信息技术的基础上形成了未来信息世界的全息图景，带来了统一的元宇宙空间。各类信息技术让人类逐渐从实体性的物理世界逐渐走向信息性的虚拟世界，未来的人类将在现实与虚拟空间中不断自由穿行。也就是说，未来的人类不但生活在现实的物理世界中，同时也将生活在虚拟的数据世界中。元宇宙空间的逐渐形成，让李小龙品牌延伸空间得到了极大的扩展。那么，在物理世界中，尤其在寸土寸金的当代，利用现实空间来延伸李小龙品牌，如"功夫品牌" "截拳道品牌"等，仍面临很多行政与经济难题。比如说，行政领导的频繁人事变动对李小龙实地项目推进带来重大阻碍，很多项目因政府决策人的变动而前功尽弃。而在元宇宙空间"源于中国、属于世界"的李小龙，这些行政问题与很多现实中的干扰因素可大大降低，元宇宙既可以彻底地突破现实时空的局限，还可在新的场域充分发挥人的主观能动性与创造性，只要设计者脑洞大开，品牌得以合法授权，在元宇宙空间，李小龙品牌延伸就相当于插上了一对"魔幻"的翅膀。

（二）元宇宙时代李小龙品牌扩张之新手段

品牌扩张主要指扩大品牌市场占有率、提高品牌能见度与知名度。元宇宙时代来临，品牌推广扩张的传统手段将发生重大变革，甚至失效。从技术视角而言，综合信息技术集成的元宇宙，也将为李小龙品牌扩张提供新的技术手段。

一方面，利用仿真化技术促进李小龙品牌扩张的新成效。第一，可运用VR（虚拟现实）体验性，体验者通过进入虚拟的视觉空间或游戏空间可获得真实的具身体验。如设计出李小龙功夫VR格斗游戏，"龙迷"、功夫爱好者以及广大受众可在视觉上深度感受截拳道的"快、狠、准"的技击风格，以此增添品牌受众的沉浸体验。第二，可运用AR（增强现实）趣味性，通过将不同的、真实的功夫训练与技击场景等输入仿真的虚拟空间，可以让体验者真实感受那种身临其境、豪气干云的功夫体验，提高李小龙品牌传播的精彩呈现。第三，可运用MR（混合现实）交互性，在建模与脑机接口技术下，充分发挥受众主观能动性，创造性地进行截拳道学习、场景设计、技击招法的创造与展示等，甚至也可以戴上具有传感器的拳套，进入"元宇宙"与李小龙数字人新主体，做高度精彩而不受伤害的文明格斗。也就是说，在元宇宙空间，通过VR、AR、MR等技术，体验者不光从视觉上获得超验的功夫感受，而且从触觉、本体感觉上都能获得与现实世界别无二致的真实功夫体验。另一方面，利用元宇宙的在线化技术打开李小龙品牌扩张新局面。在移动互联网武术传播的基础上，可利用最新的物联网、时空管理、虚实连接等一系列"数据化、在线化"交互融合传播新方式，创建李小龙功夫在线化传播新模式、举办李小龙功夫在线化新赛事、构建李小龙功夫在线化文化产业新形态等一系列李小龙功夫元宇宙化新范式。比如说，在李小龙祖居、李小龙乐园及功夫小镇上，利用这些在线化技术，打造一个元宇宙化的展览馆及功夫体验园，重新激活佛山线下的一切实体资源，既在开支上为当地政府节流，也在收入上为当地创造财富。也就是说，元宇宙时代的技术手段与推广模式，既能有益于线下资源的激活，如功夫小镇百姓的劳动力、自然环境、当地民俗武风等，又能促进线上人流与财流的汇聚。有了人流、物流与财流，"李小龙"这个金字招牌可能不仅仅局限于佛山、广东、中国，完全有可能走出国门，走向世界。

（三）元宇宙时代李小龙品牌交易之新主体

所谓品牌交易就是买卖品牌与品牌产品的使用权。而新主体，质言之，就是利用元宇宙人工智能与数字化技术，创造出的"化身人、数字人、机器人"等多元虚拟数字人。在元宇宙时代，李小龙品牌之主体也可数字化为"化身人、数字人、机器人"的多元主体。

首先，作为李小龙"数字人"的新主体。如数字人邓丽君"复活"后的演唱会、2022年北京冬奥会上数字人气象主播"冯小殊"、2022年全球元宇宙大会上海站的各种数字人展示等。李小龙也可利用数字化技术转化为"数字人"。对于品牌交易而言，李小龙"数字人"新主体可发挥多方面作用。其一，李小龙以数字人"复活"，可满足全世界"龙迷"与功夫爱好者的精神需求，创造出极大的品牌吸引力，并且可以通过第一数字"真身"复制出万千数字"分身"。其二，李小龙"数字人"将创造出巨大的品牌利益与价值。在万千李小龙数字分身中，全球只有唯一的"真身"，真身与分身借助元宇宙非同质化通证（NFT）可进行鉴定，而这个鉴定系统将为品牌交易创造巨额财富。通俗点讲，NFT技术类似于亲子鉴定技术，以DNA密码来鉴别真身与分身，它为李小龙纪念品收藏、辨别品牌真伪、产品源头追溯、游戏层级设计等领域提供技术保障。其次，作为李小龙"化身人"的新主体。它是现实人的数字化化身，是以数字孪生拟人技术构建而成的李小龙数字人。一方面，与2022年北京冬奥会上虚拟气象主播"冯小殊"的技术应用一样，可利用史料与音像资料技术还原李小龙的面容、表情、肢体动作、声音，将李小龙变得"可感可触"，并在功夫轶事与传说的基础上，进一步扩大李小龙功夫文化传播的效应。另一方面，利用数字孪生拟人技术，将李小龙真实化"复活"于元宇宙，重塑李小龙的功夫人格，既将李小龙品牌的传承传播效果与价值进行最大化发挥，也将"以无法为有法，以无限为有限"的技击理想在元宇宙技术手段的帮助下成为可能，转化为现实。最后，作为李小龙"机器人"的新主体，一方面，如清华大学校园内仿真机器人"华智冰"一样，李小龙能以元宇宙仿真人身机器人，为全世界"龙迷"与功夫爱好者设立功夫学习、锻炼的榜样，并以这个李小龙仿真人身机器人指导世界各地功夫爱好者的武术学习与锻炼。另一方面，在智能设备基础上，在不久的将来完全可能会像北京大学王韬团队研发的四款智能机器人（爱瑟尔、萝卜狗、小松、妙得）那样，出现综合而成的仿真人身机器人穿戴，为功夫爱好者提供比实际情况稍进一步的数据口令，并以功夫动作速度、力度、幅度的数据信息与具身性刺激，具身地指导功夫爱好者学习与锻炼，不断激发"龙迷"与功夫爱好者的学习与锻炼的热情。

综上所述，在元宇宙时代，将以数据化与人工智能技术而建构出李小龙"化身人、数字人、机器人"多元新主体。新主体既以丰富多元的功能服务于李小龙品牌交易，也以独特的品牌专利与产权所有而促进"李小龙""中国功夫""截拳道"等武术名牌的创建。

《头号玩家》电影海报

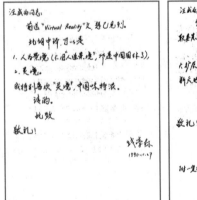

钱学森致汪成为的手稿

Roblox 游戏界面

Easy Life《堡垒之夜》虚拟演唱会海报

Easy Life《堡垒之夜》虚拟演唱会海底场景

《地平线世界》用户虚拟形象

《地平线世界》游戏场景

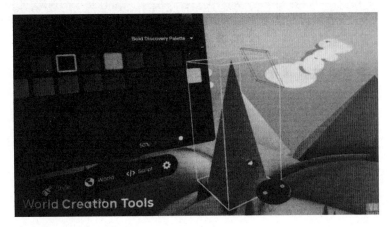

《地平线世界》创作工具

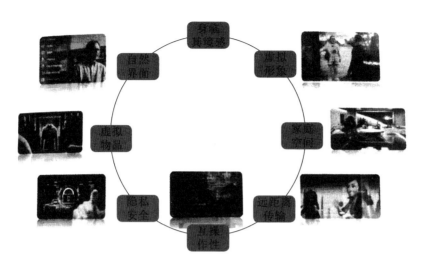

扎克伯格提出的元宇宙八要素

《第二人生》中居民飞行界面

曼彻斯特大学用《第二人生》为学生举办毕业典礼

第四节　李小龙品牌开发与利用的建议

如何将李小龙品牌的打造与顺德的城市营销相结合？如何借助李小龙品牌提升顺德的吸引力，保持顺德发展的活力？

经过顺德区政府及社会各界十多年的共同努力，顺德至今已在李小龙家乡均安镇建成世界最大的李小龙乐园、世界最大的李小龙纪念馆、世界最大的李小龙铜像，迈出了可喜、扎实的第一步！顺德今后如何把握机会，因势利导、因地制宜地做好李小龙品牌开发、利用的规划，可以从以下几个方面考虑。

一、强化李小龙品牌认识与重视本地开发意义

时至今日，"李小龙"品牌堪称顺德最具世界影响力、最有开发潜力的文化品牌。在品牌认识方面，顺德应强化"李小龙是一种文化遗产"的文化意识，从非遗保护的高度上来强化对其品牌开发与利用的重视度。顺德可以站在李小龙这个世纪巨人的肩膀上，吸引世界的目光，成为世界瞩目的文化旅游名城。放眼世界，因为一幅名画、一件雕塑、一部电影、一个传奇故事甚至小说中一个人物而成为旅游城市的例子不胜枚举。文化资源的开发中，政府的重视是关键。政府若重视，很小的资源可以形成很大的市场；反之，政府不重视，再大的资源也会被浪费。在本地资源开发方面，既不能仅仅停留在"硬件"上，而应拓展"软件"的深耕，也不能局限于传统的推广模式，要与时俱进，革新推广理念与传播工具，借用当代的各种信息媒介实现"海陆空"的立体推广模式。总之，我们有现成的具有世界影响力的李小龙这个国际品牌，李小龙的精神与今天我们倡导的时代精神又如此一脉相承，我们应该强化对李小龙品牌的认识，抓住粤港澳大湾区大力发展产业的大好时机，充分调动本地资源，打造和利用好这个世界级文化品牌，实现"政府—企业—人民"的多向共赢。

二、坚持李小龙品牌定位不动摇与完善产业链

李小龙乐园是目前开发与利用李小龙品牌重要的平台，作为一个文化项目或是一个文化工程，已形成了一个很清晰的定位：借力李小龙在世界的影响力和知名度，整合佛山、顺德本土的武风民俗等资源，建设成为世界上最大的武术文化主题公园。正是这个定位，才有李小龙乐园今天建成

世界上最大的李小龙专题公园、李小龙纪念馆、李小龙铜像的成绩。尽管现在的李小龙乐园离目标定位还很遥远，有很多设施尚未完善，李小龙纪念馆的藏品也有待进一步充实、丰富，但只要定位不变，加快建设步伐，这个目标就一定能实现。另外，针对乐园"不吸引人，留不住人"的现状，政府与企业应携手合作，从大众需求出发，改善设施、完善整个产业链，以"线上引流、线下体验"的制度设计提升乐园的客户黏合度与总体粉丝量，让李小龙乐园成为全国"龙迷"的"打卡"圣地。如以最新元宇宙科技升级现有的线下推广模式，实现全世界的"龙迷"跨时空的互动以及超越虚实的具身体验。

三、开发与利用李小龙品牌的基本原则与方向

"政府牵头、适当扶持、先易后难、市场运作、打造精品、做一件成一件"是李小龙品牌开发与利用的基本原则，也是做好李小龙品牌知识产权的保护与宣传工作的重要脊线。针对李小龙品牌开发与利用的乱象，一方面要借助法律法规的利器加以严惩，另一方面更重要的是对市场规则意识、尚武精神的弘扬，唯有内外兼备的双向教育才会形成一个相对规范的品牌运营业态。另外，李小龙是一个世纪英雄与偶像人物，其文化辐射力与影响力是其品牌的核心，挖掘品牌的文化内核是品牌开发与利用的主要方向。当下学人、政府及企业应把准方向，责无旁贷地挖掘与整合这样一个世界级文化资源，借助新时代科技东风与其世界范围内的影响力，传承好中华优秀传统文化、讲好中国故事、传播好中国声音。

四、挖掘元宇宙的科技潜能与拓展其应用场景

在元宇宙时代，李小龙品牌的开发与利用迎来了新的发展机遇。目前元宇宙探索已形成"业界实践、学界探讨"的发展态势，游戏、金融、教育、体育等行业都充分进行了元宇宙化的产业融合创新发展模式，其应用前景十分广阔。对于李小龙品牌而言，也应充分运用元宇宙集成互联网、大数据、虚拟现实、人工智能等信息的综合潜能，借助其提供的"新手段、新空间、新主体"之科技优势，以其强大的工具性思维与媒介传播价值，既作为线下传统模式的有效补充，又可实现当前科技成果的创新型发展与创造性转化，并且提前做好价值预判与风险规避，整体上赋能李小龙品牌的开发与利用，从而为其提供新的机遇。

五、开发与利用李小龙品牌的参考方案及提议

1. 设立李小龙品牌专项研发、推广经费以及做好李小龙品牌的合法授权和维权工作。

2. 成立李小龙品牌研发与推广中心（结合顺德的实际情况，首推服装与美食文化）。

3. 设立李小龙奖金——与中国武协及国际武联等机构合作。

4. 编辑、摄制全国出版发行《李小龙——顺德骄子》同名中英文版书籍、影视作品。

5. 探讨、策划"李小龙杯"（或"功夫之王杯"）国际擂台赛事——与中国武协合作。

6. 探讨、策划"李小龙杯"国际最佳影视、动漫作品展评——与中国影协合作。

7. 创立李小龙国际武术学校（文武学校，填补佛山市空白）——与中国武协、高等院校合作。

8. 探讨、策划"李小龙武术文化节"——与中国武协、中国影协等权威机构合作。

9. 举办李小龙动漫（画）创作大赛——与中国美协、高等院校合作。

10. 举办李小龙塑像（铜、陶、石、木等材质）创作大赛——与中国美协、高等院校合作。

佛山市顺德区均安镇人民政府

关于全力支持均安镇
申请中国功夫特色小镇的通知

各办（局）、各村（居）委会，有关单位：

中国功夫特色小镇是以"功夫"为核心的"产城人文旅"一体化的特色小镇，通过"迎进来、走出去、产业集聚"的方式，打造粤港澳大湾区文旅产业圈建设典范，融入"一带一路和粤港澳大湾区"国家战略，打造国际一流的"功夫产业小镇"。项目是通过武术产业集群化的方式，凸显佛山功夫李小龙故乡的国际知名效应，为顺德成为广东省高质量发展体制机制改革创新实验区打造亮丽的名片，均安镇委镇政府将把功夫小镇创建作为全镇头号工程项目，全力支持中国功夫特色小镇的创建。

中国功夫特色小镇建设项目选址位于顺德区均安镇，规划占地7425亩（4.95平方公里），项目将根据规划中的土地性质进行具体项目建设，将参考相关土地利用总体规划、城市规划、控制性详细规划，按相关规定办理项目建设用地申请报批手续。

佛山市顺德区均安镇人民政府
2019年12月5日

佛山市人民政府办公室

依申请公开　　　　　　　　　佛府办函〔2020〕61号

佛山市人民政府办公室关于印发佛山市加快
建设"世界功夫之城"实施方案的通知

各区人民政府，市政府有关部门：

《佛山市加快建设"世界功夫之城"实施方案》已经市委、市政府同意，现印发给你们，请贯彻执行。实施过程中遇到问题，请径向市文广旅体局反映。

佛山市人民政府办公室
2020年1月12日

随着佛山市"世界功夫之城"、均安镇"世界级功夫小镇"规划的逐步实施，李小龙品牌的开发与利用将会大放异彩。

附　录

一、李小龙大事年表

- 1940 年 11 月 27 日 7 时，龙年辰时（早上 7 时至 9 时），李小龙（本名李镇藩，族名李源鑫，英文名 Bruce Lee），再度赴美留学后改名"李振藩"，出生于旧金山杰克逊街东华医院（JACKSON STREET CHINESE HOSPITAL），父为粤剧四大名丑之一李海泉，母为何东爵士之弟、何甘棠之女何爱榆。

- 1941 年 2 月，李海泉参演由伍锦霞与关文清联合导演的粤语电影《金门女》，该片需一名初生婴儿，名叫"伯父"的角色，机缘巧合，3 个月的李镇藩出演了人生的第一部电影，并注定了其一生与电影结下了不解之缘。

- 1941 年 3 月底，4 个月大的李镇藩随父返港，一家人定居香港九龙城。

- 1945 年 8 月，抗日战争胜利后，李海泉所在剧团返乡——顺德江尾（现佛山市顺德区均安镇上村）表演粤剧。李小龙与兄弟姐妹一同返乡祭祖。这是李小龙一生中唯一一次回顺德均安上村祖居。

- 1946 年 9 月，李镇藩在香港信德学校就读小学。

- 1948 年，与父亲李海泉共同参加《富贵浮云》的演出，片中父子有相斗的场面，当时取艺名李鑫。

- 1950 年，年仅 10 岁的李镇藩主演了他的首部电影——由袁步云漫画改编的《细路祥》，并由漫画家袁步云为他取艺名为李小龙。

- 1952 年 9 月，在香港喇沙书院初中部学习。

- 1954 年，师从咏春拳一代宗师叶问（1893 年—1972 年），为后来他自创截拳道打下坚实的基础。同年，开始跳恰恰（CHA CHA）舞。

- 1957 年，李小龙在香港电影《雷雨》中扮演二少爷周冲。

- 1958 年 3 月 29 日，转入香港圣芳济书院高中部学习。同年，夺得"全港中学校际拳击赛"冠军；与弟弟李振辉搭档在"全港恰恰舞大赛"中，一举夺得冠军，展现了他的艺术天赋；李小龙主演了他离开香港前的最后一部电影《人海孤鸿》，在电影中扮演一名"问题少年"。

- 1959 年 4 月 29 日，19 岁的李小龙乘坐 "威尔逊总统号"邮轮赴美留学。这次远行求学，是他人生重要的转折，并使他最终找到了自己的信念和理想。

- 1959 年 9 月 3 日—1960 年 12 月 2 日，李小龙在美国华盛顿西雅图市爱迪生技术学校（Edison Technical School）读完高中。在读书期间，他还在西雅图周露比餐馆兼职打工。

- 1961 年 3 月 27 日，李小龙考入西雅图的华盛顿大学心理系，攻读哲学专业。其间，李小龙选修心理学、绘画、体操、西洋剑术及西洋摔跤等学科。在校期间，他在学校组织了一支"中国功夫队"，博得师生好评。他主修哲学专业。正是哲学的世界观和方法论帮助他完成了自己武功系统的构成，哲学的思维方法与表现形式深刻地体现了李小龙武功的各个组成部分，并推动着它的发展和完善。

- 1962 年 4 月，在西雅图唐人街开始教授中国功夫，即"振藩拳法"，第一间武馆为振藩国术馆。

- 1963 年 3 月，赴美国四年后，首次回香港探望父母与家人。李小龙这一次在香港住了 4 个多月。

- 1963 年 8 月，回到西雅图华盛顿大学继续学习。

- 1963 年，出版生前唯一一部专著《基本中国拳法》。同年，认识了尚读高三的琳达·艾米莉（Linda Emery）。

- 1964 年，春季学期结束后，肄业。

- 1964 年 7 月 19 日，在加州奥克兰市开设振藩国术馆，8 月 3 日正式开班授课。

- 1964 年 8 月 2 日，出席在加利福尼亚州长堤市举办的"长堤国际空手道锦标赛"，并与日裔助教木村武之表演了振藩拳法，引起全场观众的轰动。

- 1964 年 8 月 12 日，李小龙与琳达·艾米莉在西雅图罗尔教堂结婚。

- 1965 年 2 月 1 日，李小龙与琳达的第一个孩子——儿子李国豪（Brandon Lee）在美国奥克兰市出生。

- 1965 年 2 月 8 日，李小龙的父亲李海泉在香港去世，享年 63 岁。李小龙立刻回港奔丧。

- 1965 年 3 月，李小龙一家移居洛杉矶。

- 1965 年 5 月，李小龙携儿子李国豪再次由美国回到香港探望亲人。

- 1966 年 6 月，李小龙在美国出演第一部电视剧《青蜂侠》，1966 年 9 月 9 日全美广播电视频道的黄金时间播映。李小龙在剧中饰演第二男主角——青蜂侠格林·赫耐特的助手兼司机、日本武术高手加藤。《青蜂侠》之后很多电影公司找他出演角色。但由于当时华侨在美国地位低下，角色不是抬不起头来的华人，就是反面人物。李小龙宁可错失机会，也不出演这样的角色，以至于直到 1971 年，他只在《丑闻喋血》和《盲人追凶》中客串。

- 1967 年 2 月 5 日，第四间也是李小龙最后一间振藩国术馆在洛杉矶唐人街学院街正式开馆。
- 1967 年 5 月 6 日，应邀出席在美国首都华盛顿举办的"全国空手道冠军大赛"，做示范表演。
- 1967 年 6 月 24 日，应邀出席在纽约麦迪逊广场花园举办的"全美空手道公开大赛"，做示范表演。
- 1967 年 7 月，在美国创立跨越门派限制的武术体系，命名为截拳道（Jeet Kune Do），时年 27 岁。
- 1967 年 7 月 14 日，客串一集电视剧《无敌铁探长》（*Ironside*）。
- 1967 年 7 月 30 日，应邀出席在加州长堤举办的"长堤国际空手道锦标赛"，并做截拳道自由搏击示范表演，陪练对手为助教伊诺山度。
- 1968 年 6 月 23 日，应邀出席在美国华盛顿举办的"全国空手道冠军大赛"，做示范表演。
- 1968 年 7 月，担任电影《破坏部队》（*The Wrecking Crew*）的武术指导。
- 1969 年 4 月 19 日，李小龙与琳达的第二个孩子——女儿李香凝（Shannon Lee）在美国洛杉矶出生。
- 1969 年 8 月，在美国电影《马洛》（*Marlowe*）（又名《丑闻喋血》）中扮演一个功夫惊人的华人黑社会杀手。
- 1970 年 4 月，李小龙携子李国豪回香港探亲，开始香港发展之路。起初李小龙只能在无线电视《欢乐今宵》和丽的电视《金玉满堂》两档电视栏目中小露身手。
- 1970 年，李小龙与自己的两位名人弟子、好莱坞著名编剧家斯特林·西利芬、好莱坞电影明星詹姆斯·科本筹拍功夫电影《无音箫》（*THE SILENT FLUTE*）。
- 1971 年 6 月，李小龙主演好莱坞电视连续剧《盲人追凶》（*LONG STREET*）的第一集《截拳道》中的男主角的功夫教练。这是李小龙出演的最后一部好莱坞电视剧。

- 1971 年 7 月，李小龙接受了香港嘉禾电影公司总裁邹文怀的邀请，由美国返回香港为香港嘉禾电影公司主演第一部功夫片《唐山大兄》。

- 1971 年 10 月 30 日，《唐山大兄》在香港正式公映，李小龙以高超的武艺和精湛的演技，赢得了香港人的一致赞同，影片创下了香港开埠以来电影票房的最高纪录，高达 319.74 万港元。

- 1972 年 3 月，李小龙返港后主演的第二部功夫片《精武门》又创下 443 万港元的票房新纪录。同年，《精武门》获台湾电影金马奖剧情片奖，李小龙获最佳技艺奖。

- 1972 年 5 月，李小龙带着自组的协和电影公司主要人员赴罗马拍摄个人代表作《猛龙过江》。该片由李小龙自编、自导、自演，是香港历史上首部在欧洲拍摄外景的影片。《猛龙过江》创下 530 万港元的票房辉煌纪录，使李小龙一跃成为影坛巨星。

- 1972 年 6 月 24 日，参加香港电视为"六一八雨灾"制作的筹款赈灾慈善表演，与爱子李国豪表演截拳道。

- 1972 年 7 月 29 日，李小龙一家正式迁入香港九龙塘金巴伦道 41 号"栖鹤小筑"别墅，这是李小龙从 1972 年 7 月 29 日迁入，直至 1973 年 7 月 20 日逝世的最后寓所。

- 1972 年，以截拳道宗师身份，入选国际权威武术杂志《黑带》名人堂。这标志着李小龙新创的截拳道获得国外武术界的权威公认。

- 1972 年 9—11 月，李小龙自称"集合了世界上最优秀的武术家和运动员"的功夫片《死亡游戏》开拍。当拍完了影片最刺激的打斗高潮部分后，由于李小龙操劳过度，身体不适，该片只拍了三分之一便停拍。

- 1972 年 11 月 23 日，好莱坞华纳兄弟影业公司与李小龙签订了全世界发行的功夫片《龙争虎斗》的合作。

- 1972 年，李小龙被国际权威武术杂志《黑带》评为"世界七大武术家之一"，美国报刊赞誉他为"功夫之王"，日本人称他为"武之圣者"，还被香港评为十大明星之一。

- 1973 年 1 月，李小龙主演了由香港嘉禾与美国好莱坞两家电影公司合拍的超级功夫巨作《龙争虎斗》。这是第一部由华人主演的好莱坞电影。《龙争虎斗》获得的巨大成功，也让李小龙从一名香港明星，一跃晋升为世界级的国际巨星。

- 1973 年 7 月 20 日，李小龙由于药物过敏导致脑水肿，在香港猝然逝世，享年 32 岁零 8 个月。

- 1973 年 7 月 25 日，在香港九龙殡仪馆举行盛大的李小龙第一次葬礼，殡仪馆外广场有近两万名闻讯赶来吊唁的人等候。

- 1973 年 7 月 30 日，在西雅图帕塔瓦殡仪馆举行了李小龙第二次葬礼。李小龙的弟子和亲友一百多人参加。李小龙的遗体被安葬在西雅图湖景墓地（Lakeview Cemetery）。

- 1974 年，李小龙再度被国际权威武术杂志《黑带》评为"世界七大武术家之一"。香港报纸赞誉他为"当代中国武术及电影史上的奇才"。

- 1975 年，根据李小龙武学和哲学遗稿《武道释义》编辑整理而成的《截拳道之道》一书由美国奥哈拉出版社正式出版。该书出版后，很快被译成 9 种文字畅销全球，被欧美武术界奉为"武道圣经"。截至 1999 年，前后重印 40 余次。

- 1976 年至 1977 年间，美国奥拉哈出版社分 4 册出版了李小龙另一武学专著《李小龙技击法》，也迅速以 9 种文字风行世界。

- 1979 年，美国洛杉矶市政府将《死亡游戏》的开映日，即 7 月 8 日，定为"李小龙日"。

- 1980 年，李小龙死后 7 年，仍被日本有影响力的杂志《公映》评为"国际十大明星"中的第三位，并被日本《朝日新闻》评选为"20 世纪 70 年代代表人物"。

- 1981 年，洛杉矶市政府将每年的 6 月 8 日定为该市的"李小龙日"。

- 1986 年，李小龙被德国汉堡大学评为"最被欧洲人认识的亚洲人"。

- 1992 年，《黑带》杂志 23 周年纪念活动"国际武坛最具影响力八大武术家"评选，李小龙名列八大武术家之首。

- 1993 年 4 月，美国好莱坞名人大道上铺上了"李小龙之星"的纪念星徽。美国比华利山"至尊廊"举办"李小龙珍藏品"拍卖会。同年，获香港电影金像奖颁发"终身成就奖"。

- 1997 年，美国杂志《霓虹》（NEON）1997 年 5 月号选出 100 部"临死前必须看的电影"（THE 100 FILMS YOU MUST SEE BEFORE YOU DIE），李小龙的《龙争虎斗》列在第 60 位。

- 1997 年，在李小龙的遗孀琳达和女儿李香凝的督促下，"振藩截拳道总会"在美国成立，以宣传李小龙的武术哲学思想。

- 1997 年 7 月 1 日，香港动作特技演员公会在香港回归晚会中合演《李小龙精神》。

- 1998 年，获美国演艺同业公会"终身成就奖"。

- 1998 年 11 月，中国武术协会在大型武术文艺晚会《武颂》演出时，特意授予李小龙"武术巨星奖"。

- 1999 年，入选美国《黑带》杂志"十大世纪武术家"荣誉榜，位居榜首。

- 1999 年，李小龙获美国政府颁发的"多米尼加艺术奖"，并获美国演艺同业公会颁发的"终身成就奖"。

- 1999 年 6 月，在美国权威杂志《时代周刊》评选"20 世纪最具影响力的 100 位名人"的活动中，李小龙作为唯一武术家、唯一华人和亚洲人，荣登"20 世纪英雄与偶像"组别 20 位名人榜，成为全球瞩目的"20 世纪英雄与偶像"。

- 1999 年 7 月，为弘扬李小龙精神，在顺德天任美术馆举行"李小龙图片展"。

- 1999 年 9 月，香港特区政府通过在 1999 年年底落成的香港电影资料馆中设立"李小龙纪念廊"的决议。

- 1999 年 12 月，英国权威电影杂志 TOTAL FILM 评选出 20 世纪的十大最佳功夫片，其中有李小龙主演的《龙争虎斗》《唐山大兄》《精武门》三部影片。

- 2000 年 1 月，在由港台等地七家电子传媒联合举办的"世纪娱乐风云人物选举"中，李小龙所得票数最多，荣登"娱乐风云人物榜"榜首。

- 2000 年 4 月 27—30 日，由李小龙教育基金会组织，在美国拉斯维加斯举行了纪念李小龙诞辰 60 周年的"2000 龙的聚会"这一盛大的全球李小龙迷、截拳道者联谊活动。

- 2000 年 5 月 20 日，香港首个李小龙纪念馆"小龙馆"正式开幕，馆内有逾千件藏品。该馆由喜好扮演李小龙的著名香港演员欧锦棠联合影迷投资建成。

- 2000 年 7—11 月，由香港李秋勤和顺德黄德超合著的《永恒的巨星李小龙》

《永恒巨星的一生——李小龙》书籍和画册在香港出版。

- 2000 年 11 月 20 日，广东省文化传播学会李小龙研究专业委员会在顺德均安举行成立大会。

- 2000 年 11 月 21 日—12 月 17 日，在刚落成的香港电影资料馆大堂举办了"李小龙电影资料展览"，并在该馆的电影院举办了"李小龙电影回顾展"，连续放映李小龙主演的 21 部电影和电视剧。

- 2000 年，美国政府宣布发行一套李小龙诞辰 60 周年纪念邮票，这是继玛丽莲·梦露和 007 之后的第三位获此殊荣的艺人，也是华人中的第一人。

- 2000 年，李小龙大姐李秋源首次回乡拜祖。

- 2000 年，金氏世界纪录中，李小龙一拳能打出 400 磅的力量，与拳王阿里相同，而阿里的体重是 260 磅，李小龙的体重只有 130 多磅。

- 2001 年 8 月 28 日，顺德市政府把李小龙纪念馆项目作为四大招商项目之一，委派专人赴香港参加广东省经济技术贸易洽谈会。

- 2002 年 3 月 26 日，国内首家李小龙纪念馆（临时）在大良镇东康三街揭幕，顺德区政协原主席刘世宜与李小龙大姐李秋源等主持了揭幕仪式。

- 2003 年 8 月，顺德区政府委派黄德超远赴美国，会晤李小龙大姐李秋源、胞弟李振辉、女儿李香凝，并向他们面交回乡邀请函。

- 2003 年，美国《黑带》杂志推出李小龙逝世三十周年纪念专辑，专题按语为"改造世界的男人：李小龙对美国武术界的恒久影响"。

- 2004 年，《功夫之王李小龙》邮册和《世纪英雄李小龙》画册在顺德均安举行首发仪式。

- 2005 年，获香港电影金像奖"百年光辉之星"。

- 2005 年，获"中国电影走向世界杰出贡献奖"。同年，当选"中国电影百年百位优秀演员"。波黑莫斯塔尔市中央公园、香港星光大道先后竖立李小龙铜像。

- 2006 年 11 月 26 日，世界最大的李小龙纪念馆奠基，国家体委副主任徐才、佛山市委副书记蔡河义、顺德区委常委梁惠英、顺德区政协主席李新喜、李小龙的胞弟李振辉、好友丁珮等前来参加了奠基仪式。

- 2007 年，入选英国杂志 *Total Film* "50 大电影英雄"。

- 2008 年 10 月 22 日，李小龙女儿李香凝首次专程从美国回顺德均安上村寻根祭祖，她在区、镇领导的陪同下，到李小龙乐园视察了李小龙纪念馆的建设情况。

- 2008 年 11 月 9 日，世界最大的李小龙纪念馆在顺德落成，李小龙大姐李秋源及省、市、区有关领导出席了庆典。

- 2008 年，国际健联官方杂志《肌肉与健美》再次推出封面专题，探讨李小龙的功夫健身之道。其专题文章评价李小龙："在他之后，健身界出现了很多令人惊异的身材，但唯有李小龙的肌肉是最协调与最平衡的。这已经成为评价他人的一个标准——这个标准至今仍是健身者们渴望达到的。"

- 2008 年，世界最强 MMA（综合格斗）组织美国 UFC 与美国李小龙教育基金会联合共同推介李小龙。UFC 主席达纳·怀特（Dana White）赞誉李小龙为"MMA 之父"，他明确指出："李小龙在 20 世纪 60 年代和 70 年代所宣扬的每一件事情，在 MMA 大赛从 90 年代初期以来的发展中，都一一得到了验证……他是武术发展到现在和为什么今天 MMA 大赛能够存在的原因。"

- 2008 年 5 月 9 日，在北京国家奥林匹克体育中心举行由李旺华、关文明、黄德超主编的中国首部中英文大型邮册《中国武术》和《武术与奥运》首发式。同年 10 月，电视剧《李小龙传奇》（50 集）在中央电视台首播后好评如潮，各电视台轮番转播。同年世界最大的李小龙纪念馆在顺德落成。

- 2009 年，美国国家广播公司评选出李小龙为影视作品中十大铁血猛男形象之一。同年，英国杂志 *Total Film* 选出 67 部改变世界的电影，其中李小龙主演的《龙争虎斗》入围，杂志指该片掀起了 20 世纪 70 年代的世界功夫热潮。由郝钢、朱建华担任主编，国内首次引进李小龙原著的李小龙经典原著书系卷一《醒思录：李小龙的生活智慧》（李小龙著，约翰·里特编，温戈译），卷二《截拳道：武道释义》（李小龙著，约翰·里特编，温戈译），卷三《李小龙：肢体表达艺术》（李小龙著，约翰·里特编），卷四《功夫之道：李小龙中国武术之道研究》（李小龙著，约翰·里特编），均在 2009 年 7 月至 2011 年 1 月由中国海关出版社出版。

- 2010 年，世界最大的李小龙铜像在顺德"2010 李小龙文化节"期间揭幕，李小龙女儿李香凝及孙女 Wren 专程从美国回来参加了仪式。

- 2011 年 3 月，澳大利亚悉尼高嘉华市内竖立李小龙铜像。

- 2012 年 6 月 29 日至 30 日，顺德区委宣传部、文化体育旅游局在顺德华桂园会议厅召开"李小龙武学思想研究"结题会暨李小龙品牌开发研讨会。11 月，顺德区政府代表广东参加了在匈牙利首都布达佩斯举行的"2012 中国文化周活动"，弘扬推介李小龙文化。
- 2013 年 7 月 20 日，由广东省文化传播学会、佛山市顺德区文化旅游局、均安镇人民政府主办，广东省李小龙研究会、李小龙乐园、李小龙纪念馆承办，在李小龙乐园举办了"2013 年李小龙逝世 40 周年纪念活动"。
- 2015 年 11 月 2 日，由中国武协主办，广东博牛体育产业有限公司、广东省李小龙研究会、李小龙纪念馆承办了"纪念李小龙诞辰 75 周年系列活动"暨"武行天下·中泰功夫之王争霸赛"。
- 2018 年，美国洛杉矶唐人街李小龙铜像揭幕。
- 2020 年 11 月 27 日，由国际武联、中国武协、佛山市政协、顺德区委宣传部、文化旅游局主办了"纪念李小龙诞辰 80 周年暨纪念国际武术联合会成立 30 周年系列活动"。

位于美国洛杉矶的李小龙铜像

顺德区政府所赠李小龙铜像 (2011 年竖立在澳大利亚悉尼)

二、上村李氏家族简谱

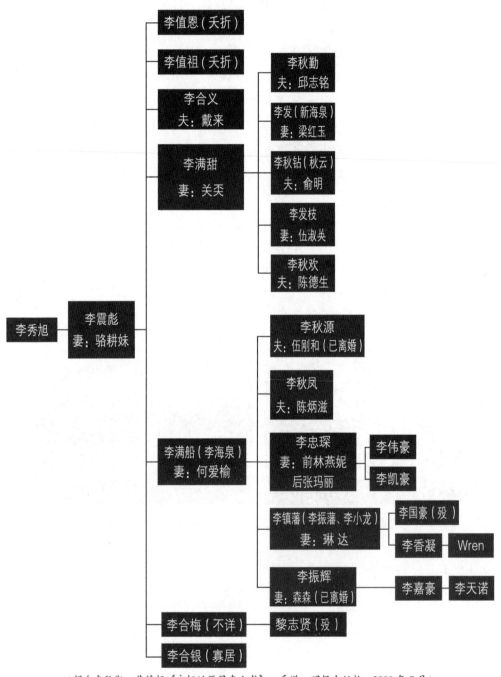

（辑自李秋勤、黄德超《永恒的巨星李小龙》，香港：明报出版社，2000年7月）

三、香港何氏家族简谱

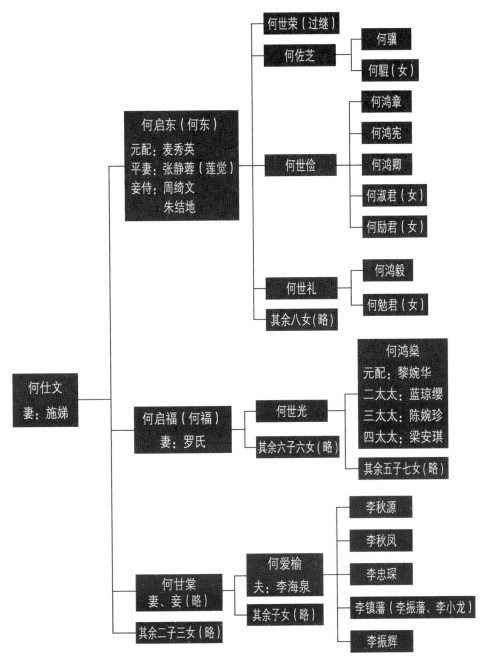

（辑自香港《壹周刊》《千禧名人录》，1999 年 11 月 19 日）

四、李小龙和他的电影

（一）李小龙童年及少年时期所拍的电影（1940 年—1959 年）

在他的童年和少年时期共拍了 22 部粤语电影，其中《细路祥》《人之初》《雷雨》《人海孤鸿》等电影都受到观众的好评。

《金门女》（*Golden Gate Girl*）　年份：1941 年
导演：伍锦霞、关文清　　演员：李小龙、曹绮文、李海泉等

《富贵浮云》（*Wealth is the Dream*）　年份：1948 年
导演：俞亮　演员：李小龙、小燕飞、罗品超、李海泉、半日安等
公司：四达制片公司、爱群制片公司

《梦里西施》（*Sai See in the Dream*）　年份：1949 年
导演：蒋爱民　演员：李小龙、廖侠怀、罗丽娟、李兰等
公司：银鹰制片公司

《细路祥》（*The Kid*）　年份：1950 年
导演：冯峰　演员：李小龙、冯峰、李海泉、伊秋水、陈惠瑜等
公司：大同制片公司　片源：世界戏院 （缺本）、亚洲电视

《凌霄孤雁》（*Bird on the Wing*）　年份：1950 年
导演：吴回　演员：李小龙、白燕、张活游、陈露华、林莺等
公司：大利制片公司

《人之初》（*Infancy*）　年份：1951 年
导演：秦剑　演员：李小龙、白燕、吴楚帆、丽儿等
公司：大观制片公司

《苦海明灯》（*The Guiding Light*）　年份：1953 年
导演：秦剑　演员：李小龙、白燕、吴楚帆、张活游、强瑛等
公司：中联电影制片公司　片源：世界戏院

《慈母泪》（*A Mother Remembers*）　年份：1953 年
导演：秦剑　演员：李小龙、张瑛、黄楚山、杨帆、红线女等
公司：红棉制片公司　片源：中国电影资料馆

《父之过》（*Blame It on Father*） 年份：1953 年
导演：孙伟 演员：李小龙、小麒麟、小南红、庞碧云等
公司：达成制片公司 片源：世界影院

《千万人家》（*A My Raid Homes*） 年份：1953 年
导演：珠玑 演员：李小龙、吴楚帆、紫罗莲、容小意、黄曼梨等
公司：中联电影制作公司 片源：世界影院

《危楼春晓》（*In the Face of Demolition*） 年份：1953 年
导演：李铁 演员：李小龙、吴楚帆、紫罗莲、张瑛、卢敦等
公司：中联电影制作公司 片源：中国世界资料馆

《爱》（*Love*） 年份：1955 年
导演：王铿、李铁 演员：李小龙、白燕、张活游、红线女、梅绮等
公司：中联电影制作公司 片源：世界戏院

《孤星血泪》（*An Orphan's Tragedy*） 年份：1955 年
导演：珠玑 演员：李小龙、吴楚帆、张活游、容小意、梅绮等
公司：中联电影制作公司 片源：亚洲电视

《守得云开见月明》（*The Faithful Wife*） 年份：1955 年
导演：蒋伟光 演员：李小龙、芳艳芬、江一帆、朱丹等
公司：大成制片公司

《孤儿行》（又名《苦命女》，*Orphan's Song*） 年份：1955 年
导演：李佳、钱大叔 演员：李小龙、邓碧云、梁醒波、凤凰女、刘克宣等
公司：天公制片公司 片源：无线（港侨）

《儿女债》（*We Owe It to Our Children*） 年份：1955 年
导演：秦剑 演员：李小龙、黄曼梨、张活游、容小意、李清等
公司：中联电影制作公司 片源：亚洲电视

《诈癫纳福》（*The Wise Guys Who F001 Around*） 年份：1955 年
导演：蒋伟光 演员：李小龙、新马仔、胡枫、白露明、朱丹等
公司：大成制片公司 片源：亚洲电视

《早知当初我唔嫁》（*Too Late for Divorcee*） 年份：1956 年
导演：蒋伟光 演员：李小龙、芳艳芬、任剑辉、胡枫、朱丹等
公司：新光制片公司 片源：亚洲电视

《雷雨》（*Thunderstorm*） 年份：1957 年
导演：吴回 演员：李小龙、张瑛、白燕、梅绮、黄曼梨、红线女等
公司：华侨制片公司 片源：亚洲电视

《甜姐儿》（*Defiling Gift*） 年份：1957 年
导演：吴回 演员：李小龙、张瑛、文萧、梁醒波、丁樱等
公司：连丰制片公司 片源：无线（雷鸣）

《人海孤鸿》（*The Orphan*） 年份：1959 年
导演：李晨凤 演员：李小龙、吴楚帆、白燕等
公司：华联影业公司 片源：Rand Film Laboratories（吴珍）

（二）李小龙在美国所拍的电影与电视（1959 年—1971 年）

《青蜂侠》（*The Green Hornet*） 年份：1966 年
导演：诺曼·福斯特 演员：李小龙、华特·布鲁克、洛埃特·高等
公司：美国福斯电影公司
简介：《青蜂侠》是一部 30 集电视连续剧，每集 30 分钟。它是李小龙在美
国从影的处女作，李小龙饰演第二主角，即青蜂侠的助手兼司机加藤。他武
艺高强，与青蜂侠一起嫉恶锄奸。李小龙在片中的表演出色，此后，有许多
美国制片商邀请他在电影中客串演出或担任武术指导。

《丑闻喋血》[又名《马洛》（*Marlowe*）] 年份：1969 年
导演：保罗·波加多 演员：李小龙、詹姆斯·葛纳、凯尔等
公司：美国米高梅电影公司
简介：《丑闻喋血》是根据雷蒙杰多原著《马洛》一书改编而成的电影。李小
龙在片中饰演一个反面角色，他是一个组织中的东方职业杀手，与剧中的正面
人物即主角神探马洛展开了生死搏斗。后来两人在阳台上决斗，杀手坠楼而死。

《盲人追凶》（*Long Street*） 年份：1971 年
编剧：西里范特
演员：李小龙、詹姆斯·法兰西斯哥、彼得·马克、里奇曼、马林梅逊等
公司：美国派拉蒙公司

简介：《盲人追凶》是一部 13 集的电视连续剧。李小龙在该片中首次发表
了他的截拳道理论。他在片中饰演一名盲探的教练，他通过引导盲探学习武
术的过程来阐述他的武学思想。他一共参加此片 4 集演出。

（三）李小龙回港所拍的电影（1970 年—1973 年）

- 1971 年，《唐山大兄》是李小龙旅美回港后所拍的第一部国语片，他饰演来自唐山的青年郑潮安，到泰国曼谷冰厂工作，与实为贩毒分子的冰厂老板进行殊死的斗争。

- 1972 年，《精武门》中，李小龙饰演霍元甲的弟子陈真，他得知师傅是被日本人所毒死，便大闹日本武术馆，砸烂污蔑中国人是"东亚病夫"和"华人与狗不得入内"的匾牌，从此树立了李小龙的民族英雄形象。

- 1972 年，《猛龙过江》是李小龙自组的协和电影公司所拍的第一部作品，也是他自编、自导、自演的一部电影。李小龙在该片中饰演一个由香港赴意大利的香港青年唐龙，他武艺高超，胆识过人，力战骚扰他好友所经营餐馆的当地黑帮，展示了惊人的中国功夫的威力。

- 1972 年年底开始筹拍《死亡游戏》，影片说的是李小龙饰演的影星罗比列与恶势力兰特等人抗争的故事，只是该片仅拍了一半，就受到片约、李小龙身体不适、天气等因素影响而停拍。1973 年 7 月 20 日，李小龙猝逝，《死亡游戏》成为李小龙未完的遗作。

- 1973 年，《龙争虎斗》是李小龙在好莱坞影片中担任主角的第一部电影。这部影片中，李小龙除主演并兼任武术指导，同时还去管属于制片、摄影、灯光、道具等方面的事情，他把对自己的严格，压在了每一个人的身上。该片在世界闻名的好莱坞中国戏院上映时，就成为轰动一时的大新闻。该片的巨大成功，使李小龙从一名香港级的明星，一跃而晋升为世界级的国际影星。

五、李小龙的绝招和技击术

（一）绝招

1. 蔽目擒手

双目被手帕蒙蔽住，仅靠着手部感觉与敌人进行搏击。

1964 年的"长堤国际空手道锦标赛"上，李小龙曾应邀表演了咏春拳的

"蔽目黐手"绝技，只见李小龙运用潜意识一次又一次地躲过了对方的重击，并适时发起反击，且连连击中对手，仿佛李小龙手上长满了眼睛。

2. 寸拳

寸拳的发劲方法，是在短到一寸的距离上爆发出劲道，寸拳要求拳头要在最短的距离内发出强大的爆发力，这是因为截拳道讲究快速，若是缩手臂再出击，势必延误战机，给对手以格挡或反击的机会。

李小龙应邀到加拿大功夫协会做表演，使用寸拳击打计量器，指针立即指向 350 磅。李小龙以 130 余磅的体重，能在这么短的距离发出如此沉重的拳力，实为罕见。

3. 勾漏手

此招式源于蔡李佛拳的招式，也就是拳手在实战中即封即打、即打即收、连消带打之意。此技法尤其是在反击方面，能够更快、更简练、更安全、更有效、更直接地阻止对手的攻击。

李小龙融合蔡李佛拳和咏春拳，创造出截拳道中的一个重要组成部分——勾漏手。

4. 无影拳

动作要点：假动作运用得好；速度快若闪电；距离与时机掌握得好；拳路讲究变化；面部不带任何表情，使对手无法觉察他的意图；动作无预动；眼睛不要盯住所欲攻击的部位。

将此几点融为一体，突发快拳待对方反应过来，已来不及化解格挡，而必将中招无疑。

5. 李三脚

"李三脚"，即连环三脚攻击法。李小龙在实战中运用这种技法时，完全没有固定的招式打法，而是全凭随机而发。当对手一旦中招后，立刻把握时机，即待其惊魂未定时，便飞出连环脚将其踢倒在地。攻其以措手不及，使其没有一丝喘息或反击之机。此时，由于对手已身中数脚，故体力差者绝无反击能力。

6. 高踢腿法

源于空手道、跆拳道的腿法，一脚踢碎凭空下落且无所依托的 5 厘米厚的木板，他快速凌厉的腿法令不少搏击高手包括泰拳在内的搏击高手俯首称臣。

（二）技击术

李小龙的技击术大致可分为截拳道、双节棍和自卫术三种。

1. 截拳道

1967 年 7 月，李小龙将自己研创的武术体系正式命名为"截拳道"。

截拳道的英文直译是 Jeet Kune Do。李小龙一贯反对给武术流派或招式命名，他认为按照字面上解释："截"就是潜步接近或半路拦截；"拳"是指拳法或拳的风格；"道"则是基本的招数及方法。事实上，截拳道不是招数，而是战术；不是方法，而是方法论；不是具体的物象，而是抽象的哲学。截拳道是功夫的哲学，或是哲学的功夫。

李小龙在传授截拳道功夫时，设计了一套规范动作，其中包括脚法、手法、步法、擒摔法、消截法、闪避、反击、回刺等几十项。

截拳道有以下三大要素：

一是效率。速战速决，最好一出手就击倒对方，不必鏖战，更忌拖泥带水。

二是直觉。一个人在实战中，不是依师傅传授之法攻击闪避，而应是求生的本能在作用于他的行动。

三是简朴。李小龙最忌不切实际的花拳绣腿。套路招数应简化再简化，最好就是一拳或一脚。

2. 双节棍

挥舞着的双节棍的一端，其落点可产生 1600 磅的力，而人的骨头只需 8 磅的力就可以被击碎。并且，一旦连接双节棍的铁链或皮条缠绕到对方的脖子上，只需轻轻一拉，便足以将人绞死。因此，双节棍是一种非常厉害的武器。

3. 自卫术

1966 年，李小龙曾拍摄了 1000 多幅有关自卫术的照片。他自始至终坚持认为练武的最终目的是强身自卫，李小龙训练或表演的自卫术最大的特点是简单实用。大体上有如下几种：一对一徒手自卫术、一对二徒手自卫术、一对三徒手自卫术、一对一持械自卫术、一对二持械自卫术、一对三持械自卫术和女子自卫术。

六、李小龙的荣誉榜

- 1958 年，夺得"全港中学校际拳击赛"冠军。
- 1958 年，获得"全港恰恰舞大赛"冠军。
- 1964 年 8 月 2 日，出席在美国加州长堤市举办的"长堤国际空手道锦标赛"，作为嘉宾表演，技惊四座。
- 1972 年，被国际权威武术杂志《黑带》列为"世界七大武术家之一"。
- 1972 年，凭《精武门》一片获台湾电影金马奖"最佳技艺奖"。
- 1979 年，美国洛杉矶市政府将《死亡游戏》的开映日，即 7 月 8 日定为"李小龙日"。
- 1980 年，被日本《朝日新闻》选为"20 世纪 70 年代代表人物"。富士山竖立起一尊李小龙塑像，人们尊称他为"武之圣者"。
- 1986 年，被德国汉堡大学选为"最被欧洲人认识的亚洲人"。
- 1993 年，美国好莱坞星光大道铺上李小龙纪念星徽。
- 1993 年，美国发行李小龙逝世 20 周年纪念钞票。
- 1993 年，获香港电影金像奖大会颁发"终身成就奖"。
- 1998 年，被美国《时代周刊》评为"20 世纪的英雄与偶像"，是唯一入选的华人。同年，获美国演艺同业公会颁发"终身成就奖"。
- 2000 年，美国政府发行一套李小龙诞辰 60 周年纪念邮票。这是继玛丽莲·梦露和 007 之后的第三位获此殊荣的艺人，也是华人中的第一人。
- 2002 年 3 月 26 日，中国第一个李小龙纪念馆在广东顺德落成。
- 2003 年 7 月 24 日，美国音乐电视台 VH1 选出历史上"200 个最伟大的流行文化偶像"，李小龙名列其中。
- 2004 年，美国传媒协会特为李小龙颁发"传奇大奖"。
- 2005 年，获香港电影金像奖"世纪之星奖"。
- 2005 年，入选《人物》"电影百年十强人物"。
- 2005 年，获"中国电影走向世界杰出贡献奖"。
- 2005 年，当选"中国电影百年百位优秀演员"。
- 2007 年，入选英国杂志 *Total Film* "50 大电影英雄"。

- 2008 年 11 月 9 日，世界最大的李小龙纪念馆在广东省佛山市顺德区均安镇李小龙乐园隆重举行落成典礼。

  关于李小龙的外文版代表作

- 《基本中国拳法》（英文版，1963 年版）是李小龙生前唯一著作。

- 美国武术杂志《黑带》把李小龙生前在该刊发表的文章及个人专访等收集成书（英文版，1973 年版）。

- 布鲁斯·李姆、乌耶哈拉著《李小龙技击法》。

- *LEE SIU LOONG MEMORIES OF THE DRAGON VOL.2，BEHIND THE SOENES*，〔日〕株式会社 1997 年第二版。

- 约翰·里特编著《李小龙：人体表达的艺术》，查尔斯·E. 图特出版公司 2000 年出版。

- 《李小龙技击术大全》（英文版，2008 年出版）。

  关于李小龙的杂志

- 中国大陆第一家武术杂志《武林》1982 年第 2 期刊登关文明的《李小龙自创截拳道》。

- 《中华武林》（北京）、《武魂》（北京）、《精武》（哈尔滨）、《搏击》（太原）等武术杂志，以及《大众电影》《环球银幕》《明星》等电影杂志发表了介绍李小龙的功夫片剧照。1986 年 6 月，郝钢、朱建华主编中国首本截拳道学术专业期刊《截拳道世界》。

七、众家评说李小龙

　　尽管早在 200 年前，"功夫"一词就传到了欧洲，但并未在世界扎根。只是到了二十世纪六七十年代作为表现武术的"功夫"一词，才被世人所接受。我们要向英年早逝的武术大师李小龙先生表示敬意，是他的截拳道和"功夫片"风靡全球，使世界对中国功夫有了初步认识。

——徐才（曾任国家体委副主任、中国武术协会主席）

　　李小龙是感受性非常敏锐的人，我们的婚姻虽然属于国际婚姻，却丝毫未曾有过国际婚姻常见的问题。那些人种、文化、教育、习惯上的差异，可以说反而使我们之间的关系更为密切。因为我们互相学习对方文化的长处。我们的婚姻与其说是 1+1=2 方式的结合，不如说是两个一半合而为一，如今回想起来，发现三种因素是支持婚姻最大的力量：一是宽容，二是忍耐，三是率真。

——琳达·李（李小龙遗孀）

我的弟弟是非常有性格的人，他脾气很大，很刚烈，但是人很善良，对姐妹兄弟很有感情，是个很重亲情的人。他有时很自我，有时又很为别人着想，有刚有柔，有顽皮也有与生俱来的慈悲。

——李秋源（李小龙大姐）

李小龙离开我们 35 年了，但是今天，在这个世界上依然还是有很多人崇拜他，爱护他。有人折服于他的哲学思想，有人迷恋他的银幕形象，无论是影迷，还是武迷，从他们心中洋溢出的对李小龙的崇拜之情是如此真实和真诚，让人很感动。

——李振辉（李小龙胞弟）

我相信，今后无论何时何地，只要在有中国功夫传播的地方，就会传颂着李小龙的大名。"李小龙"三个字实际上已经成为中国功夫的代名词。凭此一点，他的名字就足以同我国历史上许多杰出的民族英雄和文化巨子相提并论。我曾经说过，金光闪烁的"民族英雄"四个大字，李小龙是当之无愧的。

——马明达（广东省李小龙研究会会长，
暨南大学历史系教授、博士生导师）

就 20 世纪 50 年代以来对中国武术发展具有深远影响的个人来讲，李小龙先生无疑是这个时代最典型、最杰出的代表之一。

——王岗（苏州大学体育学院武术系主任、教授、导师）

我到过很多国家，无论在世界的任何一个角落，无论年龄、性别、种族，几乎没有不知道李小龙的，李小龙对传播中国文化起到了很大的作用，如果没有他，中国功夫在世界上的影响肯定不会这么大，也肯定少了很多痴迷中国武术的外国人。

——本扎（加蓬武术协会主席）

李小龙是个奇迹，这个奇迹已经被专家学者们看成是一个蕴涵丰富的文化现象，把它称之为"李小龙现象"或是"李小龙文化"。李小龙现象经久不衰，已日益引起世人的瞩目。在国外，李小龙研究已经逐渐成为一门专业学科，不断涌现出较高水平的研究成果，作为李小龙故乡的中国人也应不甘落后，迎头赶上，为振兴中华武术而做出应有的贡献。

——关文明（广东省李小龙研究会常务副会长兼秘书长，
华南师范大学体育研究所原副所长）

我这辈子只有一个偶像，那就是李小龙。我从李小龙的武道上得到很多人生的启发，第一就是永不言败，第二就是包容。

——李炎才（广东省李小龙研究会副会长）

在 20 世纪 70 年代初短短几年间，李小龙便把整个功夫热潮带起来了，他的武打招式早已深植人心，尤其对外国人而言，李小龙就是"中国功夫"的同义词。所以，我认为李小龙是任何人无法取代的。

——吴大维（中国香港演艺明星，曾饰演李小龙）

我从没有把李小龙当作一个明星看，而是把他当作一个杰出的武术哲学家，"武道哲人"是我对他的定位。美国最火的终极格斗比赛，日本最火的 K-1 比赛，这些最新、最时尚的国际自由搏击大赛，他们的主创人、发起人都承认，这种不同流派、门派的混合比武，这种擂台上的自由搏击理念是源于李小龙。

——陈琦平（截拳道专家，李小龙研究学者）

我特别崇拜李小龙，看过他所有的片子，他通过影视这个表现手段、通过他与众不同的击打特色，让全世界知道了中国武术和他的截拳道。他的动作简单、实用、准确，无论是力量和速度都是完美的。

——柳海龙（中国散打王）

我在《双截棍》的 MTV 中秀出自己的双节棍，也是向我的偶像李小龙

303

致敬，我希望人们不要忘记李小龙这个英雄的名字。出道以来我写了很多首歌，比较喜欢的是 2001 年的《双截棍》和 2002 年的《龙拳》，很多记者问过我为什么要创作《双截棍》《龙拳》这样的歌曲，原因很简单，因为我喜欢李小龙。

——周杰伦（中国台湾著名歌手）

李小龙改变了人们对功夫的看法，也改变了世界和电影对功夫的看法，他是当之无愧的功夫之星。没有李小龙就没有《功夫》。拍《功夫》是为了向童年的偶像李小龙致敬，向童年时代致敬。

——周星驰（中国香港著名导演，演员）

李小龙并不提倡暴力，在他的电影里杀人者也必定不得善终，即使是主角李小龙也不例外：依暴力生活必毁于暴力，一直是他想要表达的主题。他经历的困难绝非你所能想象，例如他自创截拳道，他的武术哲学观，他对自己在体能、速度上的控制，以及种族歧视困扰等。我是个超级李小龙迷，为中国人里面有一个这样杰出的人感到骄傲。

——周华健（中国台湾著名歌手）

李小龙是偶像，他的功夫具有代表性，他是真正的武林中人，成龙根本上还是一个擅于表演的演员，是以动作为生的艺人。

——徐克（中国香港著名导演）

我儿时的梦想是做医生，但李小龙的电影却改变了我，我除了敬佩李小龙的高强武功外，还敬佩他的爱国情怀。他身上体现出更多的是中国人的骨气。

——唐季礼（中国香港著名导演）

李小龙举着中国传统文化的旗帜，迈着自强不息的步伐，从东方步入了西方，登上了世界的舞台。

——康戈武（中国武术协会秘书长，中国武术研究院科研部主任）

李小龙对弘扬中国武术文化、提升中华民族地位、改变西方人对中国人的形象和看法起到了巨大的作用。

——黄德超（广东省李小龙研究会副会长，顺德李小龙纪念馆创馆馆长）

我甚至到现在还没有看到有任何一部功夫电影可以摆脱李小龙的一些影子。

——甄子丹（中国香港著名功夫影星）

李小龙并不是割裂传统的，而是在传统的基础上有所创新。

——蔡龙云（著名武术家）

如果没有他，就不会有人听说过成龙。李小龙像一颗伟大的种子，如果给他时间，他将成为卓别林那样伟大的电影演员，遗憾的是他英年早逝，就像未发芽的种子被扼杀了。

——成龙（中国香港著名电影演员，曾与李小龙合拍电影）

现在我们看一下他人眼中的李小龙，以下这些可以看作是李小龙在世界范围内影响的缩影，事实上几乎每一个与李小龙相识的人，都不可救药地被李小龙所折服。在下面的记录中，不同的人谈到了李小龙的方方面面，就像周星驰说的：不是李小龙做某件事，才对别人的某件事产生影响，李小龙是对你人生的方式产生了影响。

斯特林·西里芬（李小龙学生，奥斯卡最佳编剧获得者，美国国家击剑队前选手）：一个人总有一方面是拥有只有大师才有的非常特别的力量，但人们常常不能发现自己这方面的长处。李小龙能让你相信你能做到过去认为不可能做到的事。在他的教导下，任何事都变得可能，所有的疑惑或不自信全都消失无踪。

贾巴尔（李小龙学生，美国NBA巨星，绰号"天钩"）：他首先是一位导师，他教授哲学并尽力传播知识和智慧，那就是为什么他创建自我的技击术的原因。正直伴随着李振藩的一生，他坚持认为他是对的——他是一个优秀的榜样。不管你正在做什么事情，忠实而虔诚地去完成它，这是李小龙思想中最重要的一点。李小龙的人生观确实影响了我。

詹姆斯·科本（李小龙学生，奥斯卡奖获得者，国际巨星）：永别了，我的兄弟！我很荣幸能与你共享这份空间和时光。作为朋友和老师，你已经给了我许多。让我在身体、精神和心理上融为一体。谢谢你！愿平和永远伴随着你！

周星驰（喜剧演员）：最近我才看到李小龙的书信。有一封信这样写的：虽然我现在只是在一间武馆里教拳，并以此为生，而且有很多学生都是没有钱交学费的，但我相信我做的事，在全世界，他日一定是一个大热的事。李小龙就是这样，当时可说是很潦倒，几乎连吃饭的钱都没有，但他有理想，相信现在做的事，一定是将来最成功的事。这就是李小龙坚守的信念，是为人最难得的事。这件事说起来很容易，但做起来很困难，我自问是做不到的。

甄子丹（武打明星，武术家）：我很尊敬李小龙，因为他的武学教你学会如何去生活。我刚开始学拳时，一拳就只是一拳，慢慢地它含有了更多的意义、更多的风格，一拳中包含了许多"拳"。到达更高的境界后，一拳也不过是一拳了，但它已经不是原来的那一拳了。老实说，我当初欣赏他是因为他够劲，但后来却被他的武术精神、永不言败的性格所吸引，每人每天都会遇到不同的问题，但怎样去解决呢？李小龙就会用积极的态度、不屈不挠的精神勇往直前，不断追求完美、创新，做到最好。

成龙（李小龙后的又一位国际武打巨星）：李小龙不是神话，也不是神。他是一个人！他是一个值得你敬仰，但又无须顶礼膜拜的人。跟其他人一样，我敬畏他。不过我是永远也不会让自己加入那个人群中去的，我认识跟他一样强壮，甚至更强壮的人；还认识同样富有技巧，甚至是更有技巧的人。但这没有关系。李小龙就是李小龙，他是最出色的。对我来说，他现在不是，过去也不是小龙，而是一条巨龙。他是李小龙，一个伟大的老师，一个善良的人，一个好人。

木村武之（李小龙弟子）：李小龙的电影每一部都表达了这一主题，人是平等的，不应该凌弱。他对武术的贡献比任何人都大，他把一些夸张的、空幻的糟粕从武术领域中摒除出去，使武术普及于各地。

诺里斯（全美七届空手道冠军，在《猛龙过江》中出演李小龙敌手）：李小龙是一个很有智慧的人，一个很有深度的武术家，不论在体力还是哲理上，他都胜人一筹。他是个很"自我"的人，很看重自己，常常对人夸耀自己的长处，很多人不喜欢他这种作风，于是便说他骄傲，我想他招人妒忌就是这个原因。但对我来说，我完全不介意，因为我明白这是他的个性。不论我的想法对不对，总之我觉得他是个强者，是个值得自负的人，也是世界上武功最好的人。这是我个人的看法。人的一生是不能用长短来衡量的，关键是生存有没有意义，李小龙的一生是完整的。

李峻九（美国跆拳道之父，曾主演《跆拳震九州》）：我们都觉得认识李小龙是一种光荣，因为他是一个慷慨、大方、热心、诚恳和仁慈的人。事实上，我再也无法遇到一个像李小龙那般对武术狂热的人了。1968 年李小龙主演《青蜂侠》时，他的经济还有点困难。但他对我说："峻九，我告诉你，在 5 年内，我要成为一个人所共知的明星，亦是一个著名的武术家！"果然，他达到了他的目标。虽然已达到目标，但他对练武从未松懈，他绝不放弃他的理想。假如有人问我，谁对自己最有信心？我一定说是李小龙。

荷里积（日本武术家）：1962 年认识李小龙时，李小龙只有 22 岁，我很惊奇李小龙小小的年纪竟知道那么多的知识。他教授咏春拳时，总能够令学员们静心细听，因为他的理论是那么有吸引力，他的动作是那么流畅。一谈到哲学理论，他能够谈上一个小时而不疲倦。李小龙是个很有潜质的人，也是一个伟大的演员。《青蜂侠》上映之后，孩子们十分喜欢李小龙。有一次，几个李小龙的崇拜者来找我，他们知道我是李小龙的好友，特地走来和我握手，说虽然见不到李小龙，但有机会和他的朋友握手和谈话也是光荣的，可知李小龙是多么受欢迎啊！李小龙现在已经离开我们了，世上再没有一个人像他那样博学、真诚、和蔼。有人说李小龙比我们先进了 100 年，我同意这种说法，他是一颗不灭的星。

罗伯特·沃尔（Robert Wall，美国空手道冠军，曾在李小龙《猛龙过江》中出演李小龙的对手）：李小龙是一位不平凡的人，一位超人。在《猛龙过江》里，他自己制片、导演、编剧和演出，一切都亲力亲为，他很有才华，是一位杰出的武术家。

李恺（李小龙学生，中华人民共和国成立前举办的第7届全运会拳击冠军，美国火箭专家）：李小龙有许多的日本学生和美国学生。但是作为一个中国人，我也许比其他大多数人更容易吸收他的哲学思想。他谈论太极和阴阳、坚强和柔顺、老子思想等，他是一个对各种哲学都很虔诚的学生。我每跟李小龙学过一课后，总是很惊奇，他总是能将具体的技击教学和其中蕴含的哲理自然地结合起来进行指导。例如阴阳或"水的原理"：他会把原理清楚地印入你的思想中，然后让你运用这些原理于你的行动中。这是一种与传统技击术教学不同的方法。我们向李小龙学习哲学是因为他把哲理作为指导你人生的主题和方向。

琳达·李（李小龙遗孀）：他深知自己的能力和创造力，他的三十三年是充满了生命力的人生，要比活了两倍长的人更有所创造，更值得满足。一个人充满生命力地生活时，对死是不感到惧怕的。我相信他自己走过的是正直的人生，而现在已安息在平静里。李小龙并不希望我们为了想念他而哭泣，他只为我们能够学到如何辨别是非而高兴。

李香凝（李小龙之女）：对某些人来说，我肯定他仅是那种在星期六上午演那些肥皂剧的人。但因为他写下来的惊人哲理，已经影响和改变了所到之处的世界上的许多人。对更多的人来说，他是最令人吃惊的武术家，他是如此熟知他周围的世界，他会继续使我感到吃惊。我认为他在好莱坞为亚洲做了许多，我认为他在许多不同的领域都是一个真正的开拓者。

李国豪（李小龙之子）：他是我的父亲，他养育了我。我想武术是我生活中必需的一部分，这完全来自我父亲……我的意思是说，当我刚学会走路时，他就教我学武术，我一直接受他的教导直到他去世。以后我继续进行训练时，是他的亲传门徒教导我。实质上，截拳道就是我父亲的组成部分，以至于他们融为一体、不可分割。我想父亲对我的影响力最大。

八、寻龙功夫导览图

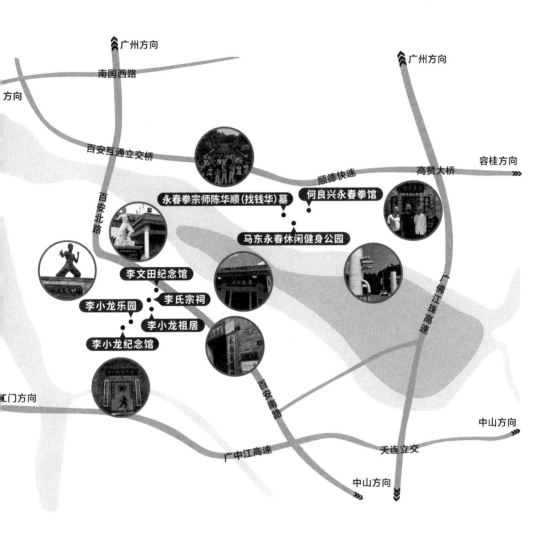

广州方向

南国西路

方向

百安互通立交桥

百安北路

广州方向

容桂方向

顺德快速

高赞大桥

永春拳宗师陈华顺(找钱华)墓

何良兴永春拳馆

马东永春休闲健身公园

李文田纪念馆

李氏宗祠

李小龙乐园

李小龙祖居

李小龙纪念馆

广佛江珠高速

门方向

广中江高速

百安南路

天连立交

中山方向

中山方向

参考资料

一、中文书籍类

[1] 关文明. 李小龙技击术汇宗 [M]. 广州：岭南美术出版社，1987.

[2] 关文明. 功夫之王李小龙 [M]. 广州：岭南美术出版社，1990.

[3] 关文明. 李小龙传奇与技击术 [M]. 广州：岭南美术出版社，1993.

[4] 关文明. 真功夫：李小龙的绝招 [M]. 广州：岭南美术出版社，1993.

[5] 关文明. 一代英杰李小龙 [M]. 广州：岭南美术出版社，2001.

[6] 林建华，关文明. 世界流行技击术 [M]. 厦门：厦门大学出版社，1989.

[7] 李秋勤，黄德超. 永恒巨星的一生——李小龙 [M]. 香港：明报出版社有限公司，2000.

[8] 李秋勤，黄德超. 永恒的巨星李小龙 [M]. 香港：明报出版社有限公司，2000.

[9] 何真，等. 李小龙 [M]. 北京：人民出版社，2005.

[10] 顺德市地方志编纂委员会. 顺德县志 [M]. 北京：中华书局，1996.

[11] 张解民. 顺德历史人物 [M]. 北京：人民出版社，2005.

[12] 张凤娟. 名镇均安 [M]. 广州：广东人民出版社，2009.

[13] 吴志高. 千年水乡 [M]. 北京：人民出版社，2007.

[14] 李健明. 人物顺德 [M]. 北京：人民出版社，2011.

[15] 谭元亨. 顺德人 [M]. 北京：人民出版社，2005.

[16] 梁基永. 李文田 [M]. 广州：广东人民出版社，2008.

[17] 郑杰. 李小龙：不朽的东方传奇 [M]. 武汉：华中科技大学出版社，2018.

[18] 冯应标. 李小龙年谱 [M]. 香港：中华书局（香港）有限公司，2017.

[19] 卢越. 李小龙传奇 [M]. 香港：皇冠出版社，1996.

[20] 周文，李健明. 顺德水乡文化探究 [M]. 广州：广东人民出版社，2021.

[21] 钟海明 . 王者之路 [M]. 合肥：黄山出版社，2006.

[22] 魏峰 . 李小龙全书 [M]. 北京：北京体育大学出版社，2000.

[23] 廖锦华 . 写真李小龙 [M]. 北京：北京体育大学出版社，1998.

[24] 乔克勤，关文明 . 中国体育思想史 [M]. 兰州：甘肃民族出版社，1993.

[25] 杨祥全 . 中国武术思想史 [M]. 太原：山西科学技术出版社，2017.

[26] 罗振光 . 以无为有——从李小龙的武道出发 [M]. 香港：明报出版社有限公司，1998.

[27] 罗振光 . 李小龙哲学解码 [M]. 香港：汇智出版有限公司，2010.

[28] 黑格尔 . 逻辑学（下册）[M]. 北京：商务印书馆，1976.

[29] 杨祥全，杨向东 . 中华人民共和国武术史 [M]. 台北：台湾逸文武术文化有限公司，2009.

[30] 魏峰 . 权威截拳道 [M]. 珠海：珠海出版社，1999.

[31] 苏静 . 知中·再认识李小龙 [M]. 北京：中信出版社，2016.

[32] 李小龙 . 我是李小龙：自述画传 [M]. 兰州：贵州人民出版社，2020.

[33] 王瑞元，苏全生 . 运动生理学 [M]. 北京：人民体育出版社，2012.

[34] 冯连世 . 优秀运动员身体机能评定方法 [M]. 北京：人民体育出版社，2003.

[35] 田麦久 . 运动训练学 [M]. 北京：人民体育出版社，2000.

[36] 雅克·朗西埃 . 图像的命运 [M]. 南京：南京大学出版社，2014.

[37] 戴国斌 . 武术：身体的文化 [M] 北京：人民体育出版社，2011.

[38] 李小龙，约翰·里特 . 醒思录 [M]. 温戈，译 . 北京：中国海关出版社，2009.

[39] 李小龙，约翰·里特 . 功夫之道 [M]. 北京：中国海关出版社，2010.

[40] 李小龙，约翰·里特 . 截拳道——李小龙武道释义 [M]. 温戈，译 . 北京：中国海关出版社，2010.

[41] 李小龙，约翰·里特 . 李小龙肢体表达艺术 [M]. 温戈，杨娟，译 . 北京：中国海关出版社，2010.

[42] 李小龙. 李小龙健身法 [M]. 北京：科学技术文献出版社，2019.

[43] 柯林伍德. 历史的概念 [M]. 北京：商务印书馆，2007.

[44] 祝春亭. 李小龙大传 [M]. 武汉：湖北人民出版社，2006.

[45] 廖锦华. 写真李小龙 [M]. 北京：北京体育大学出版社，1998.

[46] 大卫·波德威尔. 香港电影的秘密：娱乐的艺术 [M]. 海南：海南出版社，2003.

[47] 李小龙. 李小龙技击术 [M]. 北京：北京联合出版公司，2013.

[48] 石天龙，秦瑞明. 图解截拳道格斗指南 [M]. 北京：北京体育大学出版社，2000.

[49] 梁敏滔. 李小龙技击术 [M]. 北京：北京体育大学出版社，2006.

[50] 温戈. 全图解李小龙腿法 [M]. 北京：北京体育大学出版社，2004.

[51] 王瑞元，苏全生. 运动生理学 [M]. 北京：人民体育出版社，2012.

[52] 郭玉成. 武术传播引论 [M]. 北京：北京体育大学出版社，2006.

[53] 熊十力. 体用论 [M]. 上海：上海古籍出版社，2019.

[54] 戴国斌. 新中国武术发展的集体记忆 [M]. 北京：人民体育出版社，2016.

[55] 阮纪正. 至武为文 [M]. 广州：广州出版社，2015.

[56] 布洛克，高原. 功夫巨星——李小龙 [M]. 桂林：漓江出版社，1986.

[57] 李小龙. 李小龙：功夫之王的另一面 [M]. 北京：中国友谊出版公司，2011.

[58] 梁敏滔. 东方格斗文化 [M]. 天津：天津古籍出版社，2002.

[59] 约翰·里特. 武术之心——李小龙的人生哲学 [M]. 浙江：浙江大学出版社，2014.

[60] 约翰·里特. 李小龙信札——功夫、表演和生命 [M]. 天津：天津人民出版社，2020.

[61] 陈琦平. 振藩截拳道入门 [M]. 北京：人民体育出版社，2000.

[62] 马明达. 说剑丛稿 [M]. 北京：中华书局，2007.

[63] 方俞. 点评李小龙 [M]. 北京：国际文化出版公司，2008.

[64] 唐豪. 戚继光拳经 [M]. 山西：山西科学技术出版社，2008.

[65]陈微明.太极拳术[M].上海：华东师范大学出版社，1992.

[66]李小龙，黄均.中国基本拳法[M].北京：北京联合出版公司，2016.

[67]李小龙，杜子心，罗振光.截拳道之道[M].北京：北京联合出版公司，2014.

[68]陈少明.做中国哲学：一些方法论的思考[M].北京：三联书店，2014.

[69]王芗斋.意拳拳学[M].北京：北京体育大学出版社，2002.

[70]程絮森.读懂元宇宙[M].北京：中国人民大学出版社，2022.

[71]马修·波利，史旭光.李小龙：神话与真实[M].成都：天地出版社，2016.

[72]赵国栋，易欢欢，徐远重.元宇宙[J].北京：中译出版社，2021.

二、期刊论文类

[1]关文明.武术在世界的传播[J].华南师范大学学报（社科版），1991（1）.

[2]关文明.从截拳道的形成与发展谈中国武术走向世界[J].武术科学研究，1993.

[3]关文明.论李小龙对中西体育交融的贡献[J].北京体育大学学报，1996（2）.

[4]关文明.中国武术与世界体育文化[J].武汉体育学院学报，1996(2).

[5]关文明.李小龙身后的哀荣[J].武林，2000（7）.

[6]关文明.李小龙武学思想亟待深入研究[J].武林，2000（11）.

[7]中国武术协会.经典形象[J].中华武术，2003（7）.

[8]蔡东庆，林燕.生前英雄巨星，身后福泽故乡[J].广州日报，2004-6-17.

[9]马明达，关文明.试论李小龙武学的研究急需解决的几个问题[J].武林，2000（11）.

[10]钟海明.李小龙武学思想与传统武术观之搏[J].中华武术，2006(6).

[11]阮纪正.一代武哲李小龙[J].武林，2000（11）.

[12]唐龙.李小龙经典武道论文两篇[J].中华武术，2001（4）.

[13] 倪培民. 从功夫论到功夫哲学 [J]. 哲学动态，2018（7）.

[14] 张震. 中国武术功夫论的身体素养意蕴与价值 [J]. 武汉体育学院学报，2020（2）.

[15] 杨国荣. 中国哲学：一种诠释 [J]. 天津社会科学，2004（1）.

[16] 杨青. 截拳道与哲学 [J]. 搏击，1994（4）.

[17] 方正. 永恒的李小龙 [J]. 拳击与格斗，2000（7）.

[18] 唐龙. 美国"振藩截拳道核心"群英殿 [J]. 中华武术，1999（11—12）.

[19] 秋凌. 我是李小龙的女儿——李香凝的爱情与事业 [J]. 武林，1999（1）.

[20] 覃炜明. 李小龙品牌应该怎么打 [J]. 顺德视角，2010（11）.

[21] 梁惠英. 深入挖掘李小龙精神，提升顺德精神内涵 [J]. 顺德视角，2011（1）.

[22] 安琪，张妙玲. 李小龙：走向世界、回归顺德的中国符号 [J]. 顺德视角，2011（1）.

[23] 陈雁杨，关文明. 李小龙武学思想探析 [J]. 安阳师范学院学报，2011（5）.

[24] 王文喜，周芳，万月亮，等. 元宇宙技术综述 [J]. 工程科学学报，2022（4）.

[25] 刘革平，高楠，胡翰林，等. 教育元宇宙：特征、机理及应用场景 [J]. 开放教育研究，2022（1）.

[26] 黄欣荣. 元宇宙的哲学探索——从信息社会到宇宙大脑 [J]. 理论探索，2022（2）.

[27] 简圣宇. "元宇宙"：处于基础技术阶段的未来概念 [J]. 上海大学学报，2022（2）.

[28] 秦兰珺. 数字界面：虚拟现实与虚拟化的现实 [J]. 文艺研究，2014（1）.

[29] 方凌智，沈煌南. 技术和文明的变迁——元宇宙的概念研究 [J]. 产业经济评论，2022（1）.

[30] 郑昕，候铁峰. 论名牌的开发与利用 [J]. 北方经贸，2000（2）.

[31] 戴国斌，李文博，周延. 我国学校武术动作教育系统建构之研究 [J]. 南京体育学院学报，2019（2）.

[32]朱建华.截拳道就是咏春拳吗？[J].中华武术，2006（11）.

三、新闻专访类

[1]埃德·帕克，2015年美国加利福尼亚州专访。

[2]丹尼·伊诺山度，2013年美国加利福尼亚州专访。

[3]李秋源，2013年西雅图专访。

[4]李香凝，2013年西雅图专访。

[5]聂安达，2013年旧金山专访。

[6]安德鲁·摩根，2015年旧金山专访。

[7]Steve Webb.李小龙如何改变了世界[EB/OL].[2022-11-26]. https://www.bilibili.com/video/av13338003/.

[8]Ptte McCormack.我是李小龙[EB/OL].[2022-11-26].https://www.bilibili.com/bangumi/media/md73852/.

四、外文文献类

[1]Bowman, Paul.Theorizing Bruce Lee: Film—Fantasy—Fighting—Philosophy[M]. NY: Rodopi, 2010: 10.

[2]Linda Lee, The Bruce Lee Story[M].Santa Clarita, CA: Ohara Publications, 1989: 22.

[3]Matthew Polly, Bruce Lee's Jeet Kune Do Science[J]. American Fitness, 2011, 29(1): 18-19.

[4]Paul Bowman.Theorizing Bruce Lee.Amsterdam, New York: Rodopi, 2010: 165-183.

[5]Putnam H.Scientific Explanation, Spcce, and Time. Minnesota Studies in the Philosophy of Science [M].Minne—apllis: University of Minnesota Press, 1975: 52.

[6]Pierre Hadot.Philosophy as a Way of life; Spiritual Exercises from Socrates to Foucault, 21.

[7]Martha Nussbaum.The Therapy of Desire: Theory and Practice in Hellenistic Ethics[M].1994: 15.

[8]John Fiske.Television: Polysemy and Popularity.Critical Student in Mass Communication[J].1986, 3: 391-408.

[9]Brian Hu. 'Bruce Lee' after Bruce Lee: A life in

conjectures[J].Journal of Chinese Cinemas, 2008：123-135.

[10]Timothy M.The Shimmering Scales of the Dragon: Bruce Lee's Cinematic Surfaces[J]. Critical Studies in Media Communication, 2009：312-330.

[11]Paul Bowman.Making Martial Arts History Matter[J]. The International Journal of the History of Sport, 2016：915-933.

[12]Yuan Shu.Reading the Kung Fu Film in an American Context： From Bruce Lee to Jackie Chan, [J].Journal of Popular Film and Television, 2003：50-59.

[13]Neal Stephenson. Snow Crash[M].New York： Penguin Random House, 1992：14-15.

后 记

2020 年 11 月 27 日，在佛山市顺德区均安镇李小龙乐园举行的纪念李小龙诞辰 80 周年暨纪念国际武联成立 30 周年系列活动期间，我与顺德区李小龙纪念馆馆长黄德超约定：在 2023 年 7 月 20 日李小龙逝世 50 周年纪念日期间，再度联手把我俩近 20 多年来一些新的李小龙研究成果，整理提炼，以图文并茂的形式，编著出版一本既有一定学术价值又兼具现实指导意义的读物，谨以此书《李小龙：功夫人生与武学之道》缅怀世纪英雄李小龙宗师和献礼于广大"龙迷"及功夫爱好者。

2021 年 1 月起，我和黄馆长广泛收集资料、商定编写工作方案和拟定三级编写提纲，反复修改，六易其稿。试写一章后，互相评稿、审稿。2021 年 5 月，广东省文化传播学会李小龙研究专业委员会副会长、国际传统武术锦标赛双节棍冠军李炎才闻悉后，特意推荐他的爱徒上海体育学院武术学院博士研究生刘洪加盟。他拟题为《体用视角下李小龙功夫哲学研究》的博士学位论文中，对李小龙功夫哲学思想进行了现代性的阐发。他的部分研究的融入，为本书增添了不少新知识和新思路。

本书的撰写分工为：第一章由黄德超、关文明撰写；第二章由关文明撰写；第三章由刘洪、关文明撰写；第四章由关文明、刘洪撰写；第五章由关文明、黄德超撰写；第六章由刘洪撰写；第七章由黄德超、刘洪撰写；附录由关文明撰写。统稿、定稿由关文明负责，刘洪协助。审稿由黄德超负责。

本书承蒙我的挚友中国武术九段、教育部直属综合大学体育协会原理事长、厦门大学国术与健身研究中心主任林建华教授和澳门体育暨运动协会原理事长、澳门理工学院体育暨运动高等学校原校长梁洪波博士后分别作序，我的老朋友中国武术协会原副主席、中国武术九段、中国当代十大武术教练吴彬大师和中国武术九段、全国武术十大名教授、上海体育学院博士生导师邱丕相教授分别题词祝贺本书出版，为本书倍增光彩，在此深表敬意和谢意。

本书在调研、立项和写作等活动中，得到顺德区文化旅游体育局、均安镇人民政府、广东省文化传播学会、广东省文化传播学会李小龙研究专业委员会、岭南美术出版社、顺德区图书馆、李小龙乐园、世界龙迷会、佛山市顺德区李小龙纪念馆、佛山市顺德区小龙品牌管理有限公司、李氏宗亲总会粤港澳大湾区联络处、广东何良兴武术文化传播有限公司、佛山市顺德区均安镇鹤峰功夫协会、佛山市顺德区嘉恒广告有限公司和上海富彭武术武化教育等单位，以及柯可、李健军、冼励强、李炎才、陈国基等个人的支持和帮助，在此也表示衷心感谢。

本书稿在撰写过程中，黄德超馆长和刘洪博士密切配合，通力合作，还有我的女儿关晓燕、儿子关晓辉帮忙打印文稿，女婿潘云负责图片编辑，大家任劳任怨，我也心存感激。

特别感谢岭南美术出版社领导对本书的关爱，责任编辑的尽职尽责，给作者提出不少改进意见，使本书的质量得到进一步提高。

本书力求反映当前世界上关于李小龙的最新研究成果，特别是李小龙家乡顺德、上村李氏家族以及香港何氏家族等对李小龙成长的影响，投射出更多根植于李小龙身上的文化传统与思想基因。另外，书中也囊括了元宇宙背景下李小龙研究的最新研究成果，旨在体现李小龙研究的时代性与纵深化发展。由于我们掌握的第一手资料有限，特别是境外的文献资料还较少，以及为此书能在李小龙宗师诞辰83周年之际出版而仓促成文。因此，本书难免仍有疏漏和不足之处，敬请业界的专家学者和广大读者批评指正。

关文明

2023 年 11 月

于华南师范大学

特别鸣谢
（排名不分先后）

全球武术总会（GLOBAL WUSHU ASSOCIATION）

世界龙迷会（WORLD DRAGON FANS CLUB LIMITED）

广东省文化传播学会

广东省文化传播学会李小龙研究专业委员会

顺德区人民政府

顺德区委宣传部

顺德区文化体育局

顺德区档案馆

佛山市顺德区均安镇人民政府

佛山市顺德区武术运动协会

世界功夫王控股有限公司

岭南美术出版社

佛山市顺德区小龙品牌管理有限公司

佛山市顺德功夫王品牌运营有限公司

佛山市顺德区均安镇鹤峰居委会

佛山市顺德区均安镇鹤峰功夫协会

佛山市顺德区嘉恒广告有限公司

广东大汉民族街文化发展有限公司

广东何良兴武术文化传播有限公司

广东顺控文化旅游投资有限公司

广东中联文化发展有限公司

广东精武会体育有限公司

上海富彭武术武化教育

李振辉	李秋源	李秋凤	李秋勤	陈炳炽	黄淳樑	梁绍鸿	梁　挺
袁少丽	麦润沾	黎金好	邢金喜	余敦义	梁卫红	何彩英	柯　可
李健军	李炎才	冼励强	陈国基	何良兴	高健民	陈灿培	郭伟志
郝　钢	朱建华	李效元	李永生	墨一刀	彭胜利		